U0636223

本书由中国美术学院
视觉中国研究院资助出版

周易占筮学

DIVINATION SCIENCE OF ZHOUYI

读筮占技术研究

（修订版）

章秋农 著

中华书局

图书在版编目（CIP）数据

周易占筮学：读筮占技术研究/章秋农著.—修订版.—北京：中华书局,2017.8(2025.6 重印)
ISBN 978-7-101-12415-6

Ⅰ.周…　Ⅱ.章…　Ⅲ.①《周易》-研究②占卜-研究-中国
Ⅳ.①B221.5②B992.2

中国版本图书馆 CIP 数据核字（2017）第 008992 号

书　　　名	周易占筮学——读筮占技术研究（修订版）	
著　　　者	章秋农	
责任编辑	李若彬	
责任印制	韩馨雨	
出版发行	中华书局	
	（北京市丰台区太平桥西里 38 号　100073）	
	http://www.zhbc.com.cn	
	E-mail:zhbc@zhbc.com.cn	
印　　　刷	三河市中晟雅豪印务有限公司	
版　　　次	2017 年 8 月第 1 版	
	2025 年 6 月第 4 次印刷	
规　　　格	开本/710×1000 毫米　1/16	
	印张 26¼　插页 2　字数 320 千字	
印　　　数	14001-15000 册	
国际书号	ISBN 978-7-101-12415-6	
定　　　价	88.00 元	

目 录

修订版序

　　拙著《周易占筮学》初版于 1990 年 8 月，杀青交稿则在 1989 年 4 月。翌年春末，余于役日本，赴岐阜女子大学讲学一年，卒因一次性签证，未得回国。故拙著印行，余既无由先睹成书，更不克校对清样，致令书中多滋讹谬，而鲁鱼豕亥，植字之误尤夥。迨 1999 年，浙江古籍出版社以原版增印，事前亦未见告，故订讹纠谬之缘再失。计本书初版，印数共达 40500 册，既告售罄，海内外图书馆多有弆藏。余知拙书流布益广，则其讹谬之遗害益著，每念及兹，惭与惧并。故久欲补充修订，以免贻误后学。然年事云迈，目力渐衰，又格于书法教学、创作，迄未从事于此也。比及前年，仍有读者辗转来函，索购此书，亟重阅一过，徒增惶悚，遂委托中国美术学院王霖君代为修订。为郑重计，特以短札付之曰：

　王霖兄：

　　拙著《周易占筮学》为余三十年精力所聚，问世二十五年，今细审之，犹足玩味，可传也。唯错别字、引文讹误处甚夥，不可无订正。余今虚度七十又九，正坐白傅"眼昏久被书料理"，不克自任，能订讹者莫若子，子毋我却！

王霖夙覃精文献，研求易理，考索发明之事，力所能及。既受命不敢辞，乃潜心搜剔，刮垢磨光，经年告竣。凡订正者数百处，其有疑难或重大改动，必以微信往返，待余确认而后定稿，切磋商讨，与有乐焉。故补正修订，超出余之所期为多。昔者余侍业师王驾吾先生游，先生亦以校订《韩非子选注》见委，至抵函嘉许，悃悃申求是之义：

祖安贤友：

惠书所校，足正愚误，极以为喜。昔欧阳文忠疑《易·系辞》，而南丰非之。古人以求是为主，无阿私之见也。余之注《韩》，印行以后，复加校正，又得卅余条，曾录寄中华。俟贤校毕，再征友好之见，交书馆重印时修改，免得贻误后学，亦一功德也……

今之所谓古学，真伪纷纭；学脉之续，不绝如线。王霖君修订拙著，与余校订《韩非子选注》，何其相似乃尔！先师之书已传世；窃不自量，亦将以拙著待后之来者，此又余所自信也。因检先师之函题赠王霖，聊识因缘，并记之以为修订版序云。

2016 年 11 月祖安章秋农于杭州佛魔居

第一章　绪论

一、中国文化的象征

中国人最好临阵决机，以不变应万变。作为东方哲学代表的中国哲学，其显著特点是宏观、模糊、神秘而不可捉摸，追求的是无可无不可的境界。《论语·微子》记孔子的话：

> "不降其志，不辱其身，伯夷、叔齐与！"谓柳下惠、少连：降志辱身矣，言中伦，行中虑，其斯而已矣。谓虞仲、夷逸：隐居放言，身中清，废中权。"我则异于是，无可无不可"。[1]

在孔子看来，像伯夷、柳下惠这些有名的贤人都有可有不可，气象都不阔大，都显得局限，他自己则和他们不同，就是"无可无不可"。孔子还赞成"毋必"。孟子继承这一思想，提出"言不必信，行不必果"，但绝不是顽钝无耻、背信弃义，也只是"毋必"而已。老子也有与这意义相仿佛的话，叫做"无执故无失"。

---

[1] 上海商务印书馆 1929 年重印《四部丛刊初编》本卷 18，第 16—17 页。标点为笔者所加，参见章秋农：《古书记言标点易误举例》，载《中国语文》1979 年第 3 期。

中国人讲佛教经典，也纳入"无可无不可"的范畴。如《般若波罗蜜多心经》讲"色不异空，空不异色；色即是空，空即是色"——不能抓住一个色，自不用说；也不能抓住一个空，"空不异色"，空和色并无不同。那么，若对色与空，两不执着，对不对？还不对。"色即是空"，色法当下便是空的，不必多此一举去"空"，不要执空，因为"空即是色"。古人今人都有这样讲的。最不可思议的是中国的法家与法令，也有强烈的"无可无不可"色彩。战国百家中，法家之成功者莫过于商鞅，但《史记·商君列传》就有如下记载：

> 于是太子犯法，卫鞅曰："法之不行，自上犯之。"将法太子。太子，君嗣也，不可施刑，刑其傅公子虔，黥其师公孙贾。明日，秦人皆趋令。①

传统法律就是这样的先天不足，这还是当作最杰出的例子来歌颂的，余则可想而知。历史上，中国不论何种法令，在执法者看来，都是无可无不可的。

　　1984年，笔者应本师杭州大学古籍研究所所长姜亮夫先生之命，为该所硕士研究生主讲《周易》，即用"无可无不可"作为读《易》的指导思想之一，并例举四种中国文化现象加以说明。

　　第一是中国人以筷子用膳，正是无可无不可、以不变应万变

---

① 见《史记》卷68，中华书局1963年版，第2231页。下引《史记》均同此本，不另注出。卫鞅即商鞅。

的最通俗的例证。中国至迟在商纣王时就有了筷子（有所谓"象箸"）。按常理说，筷子切不如刀，戳不如叉，这就是"无可"吧，但实际上是"无执"，无执故无失，筷子这两根小圆棒子，具备一切功能，夹、切、叉等手法视食品临时决定，中国人运用得神出鬼没、精妙绝伦，吃遍天下都不怕。刀、叉是有可有不可，就是有执故有失；筷子无执故无失，也就是无可无不可。中国人似乎对它很满意，从来也没有想到要改革它。

第二是围棋。棋盘格子死板，毫无变化。棋子除黑白为对以分二方外，所有棋子没有区别，无谁大谁小，无分工，不知性能。可一落到棋盘上，突然活起来，都在谋、在杀，一着能使通盘皆活，或满盘皆输，变化莫测，不可端倪。这正是典型的中国文化。有一位我所佩服的先生著文说："象棋的最大优点，也是较围棋的最大进步是：每一个棋子有每一个棋子的性能。"这真使我大失所望。他不知道围棋的无可无不可正在个中，且又不知道中国人对于他手下的东西最讨厌有固定的性能。再看下去："象棋棋子越下越少，而围棋子越下越多，少则容易控制，多则眼花缭乱，满盘密密麻麻，真能看出青光眼。"倒还有些意思。而至谓这是"象棋和围棋的最大差别"，则又大谬不然矣。

第三，中国的烹调。"调和鼎鼐"为治理国家的代称，殷高宗武丁即对其相傅说云："若作和羹，尔惟盐梅。"（《尚书·说命下》）这样说来，宰相可称超级厨师。老子也说"治大国若烹小鲜"。这都说明烹调文化在中国自有其特殊的地位。因此从表面看，西方文化可以说男女文化，中国文化则是一种饮食文化。虽说"饮食男女，人之大欲存焉"（《礼记·礼运》），但有人以为汉民族对于男女关系理解偏狭，仅仅把它看做一种性关系，而对于现实的性又只能接受生理的理解，所以对性的理解也是肤浅的，这却为笔者所不敢苟同。笔者研究社会学有年，以为中国文化的充分展开均在社会上层。不说当代，只要读一读《左传》《史记》《汉书》，再看看那些唐宋的诗人词人们的生活，和流露在他们作品中的情调，中国上层社会男女文化之高度与丰富多彩，决不在西洋人之下。只是受到封建道统的压抑，故一在明处，一在暗处而已。当然，不可否认，历来在中国，由于祖先圣贤而形成了在性问题上的传统态度，公开宣扬性文化是被认为有悖于伦理道德的，因而受到禁止，而往往把人生的倾泄导向于饮食。这不仅导致了烹调技术的高度发展，而且赋予烹调以政治学、社会学的意义（君不见尽管三令五申就是禁止不了宴请活动吗），把烹调提到艺术乃至哲学的高度，"调和鼎鼐"既是烹调用语，又是政治哲学术语。中国烹调以色、香、味的美好谐调为度，度之内的千变万化，决定了中国菜的丰富多彩和富于变化，君臣佐使，随机应变，把西洋人讲营养之"实"的卡路里，升华到"虚"的色、香、味，这源于中国哲学对客观事物作总体把握的结果。

　　第四是书法。一支毛笔可将汉字如此艺术处理而使"百灵俨其如前，万象森其在瞩。雷电兴灭，光阴纠纷。考无说而究情，察无形而得相。随变恍惚，穷探杳冥。金山玉林，殷于其内。何奇不有，何怪不储？无物之象，藏之于密，静而求之或存，躁而索之或失，虽明目谛察而不见，长策审逼而不知"①。

中国的老子固然有"无执故无失"的名言，英国人斯宾诺莎也有句名言："一切规定都是否定。"它被黑格尔称之为"伟大的命题"（《哲学史讲演录》），恩格斯也高度评价了这句话。

中国书法正以其对现实世界中的什么都不肯定因而也就什么都不否定的形象，而自成一无限丰富的小宇宙。这宇宙是圆满的、自足的，内部的一切又是不必然的，是无可无不可的。它什么都没有，却应有尽有。笔者亦忝立书法家的行列，向以陆机《文赋》"课虚无以责有，叩寂寞而求音"这两句话来形容书法的欣赏，因而觉得张怀瓘的描述是颇具哲学色彩的。

我讲述以上四种文化现象，是为教授《周易》这部古奥的书开路的。在我看来，中国人的主观随机性极大。中国传统文化强调天人合一，固然有把人看成自然的一分子，而顺应自然的意思，又何尝没有以自然为人的一部分的意义！对《周易》这样一部可以充分发挥主观随机性的古籍，是无论如何不会轻易放过的。《周易》于中国文化来说，具有象征的意义。

二、空框结构与借尸还魂

有中国黑格尔之称的宋儒朱熹曾反复地说：

---

① ［唐］张怀瓘：《评书药石论》，载《历代书法论文选》，上海书画出版社 1979 年版，第 230—231 页。

　　《易》乃是卜筮之书，古者则藏于太史太卜以占吉凶，
亦未有许多说话。及孔子，始取而敷绎为《文言》《杂卦》
《彖》《象》之类，乃说出道理来。

　　《易》所以难读者，盖《易》本是卜筮之书，今却要就
卜筮中推出讲学之道，故成两节功夫。

　　《易》只是卜筮之书，今人说来太精了，更入粗不得。①

　　《易》原是卜筮之书，这话是不错的。历史上不少大学者都说过：
秦焚书，而《易》以卜筮之书不罹其灾，故六经唯《易》有全书，
后学之幸也（此取王夫之语）。问题是为什么《周易》这部卜筮
之书却能说出道理来，而且有说不完的道理，还"入粗不得"，
还要"两节功夫"？《易》引得历史上的无数圣贤尽折腰，又有
这么多的第一流学者如此的好事生非，全成了不惮烦的许子！而
且我们这位朱子不也着实参与了这个行列吗？我认为这只能有一
个解释，就是《周易》乃是以卜筮为其外壳的一部纯中国式的哲
学兼社会学著作。

　　《周易》所以难解而又如此吸引人的原因，约有以下数端：

　　其一，神秘。不仅由于"河出图""洛出书"，或伏羲、文
王画卦的传说；其八卦所演成的六十四卦，竟自成宇宙图式，本
身即显得神秘莫测，引人探求。

---

① [南宋]朱熹著，黎靖德编：《朱子语类》，中华书局1980年版，第1626、1629页。

其二，古奥。不但文字古怪，奥义不得显，而编纂时所采用的材料，更为远古，且已从本身事实简括抽象，由不知所云，而成为"千古之谜"。

其三，简略。王安石曾云："夫中人之所不及者，圣人藏乎其心而言之略。"[①]《易》之本经极为简略，空白多，大家都想来充之实之，都试想着代圣人立言呢。

其四，耀眼的智慧之光。不论从卦画、经文、传文来看，都极富启发性、暗示性，不断地启动着古往今来高级文化人的智慧的闸门。连孔老夫子也读得"韦编三绝"（见《史记·孔子世家》，也有人认为此语是汉人伪造），还留下了"加我数年，五十以学《易》，可以无大过矣"这样的名言。

由于《周易》有了这些特点，它既有心理学色彩，又有幻觉般的色彩。与其他古书相比，它从内容到形式都不再是人人耳熟能详的。它本源于远古人类心灵深处。它的力量在于能使人感到高深莫测。它来自无限，让人感到陌生、冷峻、不着边际、魔力、光怪陆离。我们面对着并非芸芸众生所能领悟却又是芸芸众生所感兴趣的"天书"，要了解它的真谛和那些看来似乎是荒诞不经的纷繁异相，就不是仅仅凭借日常生活经验中汲取的那点肤浅的教训就够了。它似是一个无底深渊，蕴藏无尽，其所述又无明确的质的规定性，却又明显地具有哲学特色，洞察人类并不完备的眼睛所看不到的蛰伏着的人类感情。研读之际，异彩纷呈，异想

---

① ［北宋］王安石：《临川先生文集》卷 68《庄周下》，载《宋集珍本丛刊》第 13 册，线装书局 2004 年版，第 599 页。

天开，似发掘无尽的宝藏，其乐无穷。

由于《易》的此种性质，于是"仁者见之谓之仁，知（智）者见之谓之知（智）"。每一个有才学的人，只要他兴趣浓厚，都可以借此建立自己的体系。根据近人李镜池先生所说，说《易》之古书竟有三千种之多。笔者孤陋寡闻，亦曾努力读过一二百种，且将自己的体会写下了打油诗一首：

借尸还魂有奇方，郢书燕说岂荒唐。
君看易部三千种，可有一种不牵强！

千古之谜可以永远猜下去，中国人又一向倡导"述而不作"，但又不甘心不作，于是，借尸还魂是最好的方法，围绕《周易》的论著自然层出不穷。又因其见仁见智的特色，围绕《周易》这部书，自古至今，争论不休。或者，虽不争论，但也是你说你的，我说我的，更见异彩纷呈。

这种现象，乃是高级著述所应得到的最高待遇。因为，在笔者看来，一部作品是否成功，其关键在于是否创造了极富暗示性和启发性的因子。只有这样，才能使读者获得联想、生发的广阔天地。它不仅具有多层面的意义，而且每个层面又有无数意义，因而不易被人一眼看穿，要读者自己去追索、理解、咀嚼和回味。中国历史上"见仁见智"这样的思想，世界各国，古往今来，都不同程度地存在着，尽管说法不同。欧美现代文艺理论中广泛流行的评价作品基本质量的用语"多义性"（Polysemie）或"多价性"（Multivaleng），其实就是欧美人们对这个思想的表达方式。波兰哲学家罗曼·英伽顿在他1930年代撰写的《文学的艺术作品评析》一书中，提出了一个"不确定点"的概念，并从结构方面把作品分成四个层次，其中之一即为"模式化图景层次"，又称"作品的框架"，被描写对象可以借助这种框架在读者接受意识中成为具体的东西，读者的接受意识借助框架可以把描绘对象具体化。英伽顿的理论对于"见仁见智"现象的揭示和接受美学理论的形成与发展起了推动作用。接受美学的另一位代表人物沃·伊瑟，即以英伽顿的现象学为基础形成了自己的理论体系。他的独特建树在于，把揭示文本与读者之间的关系，作为建立自己的接受美学的任务。他认为同一篇文本之所以会被不同时代、不同读者作出不同的理解，是因为文本自有一个"回旋余地"（Spielraun），这个回旋余地能为读者提供多种理解和解释的可能性。在那些模式化图景之间留有一些"空白点"，这些空白点，提供了对于作品进行分析的回旋余地，读者可以在这种回旋余地之内，把在各个图景上展示出来的对象的各种角度联缀起来。伊瑟认为，一部作品的扫描越细腻，也就是文本所展示对象的模式化图景越多，"空白点"也会越多，读者将在阅读中不断地去充填和消灭这些空白点。

不知怎的，每当我看到类似英伽顿、伊瑟这样的理论，总不自觉地会想到《周易》上去。因此，根据中外理论，我们可以这样认为：一部作品之所以有永恒的魅力，并不是因为它描写了超时代的所谓"永恒价值""永恒主题"（诸如爱啊情啊等等），而是因为它的结构总能使人进入虚构的事件中去。"空白""多义""不定""回旋余地",有时竟无限膨胀,而成为"空框结构",给读者提供了一个可以不断把人生经验、聪明才智放进去的"空框"——一个纵横驰骋想象力的广阔空间。那么,在中国古书中,若以具备上述条件而论,《周易》自是首屈一指的。

《周易》实是一个永远填不满的空框。笔者所以写了上面的打油诗,实在有感于古往今来易学家讲《易》,几乎没有例外,都是借《易》来表达自己的思想。《四库全书总目提要》给历代各家《易》说作了个简单的分析:

> 《左传》所记诸占,盖犹太卜之遗法。汉儒言象数,去古未远也。一变而为京、焦,入于禨祥;再变而为陈、邵,务穷造化。《易》遂不切于民用。王弼尽黜象数,说以老、庄。一变而胡瑗、程子,始阐明儒理;再变而李光、杨万里,又参证史事。《易》遂日启其论端。此两派六宗,已互相攻驳。又易道广大,无所不包,旁及天文、地理、乐律、兵法、韵学、算术,以逮方外之炉火,皆可援《易》以为说。而好异者又援以入《易》,故《易》说愈繁。①

全祖望编《读易别录》,又把许多不入经传的书,为之分派录目。其书分上、中、下三篇。上篇录图纬、神仙、方技及汉唐

---

① [清]永瑢等:《四库全书总目》卷 1《经部·易类一》,中华书局 1965 年影印武英殿本,第 1 页中。

人卜筮书等；中篇录老、庄玄谈书；下篇录蓍龟书。上篇序有云：

> 旧史之志艺文，盖自传、义、章句而外，或归之蓍龟家，或五行家，或天文家，或兵家，或释家，或神仙家以见，其名虽系于《易》，而实则非也……予尝综其概而言之，大半为图纬之末流。盖自《乾坤凿度》诸书既出，其意欲贯通三才，以依托于知来藏往、广大悉备之学，遂妄以推测代前知之鉴，而卜筮者窃而用之，始有八宫、六神、纳甲、纳音、卦气、卦候、飞伏诸例；其外则为太乙九宫家、遁甲三元家、六壬家，所谓"三式"之书也。……"三式"皆主乾象，于其中又衍为星野、风角二家；又推之节气之变，为律历家；律历之分，为日者；合星野、风角、时日以言兵事，则为兵家；又以仰观者俯察，为形法家；其在人也，为禄命家，为医家，为相家；若占梦家，则本《周官》所以属之太卜者，又无论也。更有异者，以阴阳消长之度，为其行持进退之节，为丹灶家。丹灶之于卜筮，毫不相及也。已而其先事逆中，亦托之《易》。[①]

关于全氏所提到的诸色品种，我们没有必要去作分析评论乃至简单的介绍。而对于三教九流一起挤入《易》学的行列，若究其原因，则不外乎四：一为借《易》之古，须知"古"有时具有很大的权威性；二为《易》的神秘，神秘就有迷惑力；三为《易》

---

① 朱铸禹：《全祖望集汇校集注·附录》，上海古籍出版社 2000 年版，第 2683 页。

的模式，模式即有套用的价值；四为《易》所具有之阴阳消长的辩证思想，具有很大的涵盖面，原可为各家各派所公用。

不过，《易》也确乎被滥用了。其滥用方式之多，范围之广，程度之深，手段之巧妙，却又表明这神秘之《易》自有其不可限量的价值。人世间唯有最值钱的东西，例如钻石与黄金常会遭遇假冒与滥用的厄运。

清魏荔彤在其所著的《大易通解》中说："学《易》者极深研几与穿凿近，引伸触类与傅会近。何以辨之？惟顺乎至易至简之理，则极研非穿凿，引伸非傅会。"① 但说实在话，辨之也真难。如兵家类，相传我国古代军事家如吕尚、孙武、张良、诸葛亮、刘基等，莫不精通《易》理，并用之于兵。而系统以《易》演兵，遗下著作并传授学生者，当推明代之赵本学。据其学生抗倭名将俞大猷的记载："猷读先师所授《韬钤内外篇》者有年，领其大旨，知其无一不根极于《易》者。"② 又有无时代撰者可考，而为历代兵志不录的《三十六计》一书，可以看出作者治兵学之途径，深受赵氏影响。该书将《易》之阴阳燮理，推演成兵法刚柔、奇正、进退、攻守之变化，臻于妙境，且文字精练，引人入胜。如第三计"借刀杀人"云："敌已明，友未定，引友杀敌，不自出力，以《损》推演。"再如第十一计"李代桃僵"云："势必有

---

① ［清］魏荔彤：《大易通解》卷首《易经总论》，载《景印文渊阁四库全书》第 44 册，（台湾）商务印书馆 1986 年版，第 18 页。后引诸书，凡出于《景印文渊阁四库全书》者均此版本，不另注明（其他丛书本仿此）。

② 见［明］茅元仪：《武备志》卷 64 俞大猷：《赵本学阵法发微四章·序》，载《续修四库全书》第 963 册，上海古籍出版社 1994 年版，第 639 页。

损，损阴以益阳。"则明显地是以《益》卦推演①。又如第二十一计"金蝉脱壳"云："存其形，完其势，友不疑，敌不动：巽而止蛊。"②

把《易》理运用于阴谋诡计、掠夺兼并之权术，可以说触类旁通，也可以说附会。

再谈天文家类。《周易》是天文学，秦汉时就有不少学者持此说。直到民国时期，杭州有位许笃仁先生，写了一本《周易新论》，认为"卜"字是"古代钦天监于地上立标测候日影的形象"，而"用标（圭）测候日影（卜）叫做'卦'"。他对《丰》卦六二与九四爻辞"丰其蔀，日中见斗"是这样解释的：

> "蔀，覆暧也"，王弼注。按古语"遮盖"叫"蔀"，闽省福建府属的蛮语，用茅草盖屋叫做"茅草蔀屋"，这可算是很有力的证据。"丰其蔀，日中见斗"，这就是说："盖得很厚，白天可以看见星斗。"大概用茅草类铺盖得很厚，能把阳光灭杀干净，从微孔中可以看见星斗。③

许氏用了"大概"二字，可见他未曾把他的理论验证。笔者也无兴做这种实验，却从一个外国人的文章里见到了这样的句子："为

---

① 相近的例子如《史记·孙子吴起列传》所载，以下驷敌上驷，以上驷敌中驷，以中驷敌下驷。关键即在于先损己之下驷，三赛两胜，赢得对方之类。
② 农按："巽而止蛊"，语出《周易·蛊》："《彖》曰：蛊，刚上而柔下，巽而止蛊。"
③ 见许笃仁:《周易新论》，商务印书馆1930年版，第26页。"灭杀"原作"减杀"，疑误。

了白日里看见星辰，我曾透过矿井中的通风孔仰望天空。"（［德］埃尔温·斯特马里特《随想录》）

黄宗羲结合星占，则谓丰是"日食之象"，《丰》☲☳卦，离下震上，"离，南方之卦，五六月之交，日在午未，日食于井、柳（星宿名），则斗宿远而得见"，又"震，东方之卦，正二月之交，日在亥戌，日食于室、壁（星宿名），则斗柄之指午未者，远而得见，卦中两斗异星也"①。黄氏此说现代亦不乏拥护者。即令同认为是讲天文的，说亦有异，谁穿凿，谁旁通，殊难裁决。

我所钦佩的李镜池先生说过："我们现在讲《易》，目的在求真，希望能够拨开云雾见青山，整理旧说，分别的归还他各自的时代；使《易》自《易》，而各派的学说自各派的学说，免致混乱参杂，失其本真。换句话说，我们以历史的方法来讲《易》，不是以哲学伦理来注释。我们以客观的态度来讲《易》，不是以主观的成见来附会。我们要求《易》的真，不讲《易》的用。"②

李先生的愿望当然很好，大凡真正的学者都有这样的求实精神。但笔者断断续续研讨《周易》三十年，说来惭愧，即对《易》之"真"的界说始终模糊不清。近代，大学者王国维可以说求得了一些真，如考证出王亥丧牛羊于有易的史事等③，但《易》中似乎已变成抽象的概念在使用，与王亥不王亥早已无关。即就李先

① 详见［清］黄宗羲：《易学象数论》卷3《原象》，番禺徐氏1920年重印《广雅丛书》本，第14页。
② 李镜池：《周易探源》，中华书局1978年版，第264页。
③ 参见顾颉刚：《〈周易〉卦爻辞中的故事》，载《古史辨》第3册，上海古籍出版社1982年版，第6页。

生自己的著述中，也往往真假莫辨，致使读者无所适从。兹举《小过》六二爻辞为例说之：

过其祖，遇其妣。不及其君，遇其臣，无咎。[①]

对于这几句话，李先生在 1961 年写的《关于周易的性质和它的哲学思想》一文中是这样解释的："'过'是责备人的过错，'遇'是以礼相待。这里编者就社会的复杂情况来说他的经验。或者虽责备过人的祖先，而对于人的祖母或母亲则很有礼貌[②]；或者不谈其君的长短，而礼遇其臣。就是对其中的一方能够相好，便'无咎'，不会出问题。"[③] 则分明教人小心翼翼，"堤内损失堤外补"的意思。而在1981年出版的由曹础基整理的《周易通义》里却又这样说："在家里，祖父也可以批评，祖母也应表扬；在国里，君王也可以指出他的不够，臣子也可以赞扬。这样才是正常的。在当时，父权制家庭，祖父是最权威的；而妇女，即使是祖母，也形同奴隶。在国家，更是君尊臣卑了。作者当时在批评表扬问题上的这种见解，是十分可贵的。"[④] 则分明又以为《易》在宣扬男女平等与民主作风，在给《易》戴高帽子了。

---

① 《周易》卷 6，上海商务印书馆 1929 年重印《四部丛刊初编》本，第 9 页。后文除特别注明者外，所引《周易》经传均出此本，不另注出。

② 农按：妣为祖母，以妣为母始见于战国末期典籍。

③ 该文原载 1961 年 7 月 14 日《光明日报》，后收入《周易探源》，版本同前，第 160—161 页。

④ 李镜池：《周易通义》，中华书局 1981 年版，第 123 页。

那么，究竟以何者为真义呢？我倒以为李先生在用《易》呢。

笔者亦曾有友人问某事，筮之，亦曾得《小过》六二，我即为占之曰："过"者，经过，即《论语》"有荷蒉而过孔氏之门"之"过"，或禹"三过家门而不入"之"过"，可引伸为"过访"。此爻辞之义为去看望他的祖父，祖父虽然没有碰上，却见到了祖母。虽然赶不上见君，却和其臣子攀谈了一阵子。苏轼说过："薄薄酒，胜茶汤。粗粗布，胜无裳。丑妻恶妾胜空房。"这叫做退而求其次。

友人请我别打隐语，是否可再说得明白易晓一些。于是我又申言之曰：君若有事去求人，虽然碰不到他本人，只见到了他夫人，切莫失望，照样可以做夫人的工作，争取她的支持，如本人惧内，则更好。或虽然见不到本人，却碰上了他的秘书，也并不是坏事呀，故曰"无咎"。

我友大笑曰："君之解《易》，未之前闻。"竟称我为幽默大师，满意而去。事后友人告我，他的事果然通过某之夫人办成，极称我占之灵验。其实不过是极为一般的社会学知识在起作用，触发其思路，固无迷信之可言也。

既然李镜老可以那样换来换去说，我这样说想来也未尝不可。

人类在作抽象思维的时候，就已不自觉地应用范畴和公式，以作为自己行为遵循之规律。这是人类认识发展的一个进步，表示人类的智能大大提高了一步。在中国哲学史上，《周易》率先比较自觉地讲到范畴、公式的作用。

冯友兰先生在《中国哲学史新编》中说："《易传》的作者

们因套子而引伸到公式和范畴的作用。"并引《系辞传》"易者，象也"说：

> 象，就是客观世界的形象。但是这个模拟和形象并不是如照相那样照下来，如画像那样画下来。它是一种符号，以符号表示事物的"道"和"理"，六十四卦和三百八十四爻都是这样的符号。它们是如逻辑中所谓变项。一变项，可以代入一类或许多类事物。不论什么类事物，只要合乎某种条件，都可以代入某一变项。《系辞传》说："方以类聚，物以群分。"它认为事物皆属于某类。某类或某某类事物，只要合乎某种条件，都可以代入某一卦或某一爻。这一卦的卦辞或这一爻的爻辞也都是公式，表示这类事物在这种情形下所应遵行的"道"。这一类的事物遵行"道"则吉，不遵行"道"则凶。①

冯先生说的是《易传》，但没有经的模式，何来范畴、公式？故笔者认为应该与经部一起说才符合实际。这样自觉地运用范畴和公式，很明显已在经部表现出来了。

本书既名为《占筮学》，因此，其要求正与李镜老相反，是以哲学、社会学、伦理学来讲《易》，而不是以历史的方法来讲《易》；不求《易》之真，而讲《易》之用，即使引史证经

---

① 见《中国哲学史新编》第 21 章第 3 节，河南人民出版社 2001 年版《三松堂全集》本，第 551—552 页。

亦是用。当然，笔者不想加入滥用《易》的队伍，但滥与不滥实无明确界线，因此触类旁通、巧妙附会，也在所不顾。笔者甚至认为这或许还更"真"一些，或许更能阐发《易》之精义，更能使这部深奥的古书通俗化，引导更多的人去接触它，吸引更多的人来充实这个"空框"。

> 《易》之为书，天地之气化，性命事物之道理悉备矣。学《易》者须分三层看：天地自然之气化是一层；人性及事物本然之道理是一层；占者应事接物，当然之知从是一层——无卦无爻不然也。此是学《易》者最切实下手工夫。虽上智之人，一以贯之；然下学工夫，先求入门，此亦极深研几自是始也。①

这段文章引自魏荔彤《大易通解》，作者是强调学以致用的，所谓"占"，就是协调主客观的情况，使之一致。这也是笔者为了与滥用《易》者划清界线所遵循的原则。若再明确一点说：第一，不离开卦象说《易》；第二，不离开哲学、社会学、伦理学说《易》；第三，不离开卜筮书的性质说《易》。笔者上文提到过，《周易》是一部以卜筮为其外壳的哲学、社会学著作。不过，这个外壳不是龙井茶叶罐，也不是金银手饰盒，而是包括屏幕在内的电视机的外层。因此，义理与象数并重，自为本书所必须具备之特色。

---

① 见《大易通解》卷首《易经总论》，《景印文渊阁四库全书》本，第 17—18 页。

三、卜筮与人之自我异化

一提起卜筮，我们往往把古人估计得太低了，动辄以迷信愚昧的行为目之，不屑一顾。其实从古文献来看，古代卜筮专职人员均为专家兼高级知识分子，绝非后来之江湖术士可以比拟。人遇到特殊情况，自己智慧有限，对应该采取何种行动犹豫不决，即成功与失败的可能性均等，或利弊相当，也就是主观估计成败概率均在百分之五十左右，此时往往难以决断。这是人之常情。卜筮乃于此时此际显示其作用，即人需依靠卜筮之力量以资鼓励，增强自己的信心，或阻止自己盲目贸然的行动。《礼记·曲礼上》即言占卜所以"决嫌疑，定犹与"（即犹豫）。《左传·桓公十一年》记鬬廉曰："卜以决疑，不疑何卜！"没有疑惑，是用不着卜与筮的。《尚书·洪范》：

　　……作卜筮，三人占，则从二人之言。汝则^①有大疑，谋及乃心，谋及卿士，谋及庶人，谋及卜筮。汝则从，龟从，筮从，卿士从，庶民从，是之谓大同，身其康强，子孙其逢，吉。汝则从，龟从，筮从，卿士逆，庶民逆，吉。卿士从，龟从，筮从，汝则逆，庶民逆，吉。庶民从，龟从，筮从，汝则逆，卿士逆，吉。汝则从，龟从，筮逆，卿士逆，庶民

---

① 农按：汝，指君主；则，若也。

逆，作内吉，作外凶。龟筮共违于人，用静吉，用作凶。①

首先是"谋及乃心"。先人谋，后鬼谋，然后才是一整套的决断方案，并不全按卜筮行事。即令对于卜筮、对于所谓兆象的解释，专家们往往是借此作理智的分析，且多有意见不一之时，怎么办？"三人占，则从二人之言"，少数服从多数，可称占卜选择法。

古代卜与筮后，其事既毕，复追踪休咎之验，都有记录存档。殷墟甲骨卜辞，即殷王朝之卜事记录。筮人亦自有筮事记录，古籍中亦有明证。《周礼·春官宗伯·占人》："凡卜筮既事，则系币以比其命，岁终则计其占之中否。"即谓将筮事系之于帛，岁终，则统计其占之命中率。可见卜筮之书亦自与统计学有莫大之关系，亦可视为人之生活经验的总结。其实人在心灵深处，并不完全视卜筮为神灵的启示，否则怎么会出现"龟从筮逆"（既有龟从筮逆，也必有龟逆筮从）的情况呢？难道神灵们的队伍分裂了吗？还是各有派系起了矛盾？可是古人却平心静气地对待这种矛盾现象。

卜筮之举，实是人之自我异化。东汉伟大思想家王充早已在《论衡·卜筮篇》精辟地指出：

> 夫人用神思虑，思虑不决，故问蓍龟。蓍龟兆数，与意相应，则是神可谓明告之矣。时或意以为可，兆数不吉；或

---

① ［唐］孔颖达：《尚书正义》卷 12，中华书局 1980 年影印清阮元校刻《十三经注疏》本，第 79 页。本书所引《尚书》正文均为此本，不另注出。

兆数则吉，意以为凶。夫思虑者，己之神也，为兆数者，亦己之神也。一身之神，在胸中为思虑，在胸外为兆数。犹人入户而坐，出门而行也。行坐不异意，出入不易情。①

我们可以将王充这一创说与黑格尔和费尔巴哈的有关论述相参照。在黑格尔看来，人、人的本质就是"自我意识"，所以人的自我异化，也就是"自我意识"的异化。第一个从唯物主义观点出发，继承并发展了黑格尔的思辨哲学，提出"人的自我异化"思想的是费尔巴哈。他揭示了宗教的秘密在于人，不是上帝创造了人，而是人创造了上帝。人借助于幻想，把自然和自己的本质神化，变成脱离自身的上帝，然后又受它支配，向它顶礼膜拜。费尔巴哈在《基督教的本质》一书中写道："上帝是分离了的、分开来的、最主观、最独特的人的本质。……人越放弃他的主观性、他的人性，上帝就越是主观、越有人性。因为上帝本来就是人放弃了的自我，不过它马上又把它收回来了。"

对比之下，早一千几百年我国王充的话更为豁达而生动。在《卜筮篇》里，王充搜集古代反异化的例子并加以论证，说明人若智慧有余，毫无疑惑，自可断然采取行动，而视卜筮之占为乌有，甚至反其道而行之。

如："周武王伐纣，卜筮之，逆；占曰大凶。太公推蓍蹈龟而曰：'枯骨死草，何知而凶！'"

---

① ［东汉］王充著，黄晖校释：《论衡校释》卷24，中华书局1990年版《新编诸子集成》本，第1000页。

　　又如："鲁将伐越，筮之，得'鼎折足'①。子贡占之以为凶。何则？鼎而折足，行用足，故谓之凶。孔子占之以为吉，曰：'越人水居，行用舟，不用足，故谓之吉。'鲁伐越，果克之。"

　　王充并于此论之曰："周多子贡直占之知，寡若孔子诡论之才，故睹非常之兆，不能审也。世因武王卜，无非而得凶，故谓卜筮不可纯用，略以助政，示有鬼神，明己不得专。"②

　　《左传》固多宣扬卜筮灵验之例，但反异化的例子也不少。如僖公二十八年，晋楚城濮之战前夕："晋侯梦与楚子搏，楚子伏己而監其脑，是以惧。子犯曰：'吉，我得天，楚伏其罪，吾且柔之矣。'"③晋楚此战，晋果获大胜，如子犯占。

　　仰面朝天，被伏在身上的人啃着脑髓，竟是"得天"，而伏在上面的人反而是"伏其罪"，真可谓极诡辩之能事。但这种"精神胜利法"对晋文公重耳的畏难情绪，却起了振作的作用。其实，太公、孔子、子犯等其智本足预料吉凶，故无视卜筮之作用。至于王充所云"略以助政"，即利用迷信作为手段来增己之威或鼓人之气，古书中更可以找到无数的例证。

　　《庄子·田子方》：

　　　　文王观于臧，见一丈夫钓……文王欲举而授之政，而恐

――――――――――

① 农按：此《周易》下经《鼎》卦九四爻辞。
② 以上均见《论衡校释》卷24，《新编诸子集成》本，第1005页。
③ [唐]孔颖达：《春秋左传正义》卷16，中华书局1980年影印《十三经注疏》本，第123页。本书所引《左传》正文均为此本，不另注出。

大臣父兄之弗安也；欲终而释之，而不忍百姓之无天也。于
是旦而属之大夫曰："昔者寡人梦见良人，黑色而颀，乘驳
马而偏朱蹄，号曰：'寓而政于臧丈人！'庶几乎民有瘳乎？"
诸大夫蹴然曰："先君王也。"文王曰："然则卜之。"诸
大夫曰："先君之命，王其无它，又何卜焉！"遂迎臧丈人
而授之政。①

庄子揭穿了文王假造梦境助政的把戏。这与《尚书·说命上》所
载："（殷）高宗梦得说，使百工营求诸野，得诸傅岩。"因以
傅说为相，显然是同一手法。

　　人把异化出去的一半自我又收回来加以利用。《荀子·天论》
云："卜筮然后决大事，非以为得求也，以文之也。故君子以为
文，小人以为神。以为文则吉，以为神则凶也。"《大略》篇云：
"善为《易》者不占。"② 皮锡瑞曰："此以当时用《易》者，
专为占卜，不知天地消长、人事得失，无不可以《易》理推测，
故曰'善《易》不占'，以挽其失。"

　　荀子的"以文之也"（即起文饰作用，亦即王充"略以助政，
明己不专"之意）的思想为神道设教开辟了广阔的前景，不仅统
治者利用，即许多农民起义领袖亦多利用神道设教举其大事。"以
为文则吉"的思想确有其高明之处，前于荀子的殷高宗、周文王
都懂得这个道理，并利用之以顺利达到既定之目的。后世更不用

① ［清］王先谦：《庄子集解》卷5，《新编诸子集成》本，第181页。
② ［清］王先谦：《荀子集解》卷11和卷19，《新编诸子集成》本，第316、507页。

说了。如宋狄青征侬智高，则利用神道大鼓士气："南俗尚鬼，狄武襄征侬智高，时大兵出桂林之南，因祝曰：'胜负无以为据，乃取百钱自持之，与神约：果大捷，则投此钱，尽钱面。'左右谏止：'倘不如意，恐阻师。'武襄不听，万众方耸视，已而挥手，倏一掷，百钱皆面。于是举军欢呼，声震林野。武襄亦大喜，顾左右：'取百钉来！'即随钱疏密，布地而帖钉之，加以青纱笼，手自封焉，曰：'俟凯旋当谢神取钱。'其后平邕州还师，如言取钱。幕府士大夫共视，乃两面钱也。"桂林路险，士心惶惑，故假神道以坚之。冯梦龙所编《智囊补》卷18将此条收入《术智部·权奇》类①。

狄青诡谲的智术，对于克敌制胜无疑地起了积极作用。但说到底，毕竟是欺骗行为，一种愚弄人的勾当。不过，笔者以为，狄青的士兵即使事后得知原委，也一定甘愿受他们的统帅的愚弄，因为毕竟打了胜仗啊。他们甚至只会有惊异钦佩的情绪，而不会有被耍弄的感觉。这从狄青没有把这一秘密保守到底可以推想得出来。

四、命运与自由意志

笔者论述异化与卜筮或神道设教等例，无非说明古人未必全信卜筮，有时甚至利用迷信进行重要的事功，所以不要把古人看得过低了，这是一方面。另一方面，则又切莫把今人看得太高了。

① 载《四库全书存目丛书》子部第135册，齐鲁书社1995年版，第592页。

那种认为破除迷信最有效的办法，乃在提高社会的生活条件；或者科学发达了，自然不迷信鬼神，不相信命运；或者文化高的人不相信命运，不会去占筮，文化低的人才相信命运，才会由占卜决定自己的行为，等等。笔者经多年的观察、探讨与调查，发现并非如此，致使笔者在脑海中经常闪现出老子的名言："人之迷，其日固久。"

"破除迷信"的口号尽管喊，可是迷信行为还是堂而皇之地存在，生命力活跃得很。甚至有人越来越迷信，越来越相信命运的感觉，有人竟以迷信为高为荣，引得江湖术士到处招摇撞骗，蛊惑人心，骗人钱财。甚至排八字算命、活拆夫妻之事又在20世纪80年代发生。另据1989年《光明日报》登载过的《看相算命图书泛滥，令人触目惊心》一文报道："近年来有关看相算命之类图书不下100种，印数足有1000万册，到处泛滥成灾，令人触目惊心。"可见事态的严重。

我本以为，中国人对神灵的态度的两重性最明显、最特别、最有幽默感；即最迷信、最敬畏，也最不信、最蔑视。曾忆童稚时，家乡于腊月二十三日送灶王爷上天（那时几乎每家灶间都有灶神像），香烛供奉，虔诚精制纸马或纸轿以备驱使。有趣的是在将灶神像与纸马等一起焚化以前，有的家用糖浆涂灶神嘴，有的家用一小纸片涂上浆糊贴住灶神嘴。据说灶神此去要上奏天庭，涂糖者实为行贿，使其得点甜头，说些此家好话；用浆糊者实为封嘴，免得其说坏话。极恭与极不恭并行不悖，迷信与戏弄难解难分。仪式的举行，倒的确是极为认真的。

　　其实又何独中国人如此！直到当代，人类仍然是既在破除迷信，又在不断制造新的以各种形式出现的迷信。鲁迅在一篇论讽刺的文章中说过，讽刺的艺术是将两种极不协调的东西放在一起，如道学先生骂人，穿着西装拜菩萨。看来，鲁迅还不能多见少怪。道学先生骂人固不希奇，穿了西装拜菩萨，现在根本就不属什么讽刺对象了。

　　人若能完全掌握自己的命运，宿命论自然自动消失；人若不能掌握自己的命运，迷信也就不可能消灭。无可如何谓之命。在我看来，所谓命运，实是指人所不能预知和掌握者，那么，他们就容易去相信那些自称能推知命运的人，迷信当然永远存在。因此人若不能完全掌握自己的命运，占卜、星相总会有其存在的气候与市场。

　　自然神学的说法，一般都称之谓"从设计出发"。即以为自然界中常常有许多迹象表现着睿智的意向与和谐的秩序，这些表明有一个神圣的设计者存在。这种说法永远受人崇拜。这是各种证明中最古老而又最清晰的一个，也是最能说服大多数人的理性的一个。它使我们对自然的研究活跃起来。要否定这个已被证明具有说服力的权威性，不但是毫无兴味的，而且也完全是徒劳的，反对它的合理性和实用性也是十分困难。

　　但是，证明神存在的说法，如果要在理论上站得住脚，就必须从完全确实的感觉或现象的材料出发，必须只运用纯粹自然科学的概念。最后还必须证明在感性经验中，有一个与神的观念相符合或相对的物体。这一要求是无法办到的，因为从科学的立场来说，绝对必然的神的存在既不能证明，也不能否定，因此，在科学以外所能得到的任何含混的证明里，都有信仰存在的余地。

王国维《原命》有云：

> "命"有二义，通常之所谓"命"，《论语》所谓"死生有命"是也；哲学上之所谓"命"，《中庸》所谓"天命之谓性"是也。"命"之有二义，其来已古。西洋哲学上，亦有此二问题。其言祸福、寿夭之有命者，谓之"定命论"（Fatalism）（农按：今通译"宿命论"）；其言善恶、贤不肖之有命，而一切动作皆由前定者，谓之"定业论"（Determinism）（农按：今通译"决定论"）。而"定业论"与"意志自由论"之争，尤为西洋哲学上重大之事实，延至今日而尚未得最终之解决。①

王氏并指出，我国古代哲学家除墨子外，皆宿命论者也，但如果遽谓之决定论，则甚不然，他举了孟子为代表，孟子既是宿命论者，也兼是意志自由论者。而通观我国哲学史，实在没有一个持决定论的。

我们的确可以看到，中国古代哲人，讲到人的祸福、寿夭，即牵涉物质利益时，往往持宿命论，如云"死生有命，富贵在天"；关系到伦理道德、品行操守，则往往持意志自由论，如云"人皆可以为尧、舜"。在中国这个把伦理道德看得特别重的国家，没

---

① 见《王国维全集》第14册，浙江教育出版社2009年版，第58页。

有一个人敢于持决定论的。因为依决定论，人之一切行为都由因果关系决定，为善为恶，既身不由己，因此，可以丝毫不负责任。而在西洋，决定论与意志自由论之争，自希腊以来，永为哲学上的题目，但争论也最终没有结果。

按决定论，如上所述，善人不足敬，而恶人有了借口。按意志自由论，则最普遍、最必然的因果律为之破灭，这又是爱真理者所不能接受的。康德在《纯粹理性批判》与《实践理性批判》中，企图调停此二律背反。康德综合此二说有云：在现象世界中，一切事物必有他事物为之原因，而此原因复有他原因为之原因，如此辗转，至于无穷，无往而不发现因果关系。所以人的经验的品性中在在为因果律所决定，故是必然的，而非自由的。此则决定论之说真也。但现象世界外，尚有本体世界，所以人于经验的品性外，还有睿智的品性。而空间、时间及因果律，只适用于现象的世界，本体世界则独立于此等知识之形式外，所以人的睿智的品性是自由的，而非必然的，此则意志自由论之说亦真也。故同一事实，自现象之方面言之，则可谓之必然；而自本体方面言之，则可谓之自由。而自由之结果，得现于现象世界中，所谓无上命法（Categorical imperative）是也①。康德说过：我的头上有灿烂的星空，道德律令在我的胸中。

康德曾为自由下定义：消极的定义为"意志之离感性的冲动而独立"；积极的定义为"纯粹理性之能现于实践"。

---

① 参见《原命》，《王国维全集》本，第60—61页。

王国维并不满意于康德的折中，他说："然意志之离冲动而独立与纯粹理性之现于实践，更无原因以决定之欤？汗德（农按：即康德）亦应之曰：有，理性之势力即是也。故汗德以自由为因果之一种，但自由之因果与自然之因果，其性质异耳。然既有原因以决定之矣，则虽欲谓之自由，不可得也。其所以谓之自由者，则以其原因在我而不在外物，即在理性而不在外界之势力故，此又大不然者也。吾人所以从理性之命令，而离身体上之冲动而独立者，必有种种之原因，此原因不存于现在，必存于过去，不存于个人之精神，必存于民族之精神。而此等表面的自由，不过不可见之原因战胜可见之原因耳，其为原因所决定，仍与自然界之事变无以异也。"① 虽然王氏最后还是承认人应有责任之观念，然仍未获得在理论上之圆满解决。

以笔者管见，此二论之争实源于人之本性，因为几乎人人都具有这两相对立的观念并存其心灵深处。在各种语系里，几乎都有"听天由命"这类话，也都有"惭愧""忏悔"一类词。中国人说"命苦"或"生就的苦命"，纯粹是宿命论。"谋事在人，成事在天"，则既有自由意志的成分，也有宿命论和决定论的成分。只要一个人的寿命不是太短，几乎一生中都说过这样的话，或都会有这种体验。

我这样说，无异宣布"迷信人人有份"，有人当然不会同意，我于是加上"几乎"两个字。我何尝喜欢说这种话，我只是承认

① 《原命》，《王国维全集》本，第62页。

事实而已。

　　当过美国总统的尼克松的传记里，明确记着尼克松自己的话：他相信命运。

　　当过英国首相的希思的传记里，也清楚地写着希思相信命运。

　　丘吉尔有没有说过他相信命运，笔者已经记不起来。但下面这番话，却使人感到命运如何使他成为一名军人的："在我几乎是全班最后一名的同时，却又意外成功地通过了军队的征兵考试。就我在学校名次来看，这次考试的结果出人意料。因为许多名次在我前面的人都失败了。我也是碰巧遇到了好运——在考试中，将要凭记忆绘一张某个国家的地图。在考试前一天晚上，我将地球仪上所有国家的名字都分写在一张张小纸条上，放进帽子里，然后从中抽出一张，抽到了写有'新西兰'国名的纸条。接着我就大用其功，将这个国家的地理状况背得滚瓜烂熟。不料，第二天考试中的第一道题就是'绘出新西兰地图'……"（丘吉尔《我的早年生活》）

　　这些都是世界级的名人，前二者由平民而成为总统或首相。丘吉尔则于第二次世界大战中临危受命，在世界反法西斯战争中为英国立下殊勋。这三人的自由意志，也在其政治生涯中得到了最充分的发挥。

　　最不可思议的是一些科学家，科学与迷信当然是对立的，但杰出的科学家中，有的是上帝的虔诚信徒，有的祈求菩萨保佑，有的则相信祖宗在冥冥中卫护。但这些却并没有因此而妨碍他们做科学实验，而成为发明家、诺贝尔奖得主。他们在旅游时，可能会听星相学家"利西而不利东北"的话，而取消东北之行；但他们在战场上或实验室往往百折不回，绝不听天由命。可一旦面临最后失败时，却又会同项羽一样说"天实亡我"，归之于命。

对于此种矛盾现象，也曾使笔者感到困惑。后来看到了美国名作家司各特·菲茨基格德在其自传体小说《崩溃》中写道："测验一个人智力是否属于上乘，只要看他的脑子里能否同时容纳两种相反的思想，而无碍于其处身行事。"才豁然开朗，而对先贤们的论述认识得更为深刻。迷信、宿命论绝不只是蚩蚩群氓才有，这是非常清楚的了，但"无碍于其处身行事"与否，却是有上下乘之别的。

再者，人之智慧总有不足之时，甚或有智慧无可用之机会。举一简单例子：某国王公开择婿，应募者自非等闲之辈，且均称不得公主毋宁死者也。经种种审核后，淘汰而剩最后一人。然尚有一严峻考验，以测其心之忠否。国王乃营造相同建筑二座，其一藏猛虎，其一藏公主。由此人自选其一，徒手进入，则为藏娇之金屋乎？抑为葬身之墓穴乎？即大喜或大悲之概率，均为百分之五十。如此人不欲临阵退缩，决心一搏，当是时也，若能一为卜筮，恐怕他是很愿意干的。

这个例子或许杜撰得有些绝对、幼稚，但在日常生活中，类似占卜的现象，甚至以最原始的方式在发生。好多未婚女子在择偶问题上有类占卜行为，其表现形式是将两个各有短长的、向自己表白爱情的男子姓名分别写在两张小纸上，捏成纸团，使之分辨不清，然后掷于桌上，撮取其一，扯开观看。虽往往最终并非全由此决定谁属，但据笔者调查，女大学生有过此行为者不在少数。问其当时心理，则玩笑与虔诚的心理各占其半，但均为犹豫不决引起。男性大学生在择偶问题上，极少此种行为。而在另一些问题上有过此种行为者亦不乏其人。

　　回想新中国成立不久时，迷信行为曾一度遭到严禁，大量迷信职业者，自亦随之失业，只能时而偷偷摸摸赚得一二毛钱。随着社会开放，宗教信仰自由的口号重新提起，迷信行为亦迅即借机公开出现，甚或有泛滥之势。不仅算命先生生意很好，近年来还出现了所谓"计算机科学算命"，兹举二例如下：

计算机科学算命

愿者上钩。　　　信则有，不信则无。

姓名：

出生日期：　　　1937年7月8日

　　中年患大病，喜欢在小家庭里打转转，对别人漠不关心，有时精神不太正常，不爱说话，爱哭。

　　聪明，脑子快。

　　恋爱：你的朋友热情，比你富有，能得幸福。

　　友谊：背地里赞扬你的人较多。

　　将来：你有惊人的长寿。

　　运气：你的钱常常是满足的，但指望的人多。

　　男

　　浪漫天真，非常喜欢家庭生活。

　　切记你的命，扬长避短！

计算机科学算命

愿者上钩。 信则有，不信则无。

姓名：

出生日期： 1982年10月23日

喜欢愉快，心直口快，爱说爱笑爱哭，遇事想不开，经常得些小病。

不怕死，勇敢。

恋爱：你的朋友热情，比你富有，能得幸福。

友谊：背地里赞扬你的人较多。

将来：你有惊人的长寿。

运气：你的钱常常是满足的，但指望的人多。

男

精明能干，但不肯干。

切记你的命，扬长避短！

人类创造了电脑（电子计算机），给它规定了职责：担当大量"信息加工"的任务。其工作原理是通过"外部设备"（相当于人的感官），接受初始信息（按人规定的能加工的信息表达形式），然后通过中央处理装置（CPU）对这些大量信息进行"加工"（处理），将加工的结果即最后信息，通过外部设备输送出来。

初始信息 ——输入→ 处理 电脑 ——输出→ 结果信息

　　所谓"计算机算命"，其初始信息只有出生年月日与性别两项，与结果信息之间既无科学依据作为联系，也没有统计学的准确性。如其结果信息中，恋爱、友谊、将来、运气四项并成一组，因为储存很少，不多几次即出现重复现象，而且每组都是四项一起重出。如上二例中"背地里赞扬你的人较多"与"你有惊人的长寿"，在一个人身上或有可能，但总是联在一起就显得荒唐，更何况四项一起重出，就立刻暴露出毫无科学根据与统计学的价值。

　　在目前的科学技术尚远远达不到根据一个人的出生年月日和性别即可预测此人一生命运的水平，则作为人的工具的计算机又何能预测命运？故其欺骗性是十分明显的。

　　占卜行为是那样的难以消失，说明它自有本身的文化功能。我们见到，一切本能与情绪，以及一切的实践活动，都可能使人碰壁。他在智能上的缺憾及有限的观察力，都使知识在一发千钧的时候会产生错误导向。可是人类的机体亦在这等场合急觅应变的手段。巫法乃抓住人类茫然不知所措而又急待决定的刹那间使之落入圈套，取得其信仰而指挥其行动，还把这种信仰与行动放到永久的传统形式里去，从而使它有了标准。

　　占筮也是为了供给人们一些现成的仪式行为与信仰，一件具体而实用的心理工具，使人于迫急之际果断地渡过危险关口，它使人能够进行重要的事功而有自信力，使人保持平衡的态度与精神的统——不管是在盛怒之下，是在怨恨难当，抑是在情迷颠倒，是在念灰思焦等等状态之下，卜筮的功能都在于使人的精神上的乐观仪式化，提高希望胜过恐惧之类的信仰。它似乎给人以更大价值，是自信力超过犹豫的价值，坚持与有恒超过动摇的价值，乐观胜过悲观的价值。这也可以说是具体化了的痴情希望，愚不可及的崇高希望。但这并不可笑，如果以为可笑，那么我们自己或许也是被笑的对象。

巫术给人的欺骗是十分中听的，为什么可以维持下去而不被揭穿，或者即使偶然被揭穿而仍能维持其地位呢？

第一，谁都知道的事实，乃是人类的记忆对于积极的证据永远比消极的强。一次成功可以胜过许多次失败，所以证实巫术灵验的例证，永远比反证来得昭著彰明。比如《左传》记载的占筮出奇灵验，有人就怀疑是事后制造出来的，且因此而怀疑《左传》的真实性。殊不知唯其"灵验"方才记上，不灵验的记上去干什么？所以未必一定需要事后假造。

第二，选择性的行为，有些是不可逆的。譬如有人请求占筮者代其作出抉择，即使为他选择的不怎么理想。但他既已选择了此，对于选择彼是否比选择此优越，已无法验证，也就是已无法取得反证。

笔者行文至此，自然地想起了霭理士《性心理学》这本书里《社会对于性歧变的态度》这一节。霭理士为反驳法国作家古尔蒙所说"恋爱的病理学是一个地狱，这地狱之门是永远开不得的"而写道：

应知我们目前所处的并不是一个表演剧本的场所，专演但丁所作《神圣的喜剧》一类的作品，而是生物科学的领域。

在这个领域里所谓生理的状态是不断的在转入病理的状态，生理与病理之间，找不到一丝接缝的痕迹，接缝既没有，试问哪里还有什么门？试问地狱之门又从何开起？病理的成分在生理中原就可以找到，而病理的作用也始终遵守着生理的法则，根本无法划分。每一个常态的人，就性生活一端而论，如果我们观察得足够仔细的话，总有一些变态的成分，而所谓变态的人也并不是完全和常态的人不同。

霭氏又说：

> 我们要提出的问题不再是"这桩行动是不是反常"？而是"这桩行动是不是有害"？……这问题是很有几分重要的，因为很多经验丰富的医师相信，近年以来有不少的方式，有许多种目前还有人所称的"邪孽"，是比以前更见流行了；流行既更广，它们有害无害的一层自更有确定的必要。何以有的方式，有的歧变现象，更见得流行了呢？这其间原因是很多的。①

把"神灵"的卜筮与"性"的问题扯在一起，似乎拟于不伦。但笔者认为，人们对于迷信行为的态度与对于性歧变的态度是颇有一些相似的。迷信既然消灭不了，而过分迷信却肯定是有害无

_____

① ［英］霭理士著，潘光旦译：《性心理学》，生活·读书·新知三联书店 1987 年版，第 254、255 页。

疑。对于禁止不了的东西，最好的办法是疏导，疏导的最好方法是用科学解释迷信现象。但遗憾的是不少容易使人迷信的神秘现象，还不能得到科学的阐释。

笔者撰写《周易占筮学》的目的，即是企图利用《周易》这部占卜与哲学混在一起的古代典籍，用占筮的形式，引向高级的社会咨询，或许可以对普及《周易》学尽其绵薄，而起到一般的阅读所起不到的效果。因为《易》学一方面固然倾向于哲学化，他方面则仍然保存它的筮占的神秘性，这是由神秘莫测的卦画、经、传的"空白点""不定点""回旋余地"决定了占术的复杂化、高级化，并成为占卜的最高形式。

人的阅读欣赏心理都是呈流动状态的。在这种心理特性作用下，《周易》文本中的意象通过占者的解释，可能在读者心中不断地趋于清晰完整。格式塔心理学派的反映公式印证了这一心理流程：

刺激丛（《周易》文本的显意象与潜意象）—— 神经系统的组织作用（在想象的扩展延伸中，按组织作用的邻近原则、类似原则、共同命运原则、封闭原则、完形原则，将杂乱无章、竞相纷呈的表象按上述原则进行排列组合）—— 对组织结果的反映（在想象中确认并由占筮触发而形成新的意象），而使贞问者在焦灼的思虑中获释而分解出色彩缤纷的线索。它无疑地将启发人们的智慧与处理事务的信心。这也就是《系辞传》所谓"夫《易》开物成务，冒天下之道，如斯而已"者也。

但这是一个非常艰巨而又危险的工作，因之我国历史上亦向有"《易》为君子谋，不为小人谋"的优良传统。王夫之曰：

张子之言曰："《易》为君子谋，不为小人谋。"然非张子之创说也。《礼》：筮人之问筮者曰：义与？志与？义则筮，志则否。文王、周公之彝训，垂于筮氏之官守且然，而况君子之有为有行，而就天化以尽人道哉！自愚者言之，得失易知也，吉凶难知也；自知道者言之，吉凶易知也，得失难知也。所以然者何也？吉凶两端而已——吉则顺受，凶无可违焉。乐天知命而不忧——前知之而可不忧，即不前知之而固无所容其忧。凶之大者极于死，亦孰不知生之必有死，而恶用知其早暮哉！惟夫得失者，统此一仁义为立人之道，而差之毫厘者，谬以千里，虽圣人且有疑焉。一介之从违，生天下之险阻。其初几也隐，其后应也不测。诚之必几，神之不可度也。故曰"明于忧患与故"，又曰"忧悔吝者存乎介"。一刚一柔，一进一退，一屈一伸，阴阳之动几；不疾而速，不行而至者，造化之权衡，操之于微芒；而吉凶分途之后，人尚莫测其所自致。故圣人作《易》，以鬼谋助人谋之不逮，百姓可用，而君子不敢不度外内以知惧，此则筮者筮吉凶于得失之几也。固非如《火珠林》[①]者，盗贼可就以问利害……是知占者即微言大义之所存，崇德广业之所慎，不可云徒以占吉凶，而非学者之先务也。[②]

────────────

① 农按：此后世占法之一种，以干支代卦，以钱代蓍。
② ［清］王夫之：《周易内传·发例》，同治四年（1865）刊《船山遗书》本，第5—6页。

第二章 《周易》名义释

本来，一部书的书名是用不着花力气去探究的，对于中国的古书，似乎更是如此。独有《周易》这个书名，却引起了后代的争论，大加深究考证。但争是只管争，却谁也没有权力裁定是非。即使取得了一致的意见，也未必是，除非起死人于地下，问个清楚，这当然是做不到的。关于《周易》名义之争论，使我想到历史上的一则轶事：某名流于社交场合闲谈之际出谜语曰："地知天不知，我知君不知。"这微妙玄通、深不可测的谜语引起了在场者的兴趣，各各驰骋想象，俱得妙解。此人连连摇头。最后大家请求谜底，殊不知此人伸出一只脚，请大家观看其鞋底有破洞一个，并云他的谜语就是为此而设，弄得大家忍俊不禁而又狼狈不堪。尽管妙解可能胜过谜底，但毕竟还是猜测不着。《周易》名义之争，有似乎此。

在这里，我丝毫没有嘲弄考释名义诸先生的意思，因为这实在是由《周易》这部书本身的神秘古奥与"空框结构"所决定的。诸家的考释，虽未必合乎取名者本旨，却都企图与这部书相配相合。考释书名对本书起着剖析作用，并有利于读者作宏观的把握。积累至今，名义的考释可以说已无剩义，无疑对读者有极大的指导意义。因此笔者亦参与"地知天不知"的猜谜行列，立专章将诸家之说作一番较为详细的述评。

一、释"易"

《周礼·春官宗伯·太卜》："太卜……掌三易之法，一曰《连山》，二曰《归藏》，三曰《周易》。"①（《筮人》文略同）筮书皆得称"易"，似"易"为筮书之通称。而《礼记·祭义》："昔者圣人建阴阳天地之情，立以为《易》。易抱龟南面，天子卷冕北面。虽有明知之心，必进断其志焉，示不敢专，以尊天也。"②则是"易"既为书名，又为职官名。易之为官，既掌卜筮，是易者以占卜之名，因以名其官，犹史官称史，史官之书亦称史也。

"易"之为占卜之举，即名词而当动词使用，汉时尚存。如《史记·大宛列传》："天子发书易，云'神马当从西北来'。得乌孙马好，曰天马。""发书易"，谓发书卜筮也。《史记·礼书》："礼之中，能思索，谓之能虑。能虑勿易，谓之能固。能虑能固，加好之焉，圣矣。""能虑勿易"，谓疑惑自决，勿用卜也。又汉武帝《轮台诏》："易之，卦得《大过》。""易之"，亦即卜筮之也。

---

① [东汉]郑玄注，[唐]贾公彦疏：《周礼注疏》卷24，中华书局1980年影印《十三经注疏》本，第164页。
② [唐]孔颖达：《礼记正义》卷48，中华书局1980年影印《十三经注疏》本，第373页。

　　然则何取于"易"字？

　　朱骏声曰："'三易'之'易'读若'觋'。"（《说文通训定声·解部》）今人高亨先生从其说，谓"易"字本当作"觋"。《说文》："觋，能齐肃事神明者。在男曰觋，在女曰巫。"（段玉裁注："此析言之耳，统言则《周礼》男亦曰巫，女非不可曰觋也。《诗谱》曰：陈大姬无子，好巫觋祷祈鬼神歌舞之乐，民俗化而为之。"）《国语·楚语下》："在男曰觋，在女曰巫。"《荀子·正论》："出户而巫觋有事。"杨倞注："女曰巫，男曰觋。"高亨《周易古经今注》："卜筮原为巫术，远古之世，实由巫觋掌之。《周礼》卜筮之官有大（太）卜、卜师、占人、簭（筮）人等，非初制也。巫觋掌筮，尤可论定。"[1]今按高氏谓《周礼》卜筮之官非远古初制是矣，而《周易》实亦非卜书之初制。其从朱骏声说"三易之易读若觋"，实属于古无征，从上列古书引文中无法证实"易"即为"觋"，所以是不可信的。因此还得先从"易"字的本诂剖析。

二、"易"取象于物

　　《说文》："易，蜥易，蝘蜓、守宫也（段注："虫部'蜥'下曰'蜥易也'。'蝘'下曰：'在壁曰蝘蜓，在草曰蜥易。'

---

① 高亨：《周易古经今注》（重订本）卷首《周易古今通说》第一篇《周易琐语》，中华书局1984年版，第6页。

《释鱼》曰：'荣螈，蜥蜴；蜥蜴，蝘蜓；蝘蜓，守宫也。'郭云：'转相解。博异语，别四名也。'……许举其三者，略也"）。象形。秘书说曰：日月为易。"①

蜥蜴的种类、名目相当多，除上面提到的，还有石龙子、四脚蛇、壁虎、变色龙等等，《易》之借"易"为名，似乎取其善于变化的性质。如郭沫若在《青铜时代·周易之制作时代》有云："本来'易'这个字，据《说文》说来是蜥易的象形文，大约就是所谓石龙子。石龙子是善于变化的，故尔借了'易'字来作为了变化的象征。"②

此说并非郭氏所创，古人说得还更详细些，如南宋罗泌就在《路史》中称：蜥蜴"与龙通气，故祷雨者用之，又能呕雹"，并且"身色无恒，日十二变"，"是则'易'者，本其变也"③。而北宋陆佃的《埤雅》又记载了更早的"旧说"：

　　"易"，《说文》曰："蜥易，蝘蜓、守宫也。象形。"……《周易》之义，疑出于此，取其阴阳构合而易。一曰：蜥易日十二时变色，故曰"易"也。旧说：蜥易呕雹。盖龙善变，蜥易善易，故"乾"以龙况。"爻"，其书谓之"易"，爻

---

① [清]段玉裁：《说文解字注》卷17，上海古籍出版社1981年影印经韵楼原刊本，第459页。本书所引《说文》及段注，均为此本，不另注出。

② 郭沫若：《青铜时代》，科学出版社1957年版，第89页。

③ 见[南宋]罗泌：《路史》卷32《明易象象》，载《景印文渊阁四库全书》第383册，第446页。农按：清初张次仲《周易玩辞困学记》误以此说属之洪迈，本书初版从之，兹特订正。

者，言乎其变也。《象》之义出于象，《彖》之义出于豕，《易》之义出于易，皆取诸物也。①

　　当然，此说是颇遭人反对的，但反对者并不是反对《易》有变化之义，而是这样神圣的书竟以虫豸命名，拟于不伦。如姚配中《周易姚氏学》即说："后儒好为异说，往往字有本训，舍而之它；字系假借，则必求本训，以衒新奇。'周流蜥易'，固不可通，'周家蜥易'，复成何语！"②吴隆元曰："'易'之为蜥易，见于《说文》，但'易'书之名，岂有取此为义之理！"③黄振华说得更明白："《易经》讲的是阴阳刚柔变化的根本原理，这与四脚蛇有什么关系？这种说法，我们在观念上很难接受。因为《易经》的变化法则是'变动不居，周流六虚'的，其范围之大，正如《系辞传》所说：'广大配天地，变通配四时，阴阳之义配日月。'今以一个小小动物的皮肤颜色的变化，来象征如此广大的《易》道变化的意义，这是可能的么？我们很难相信古人会运用如此狭小意义的字眼，来作为包含如此广大变化的《易》的名称。其次，《系辞传》有说：'法象莫大乎天地。'在宇宙之间，象征阴阳刚柔变化的重大现象，而却以小小四脚蛇的皮肤颜色的变化来作为《易经》的名称，这也

①　[北宋]陆佃：《埤雅》卷 11，载《北京图书馆古籍珍本丛刊》第 5 册，书目文献出版社 1998 年版，第 336 页。
②　[清]姚配中：《周易姚氏学》卷首《序·定名》，载《续修四库全书》第 30 册，第 462－463 页。
③　[清]吴隆元：《读易管窥》卷 1《考略》，载《四库全书存目丛书》经部第 35 册，第 23 页。

是很难使人接受的。再其次，所谓以四脚蛇的皮肤颜色来象征'易'的意义，在《易经》经文中或《易传》中都毫无根据。"① 其实是我们自己的器量太小，把名看得太重。《易》之取名，曰易、曰象、曰象，豪、象都是兽名。古人以物命名，征之史册，其类正多。况本书之豪、象已有其例。豪、象既可假名于兽类，易又何不可假名于虫类乎？《说卦传》以乾"为天、为父、为君"，又"为老马、为瘠马、为驳马……"。竟将君和众多牲畜连类排在一起，几千年来古人从没有说它大逆不道该灭九族的。至若姚配中所云"周家蜥易"之类，更是无谓。"易"既取为书名，书当然不复是虫。我们把自己的儿子取名老虎、阿狗、阿牛、阿兔，别人总以为是王家或李家的孩子，而不会说王家狗、李家牛罢。

古人命名，取象于物，正是其朴实之处，初无精义存乎其间，或于命名时即想包括很多含义在内。因此取名于蜥蜴，虽未必正当取名本意，但为一说，是可以的。

三、"易"诂举例

若从"易"之本诂，我们还可以上推到金文。金文"易"作 𝌆，表示器皿中盛有鬯酒用来赏赐人，当然赏赐之物不一定是鬯酒②。

---

① 黄振华：《论日出为易》，载《哲学论文集》第 3 辑，（台湾）商务印书馆 1968 年 11 月版。

② 农按：即古祭祀用的香酒，据说用黑色的秬加郁金草酿制而成。

如周初《德簋》："王易德贝廿朋。"即王以廿朋贝赏赐名叫德的臣子。这种解释与《易》附会不上。于是再上推到甲骨文。甲骨文"易"作 ⅃，亦作 ⌒。这横转来的"易"有文章可做了。黄振华乃写成《论日出为易》一文，黄氏以为这是一个象形字，其象形的意义可有两种：一是象征日出，一是象征日落。上半部的尖顶表示日初出时的太阳或者是日落的太阳，只显出了一半；中间那条弧线则象征海的水平面或者是山的弧线；下面三斜撇则象征太阳的光线。总之，这一象形字，象征日出时的景象或日落时的景象。按中国地理位置，东方是海，则中间那道弧线表示海的平面；西部是山，则中间那道弧线表示山。黄氏以为，这一象形字象征日出时的景象为多，因为那道弧线画得很平，弯度不大；其次，弧线下面的三道光芒，在海上也比较容易看得见，而在山下较难看见，因此黄乃断定"日出为易"。这是从取象方面说的。至于涵义方面，则"日出"象征了《易经》中的两种意义：一是《系辞传》所说的"乾知大始"的意义，因为一日之间的变化从日出开始，万物从乾元生长。《系辞传》又说："法象莫大乎天地"，"悬象著明莫大乎日月"。在天文现象中最显著的代表乾刚之象的莫过于太阳了，故以"日出"来象征"乾知大始"最恰当不过。二是象征了《易经》中"易"的阴阳变化的意义，"日出"表示昼夜变换，昼夜变换也可以说是日月的变换，二者都象征了阴阳变化的意义。又《说卦传》说："昔者圣人之作《易》也，将以顺性命之理，是以立天之道曰阴与阳。"这是说明我们的古人在作《易》时，是从观察天文现象而求出阴阳变化的道理来的，而天文现象中最显著表现阴阳变化的意义的，莫过于昼夜的变换，故采取"日出为易"来象征这种变化的意义也最恰当。日出还象征"生"的意义，又合上《系辞传》"生生之谓易""天地之大德曰生"等，而日落则象征"生"的终结。我们有理由相信古人在《易经》命名时，宁取"日出"而不取"日落"。黄氏自认他"找到了《易经》'易'字的字源"。

黄氏根据许慎未曾见到过的甲骨文而另为一解，这虽然有些新鲜的感觉，但亦只能备一解而无以证其必然，且黄氏之理论，实与魏伯阳《参同契》"日月为易"相近似。"日月为易，象阴阳也"，是很现成而又容易理解的。黄氏指责魏伯阳："把下面的'勿'字看成为'月'，则有问题了。因为'勿'字的字源与'月'的字源不同。"我却以为魏伯阳不会连"勿"字都看不清，中国的异体字多得很，魏伯阳虽不是像许慎那样专治文字学的专门家，但相信他生在汉代看到过使人能视为日月的"易"字。而且，黄氏把"勿"字送给魏伯阳看，自己却可不管它，也是不平等的。何况他的说法基本上与"日月为易"的理论一致（如说"昼夜的变换也可以说是日月的变换"等），并没有给理解《易经》带来特别的意义。不过，黄氏之说仍不失为一种新解。

认为"易"字是"从日从勿"者，也不乏人，也自有理。"日"指太阳，"从勿"，指的是"旗勿"的"勿"。"勿"字古义指的是一种旗子，《说文》："勿，州里所建旗，象其柄，有三游。""游"为游移不定的意思。旗子上有三条幡，随风飘荡，游易不定，这与《易》的变易之义相合。望文生义，自是一法也。

总之，以"易"之本训求之，无论各家各派的立说是怎样的相左，见解又是如何的新奇，却有殊途同归者，即一致都落实到《易》是一部讲变化的书这一共同点上。笔者对古今各家于《周易》名义考释作了较为详细的检阅，最后还是同意孔颖达《论易之三名》的总括性论断，但对"不易"与"简易"还有些不同的看法。

四、"易"之三义辨析

孔颖达《周易正义》据《易》之经传、《易纬·乾凿度》、郑玄《易赞》及《易论》而撰写的《论易之三名》有云：

> 夫易者变化之总名，改换之殊称。自天地开辟，阴阳运行，寒暑迭来，日月更出，孚萌庶类，亭毒群品，新新不停，生生相续，莫非资变化之力，换代之功。然变化运行在阴阳二气，故圣人初画八卦，设刚柔两画，象二气也，布以三位，象三才也，谓之为易，取变化之义。既义总变化，而独以"易"为名者，《易纬·乾凿度》云：易一名而含三义，所谓"易也，变易也，不易也"。又云："易者，其德也。光明四通，简易立节，天以烂明，日月星辰，布设张列，通精无门，藏神无穴，不烦不扰，淡泊不失，此其易也。变易者，其气也。天地不变，不能通气，五行迭终，四时更废，君臣取象，变节相移，能消者息，必专者败，此其变易也。不易者，其位

也。天在上，地在下，君南面，臣北面，父坐子伏，此其不易也。"①

郑玄依此作《易赞》及《易论》云：易一名而含三义——易简，一也；变易，二也；不易，三也。故《系辞》云："乾坤其易之蕴邪？"又云："易之门户邪？"又云："夫乾确然示人易矣，夫坤𬯎然示人简矣，易则易知，简则易从。"此言其易简之法则也。又云："为道也屡迁，变动不居，周流六虚，上下无常，刚柔相易，不可为典要，唯变所适。"此言顺时变易，出入移动者也。又云："天尊地卑，乾坤定矣，卑高以陈，贵贱位矣，动静有常，刚柔断矣。"此言其张设布列，不易者也。②

此种演绎可说是我国人的惯伎，引伸之义似可无限，但又可凿凿有据。孔氏于此三义中，无疑把"变易"之义视为重点，但又认为尽含三义才算完整，才可完全地与《易》相合相配。当然，也有人反对这样的演绎与引伸。如清初学者张尔岐《蒿庵闲话》卷上云："'简易''变易'皆顺文立义，语当不谬。若'不易'则破此立彼，两义背驰，如仁之与不仁，义之与不义。以'不易'释'易'，将'不仁'可以释'仁'，'不义'可以释'义'乎？承讹袭谬如此，非程、朱谁为正之？"③张氏精于三《礼》，顾炎

---

① 农按：孔氏引文与《乾凿度》原文不尽相同。
② ［唐］孔颖达：《周易正义》卷首，中华书局 1980 年影印《十三经注疏》本，第 1—2 页。
③ ［清］张尔岐：《蒿庵闲话》，载《续修四库全书》第 1136 册，第 95 页。

武自称不及，是编原跋称为《日知录》之亚。然张氏于此处苛察文义，而未洞究事理，不知变不失常，一而能殊，用动体静，固古人言天运之老生常谈。

"易"之一字三义，不管其符合取名原意与否，对于理解《周易》这部书却大有好处。而且一字三义，也并不像张氏所谓冰炭不能相容。

从训诂学的角度说，一字之多义，粗别为二。一曰并行分训。即如"字"字：（一）乳也；（二）爱也；（三）养也；（四）文字也；（五）表字也，等等。二曰背出分训或歧出分训。如"乱"训"治"、"废"训"置"，亦即古人所谓"反训"，两义相反亦相仇。"周易"之"易"云："变易"与"不易""简易"，背出分训也；"不易"与"简易"，并行分训也。"易一名而含三义"者，兼背出与并行之分训而同时合训也。

我对于"易"之三义理解如下：

《系辞传》："《易》之为书也不可远，为道也屡迁，变动不居，周流六虚，上下无常，刚柔相易，不可为典要，唯变所适。"对"变易"的意义，说得明白不过，按之《易》书，亦极相合。研究《周易》的人对于变易一义几乎人人赞成，所分歧的是如何解释其变易之学问。

至于"不易"之义，虽然《系辞传》有"《易》无思也，无为也，寂然不动，感而遂通天下之故"的话，孔颖达又赞成纬书"不易者，其位也"，如天在上，地在下，君南面，臣北面之类。如此而解"不易"，诚为笔者所不取。宇宙虽无时不在变易之中，生生不息而又运动不停，但从人本的角度，凡云变易，即有不易，须知变易若非对不易言之，则对于人来说，便是没有意义的。比如地球无时而不变易，然固地球也。只有作如此观，人才能对宇宙有所认识。这才叫"至动而不可乱"。王某天天在变，但还是王某，所以他去年作的案，今年破了，照样要找他算账的。他不能以"今我非故吾"，即现在的我不是过去的我来赖账。离开相对的质的规定性来谈变易是毫无意义的。

　　讲到"位"，"天在上，地在下"也和"君南面，臣北面"一样，带有伦理学色彩。不要说今天看来不科学，即古人也有比这更高明的见解，足以使现代人吃惊的。如《素问》：黄帝问于岐伯曰："地有凭乎？"曰："大气举之。"朱子注《离骚·天问》曰："天周地外……非沓乎地之上也。"① 魏荔彤《大易通解·坤》："先天位置于北，与天相对而相错。对者，配也；错者，交也。虽云乾南坤北相对错，其实天包地外，地悬天中，地之上下四方皆天也……是以言地者，皆言地悬天中，此其象义也。"②

　　至于社会之"位"，更是个最不可靠的东西，《易经》即有"或锡之鞶带，终朝三褫之"（《讼》卦上九爻辞）的话。古史所载南面的君，原来可能是流氓，最后可能是阶下囚或杀头鬼，其谁能料之？但他还是他，这是不变易的。证之《易》书，如《比》卦六二："比之自内，贞吉。"六三："比之匪人。"程颐曰：

---

① ［南宋］朱熹：《楚辞集注》卷3，光绪三年（1877）湖北崇文书局刊《崇文书局丛书》本，第2页。
② 见《大易通解》卷1，《景印文渊阁四库全书》本，第47页。

"二之中正，而谓之匪人，随时取义，各不同也。"① 好比单位里是个好领导，而在家中的妻子却以为他是个不称心的丈夫。《复》卦《彖传》曰："复，其见天地之心乎！"王弼注："复者，反本之谓也，天地以本为心者也。凡动息则静，静非对动者也。语息则默，默非对语者也。然则天地虽大，富有万物，雷动风行，运化万变，寂然至无，是其本矣。故动息地中②，乃天地之心见也。若其以有为心，则异类未获具存矣。"③ 易学家往往指责王氏以老、庄虚无之旨说《易》，以为乖于《易》理。我却非常赞佩这位天才的青年哲学家的精深见解。其曰"静"，曰"默"，乃至"无"，都只是他特有的表达方式。盖动虽与静相对，动则各样，静则一样。语与默相对，语则各样，默则一样；有与无相对，有则各样，无则一样。张三在单位是个头头，在家里可既是父亲，又是儿子，还是丈夫，这种不同都有同一载体，这就是无各种社会关系的张三，这在现实生活中不可能，但我们的思维中是可以作如此观的。"无"就是指这个共同载体，"无"才是本。所以"变易"只有与"不易"联系在一起才有意义可言。"易"与"不易"既是背出分训而又为同时合训之义，其在此，唯在此。

至于"简易"一义，则只有《系辞传》的作者或许还说得清楚，后代的易学家可说是无不尝到了烦难的滋味。《系辞传上》曰："乾以易知，坤以简能；易则易知，简则易从。易知则有亲，

---

① [北宋]程颐：《周易程氏传》卷1，载《二程集》，中华书局1981年版，第741页。
② 农按：《复》卦震下坤上，震，动也，故王弼曰"动息地中"。
③《周易》卷3，《四部丛刊初编》本，第4页。本书所引王弼注均为此本，不尽注出。

易从则有功;有亲则可久,有功则可大……易简而天下之理得矣。"
台湾的陈道生说:"明明是说作为构成八卦的基本元素的乾坤二
卦,它们的特性:乾是'容易'(一横当然容易),坤是'简单'
(一断横当然简单)。因为容易,才好了解;好了解,人才会喜
欢它;人喜欢它,才能流动久远。因为很简单,才容易为人采用,
才能发生功用,才能流传广大。把画卦的原意,说得没有更明白
的了。这样容易、简单的东西,为什么几千年来,愈研究愈不知
其所以然呢? 这显然是在传授当中,失去了某种联系的'结'所
致。我们只要找出这个重要关键的'结'来,一切就可迎刃而解。"
说是这样说,可是陈先生在这篇题为《重论八卦的起源——结绳、
八卦、二进法、易图的新探讨》①的文章中,却令人感到解"结"
解得非常吃力而烦难。

　　世人每谓《易》是统一于一贯原理之运命哲学。详观之,则
由甚驳杂之分子组成,在今日甚难悉理解之。例如《乾》卦"元
亨利贞",初九"潜龙勿用",其"潜龙"究是何物? 幸而《文
言》有"龙德而隐者也"一句解得分明。《坤》卦有"西南得朋,
东北丧朋"句,何以西南得朋,东北丧朋呢? 若非借《乾凿度》
所云"坤养之于西南"之说,则不能理解。然与《坤》卦六爻之
爻辞,究无何等之关系。其外《蹇》《解》等卦辞,何以亦利西
南呢? 一为艮下坎上,一为坎下震上,而非《坤》卦也……此不
得不谓《乾凿度》不能一以贯之也。《蛊》卦有"先甲三日,后

---

① 原文见(台湾)《孔孟学报》第 12 期,1966 年 9 月。

甲三日"，《临》卦有"元亨利贞，至于八月有凶"，此等突发之语言，当如何说明乎？何以在他卦，同在右之方位，而无月日乎？若欲卜方位与月日者，占得其他之卦，全无标出，又当如何乎？在今之《易》中，对于此等，全无说明，唯后世"卦气""纳甲""飞伏"等能说明之。例如孟喜之"卦气"说，以《坎》《离》《震》《兑》为四正卦，而其他六十卦，每一卦主六日七分，是与周天三百六十五度四分度之一相合。其在《复》卦，有"复，亨。出入无疾，朋来无咎。反复其道，七日来复，利有攸往"语，是为"七日来复"之文字。唐李鼎祚引《易轨》称一岁十二月，分为三百六十五日四分日之一，《坎》《震》《离》《兑》，当四方之正卦，一卦为六爻，一爻生一气，即为二十四气。其余六十卦，为三百六十爻，一爻主一日，则为三百六十日，余五日四分之一，通归闰余。《剥》卦，阳气尽于九月之终，至于十月之末，即为纯坤用事。《坤》卦将尽，而《复》卦之一阳来隔之。盖《坤》一卦，六爻管六日，复有一阳爻之发生，则在《坤》第七日，故谓之"七日来复"云[1]。《乾》卦初九"潜龙勿用"，晋干宝注云："十一月之时，自复来也。"[2]是前《易轨》之说，亦即上推孟喜之"卦气"说也。总之，卦既如上之烦杂而难明，则所谓"易简而天下之理得矣"不能成立。

平心先生在《关于〈周易〉的性质历史内容和制作时代》一

---

① 说详[唐]李鼎祚：《周易集解》卷6，载《北京图书馆古籍珍本丛刊》第1册，书目文献出版社1987年版，第96页。

② 见《周易集解》卷1所引，《北京图书馆古籍珍本丛刊》本，第3页。

文中更是指出：《周易》卦爻辞结构奇特，往往将极不相干的两字或三四字连缀成为一辞，它们都不能以通常文理来衡量。例如"咸临""甘临""至临""敦临""童观""窥观""浚恒""振恒""惕号""和兑""孚兑""晋如摧如"等等，文义均极晦涩，任何古书中都找不到类似的词汇，也找不到训诂的根据。有些卦爻辞造句非常诙诡，使人不知所云。例如"贯鱼以宫人宠"，"睽孤，见豕负涂，载鬼一车，先张之弧，后说之弧"，"井谷射鲋，瓮敝漏"之类。有的又很滑稽，如"臀无肤，其行次且"等①。

《周易》不但用谐隐文体寓意，而且用卜筮形式化装，经《易》作者巧妙构思，排列组合，规律时隐时现，充满了幽默感、神秘感、冷眼旁观者似的超脱感。总之给予人们的是一种错综复杂感，绝对得不出"简易"感。因此，我只能从方法上筮比卜简单来认识"简易"的意义。

罗振玉《殷墟书契考释》："卜以龟，亦以兽骨。……其卜法，则削治甲骨甚平滑，于此或凿焉，或钻焉，或钻更凿焉……此即《诗》与《礼》所谓契也。既契，乃灼于契处以致坼。灼于里则坼见于表，先为直坼而后出歧坼，此即所谓兆矣。"观兆定吉凶，则自然要专家太卜或卜师的神悟。按这个方法笔者曾实验一次，非常困难而告失败。而《周易》筮的方法唯一有文献记载的即《系辞传》所载之"大衍之数五十……"云云，只用五十根

---

① 详见《学术月刊》1963 年第 7 期，第 63 页。

蓍草作出排列，得出一定数目，从一定的数目中得出某卦某爻，然后从卦辞爻辞中得知所贞问的事的吉凶。这种方法比较简单，所以称为"易"。当代冯友兰和任继愈两位教授都这样认为，比如任氏即说："商代甲骨文也是用来占卜的，但凿龟，看它灼裂的兆，手续比较麻烦。《易经》的占卜方法比较简易，因为是周人习用的一种方法，故称《周易》。"①所以，我也认为简易与变易同时合训是较牵强的。

至于"周"字，只有两派不同的意见：一为"周普"，一为朝代名。郑玄《易赞》及《易论》云："夏曰《连山》，殷曰《归藏》。"郑氏又云："《连山》者，象山之出云，连连不绝；《归藏》者，万物莫不归藏于其中；《周易》者，言《易》道周普，无所不备。"郑两取之。孔颖达曰："《归藏》伪妄之书。"②已直指其书为伪妄。欧阳修曰："周之末世，夏、商之《易》已亡，汉初虽有《归藏》，已非古经，今书三篇，莫可究矣。"③与《隋书·经籍志》"汉初已亡"之言正合。据《周礼·春官宗伯·太卜》贾公彦疏："《连山易》，其卦以纯艮为首，艮为山，山上山下，是名'连山'……《归藏易》以纯坤卦为首，坤为地，故万物莫不归藏于其中，故名为'归藏'……"如此说，则似乎只是卦的次序不同，即夏以艮卦为首，商以坤卦为首，周以乾卦为

---

① 任继愈主编：《中国哲学史》第二章第一节，人民出版社 2003 年修订版，第 22 页。
② 以上均见《周易正义》卷首《论三代易名》，影印《十三经注疏》本，第 3—4 页。
③ 见《欧阳文忠公文集》卷 124《崇文总目叙释·易类》，《四部丛刊初编》本，第 1 页。

首。其实商代无八卦及筮法之兴[①]，更不要说夏代了。如真存古经，亦不过如马王堆帛书《易经》之类的另两种《周易》本子而已。关于《周易》之"周"，释"周普"也好，朝代名也好，最终得不出结论来的，但只要承认《周易》是周代之书，那么以代名释"周"较为顺耳。

　　《庄子·天运》："柤梨橘柚，其味相反，而皆可于口。"关于《周易》之名义释，亦只是取其合于书而已矣，因为我们后人只能做"我知君不知"的谜语猜测者了。

[①] 说详余永梁：《〈易〉卦爻辞的时代及其作者》，载《古史辨》第 3 册，上海古籍出版社 1981 年版，第 143—170 页。

第三章　读《易》技术述

现代人读古书有困难，或可称障碍。障碍可粗分为二：一曰一般障碍。凡是读惯了白话文，不管看什么古书，随时都会有障碍发生，但主要是文字训诂方面的障碍，只要到一定的程度，障碍自然消除。二曰高级障碍。比如《尚书》这样的古书，文体特殊，即令古书读得很多的人，第一次读到它，不借古人的注解，也会感到困难重重。再如杂剧（不仅是杂剧）中的一些方言土语，有时也使人感到束手无策。而高级障碍中又有一种可称为特殊障碍的。古籍中有两部代表作，一部是《春秋》，为使乱臣贼子惧，一字寓褒贬，准确精密得了不得，不靠《公羊》《穀梁》《左氏》三传，凭读者自己的想象是想象不出来的。亏了三传的作者给我们解释得清清楚楚。还有一部就是《易经》，真是特殊而又特殊。东一榔头，西一棒子，零敲碎打，看来前后毫无连缀意义的文字，竟然被安排进一个完整严密的组织系统之中。说它是"天书"，是一点都不夸张的。亏得古人点破并传授了一些专门的技术问题，才使得今人节省了许多的精力。所以读《周易》，先须解决一些专门的技术问题。

一、经与传

《周易》以卦形、卦名、卦辞、爻辞为经，《彖》《象》《文言》《系辞》《说卦》《序卦》《杂卦》为传。

经分上下，共二篇。

传七种，其中《彖》分上下两篇，《象》分上下两篇，《系辞》分上下两篇，加《文言》《说卦》《序卦》《杂卦》共为十篇。汉人称为"十翼"（见《易纬·乾坤凿度》卷下《坤凿度》），大概是经之有传，犹鸟之有翼的意思。又称《易大传》（见《史记·太史公自序》载司马谈《论六家要指》）。

《尚书》和《诗经》都有"卜"与"筮"的字眼，但没有出现《易》或《周易》这个书名。"周易"一词，最早出现于《左传》，而《左传》中又最早出现于"庄公二十二年"："周史有以《周易》见陈侯者。"嗣后，屡见不鲜。起先，《周易》称上下"二篇"，并未带上"经"字。孔颖达《周易正义》卷首《论谁加"经"字》云："但子夏《传》云，虽分为上下二篇，未有'经'字，'经'字是后人所加，不知起自谁始。案：前汉孟喜《易》本云分上下二经，是孟喜之前已题'经'字。"①《周易》最早只指称上下二篇即六十四卦的卦辞和爻辞。自西汉始，人们将《周易》名之为《易经》，同时，把为其作注的传即"十翼"

———————————

① 《周易正义》卷首，影印《十三经注疏》本，第5页。

也统称为经文。如《汉书·艺文志》"《易经》十二篇"，颜师古注："上下经及十翼，故十二篇。"①从"十二篇"的说法，可以推见经与传仍然分开，各成篇幅。至东汉人郑玄作注，将传中之《彖》《象》分连卦爻辞下一起注解，此于《三国志·魏书·三少帝纪·高贵乡公》中有记："帝又问曰：'孔子作《彖》《象》，郑玄作注，虽圣贤不同，其所释经义一也。今《彖》《象》不与经文相连，而注连之，何也？'（淳于）俊对曰：'郑玄合《彖》《象》于经者，欲使学者寻省易了也。'"②说明当时不连而郑玄连之，今天我们看到的王弼注《周易》即把《彖》《象》按六十四卦拆开，分别配于每卦的卦辞与爻辞后面，或即据郑玄之本；而将《文言》拆开，附于《乾》《坤》两卦之后，又可能是王弼自己所为。

宋代邵雍恢复古《易》原貌，朱熹也弃王本不用，即依《汉书·艺文志》"《易经》十二篇"。但郑、王本自有其方便之处，故始终不废，直至当代仍占主要地位。如尚秉和《周易尚氏学》仍全按王本，将经与《彖》《象》《文言》连于经文后各各作注。而高亨则分成二书，一书为《周易古经今注》，只注经；一虽名为《周易大传今注》，实又据王本经、传各各注解。

古人文中引《易》，固有经文，然引传文亦往往称"《易》曰"，并不标出传名。而古书中称"《易》曰"而不见于本经或

① 见《汉书》卷30，中华书局1964年版，第1703—1704页。下引《汉书》均同此本，不另注出。
② 见《三国志·魏书》卷4，中华书局1959年版，第136页。

"十翼"者也甚多，如《汉书·司马迁传》："故《易》曰：'差以毫厘，谬以千里。'"《说文》解"相"字："省视也，从目木。"并引"《易》曰：地可观者，莫可观于木"等等，均不见于我们今天所见的经或传。

今人文中称《易经》，一般来说是指《周易》本经，《周易》则包括经与传，《周易大传》则专指传。

《易传》解经，于《易经》原意，有时解得分明，一看就懂。例如《传》曰："震为雷。"看《震》的卦辞："震来虩虩""震惊百里"；《象》辞："震来虩虩"；"震来厉"；"震苏苏，震行无眚"；"震遂泥"；"震索索"；"震不于其躬，于其邻"——全讲的是雷。有时则完全茫然，如《传》曰"乾为天"，而《乾》卦的卦辞没有一句谈到天；"巽为风"，《巽》卦爻辞更何有一句谈风？却从来也没有人出来否认反对。从占筮的角度，往往只能熔经、传于一炉，离开了传，简直会走投无路，无从解释。于是依传说经或牵经就传亦往往而有。当然，这只是从"易之用"的角度来考虑了。还有就是趣味性。《系辞传》曰："君子居则观其象而玩其辞，动则观其变而玩其占。"这个"玩"字，既是细细地体会研究《易》之理与用，也的的确确是一种极为高级的趣味，一种哲学与艺术结合的享受。

二、经部的结构

关于读《易》的技术问题，有两节文章很好，先抄录在下面：

明代吴桂森《周易像象述》：

读《易》之法，先看阴阳；阴阳大分明，然后看八卦；八卦情性得，然后看六十四象；六十四象卦名识，然后看《彖》辞；《彖》辞明，然后看三百八十四爻义；爻义得，然后看《小象》。从源察流，始知条理脉络一一分明。[①]

清代魏荔彤《大易通解》：

《易》之义理，本自象数生出。未有系辞（农按：此"系辞"指卦爻辞，非易传之《系辞传》）以前，为无文字之《易》，则义理体也，象数用也；既有系辞以后，象数反为体，义理因辞而著，又为用矣。今之学者，全求义理于文字，非有用无体之学乎！故朱子曰："未有系辞之时，占者即于卦爻内能知吉凶。"此论义理乎，论象数乎？非从象数中求义理，占者何自而知吉凶哉！且文王、周公两圣人未系辞以前，若非象数，又何依据而系辞耶？可见象数之学必不可废者也。[②]

《易》经部之组成，始有阴"- -"、阳"—"两卦画组成八卦（古称八经卦），再由八卦两两相重，排列为六十四卦（古称别卦）。六十四卦每卦为六爻，共三百八十四爻。每卦有卦名，

---

① ［明］吴桂森：《周易像象述》，载《景印文渊阁四库全书》第34册，第371页。
② 《景印文渊阁四库全书》本，第5页。

下系以卦辞；每爻有爻名，下系以爻辞。

何以谈《易》牵涉到专门的技术问题？则就是所谓象数。何谓象数？最简单地说，象有两种：一曰卦象。包括卦位，即八卦与六十四卦所象之事物及其位置关系。二曰爻象。即卦中阴阳爻各各所象之事物。数也有两种：一曰阴阳数。如奇数为阳数，偶数为阴数等是。二曰爻数。即爻位，以及爻之位次所表明事物之位置关系（详后专论"《易》象"章）。再通俗言之，数有时间之数，如"困"之时，"随"之时，"需（待也）"之时；有空间之数，即爻之位置。此二数与象不可分，否则即无意义可言。《系辞传》所谓"六爻之动，三极之道也"，象、时、空三者交叉撞击，则"动"，动则变。如马路上自行车与汽车相撞，即三者交叉于一点，酿成事故。此点与占筮关系极大，读者最须留意。

现分述经部组成：

（一）阴阳

以"—"象阳，以"--"象阴。《庄子·天下》篇："《易》以道阴阳。"《系辞传》："一阴一阳之谓道。"虽《易》之经部并无"阴阳"字样，但凡是读过《易经》的人都非常清楚《易经》作者心目中的"阴阳"观念为两个对立的范畴，并知道以"—"表示阳爻，以"--"表示阴爻，整部《易经》实以阴阳相摩相荡而构成其无穷的变化。没有阴阳对立，就看不到《易》象的变化，这是非常显然的。唯《系辞传》尚有"易有太极，是生两仪，两仪生四象，四象生八卦"的话。两仪即指阴阳，为大家所公认。

"太极"是什么呢？这当然不是现在大家所见到的圆形的太极图，太极图是宋代周敦颐所画，作《系辞传》时根本没有。我以为所谓太极也就是一画，这一画之中原包含阴阳。原来阴阳浑然不分，所谓"阳与阴在太极中，本是一气"（《大易通解》），我们可以理解为"一"和"--"两画的重合。但又"要知阴阳是两非两，是一非一"（《周易像象述》）。人们为了思维的需要，判两而为"两仪"。这所谓"两仪"，只是人们心目中的"两仪"，因为阴阳无不同时存在，即一中有二，二实为一。我们平时把人分为男人女人，并以男代表阳，女代表阴，则只是一种通俗的说法。其实男人本身即包阴阳，女人本身也包阴阳。这是阴阳的大义。而《易经》为何以"一"象阳，以"--"象阴？众说纷纭，莫衷一是。有以为是男根女阴者，有以为是算筹者，有以为是土块者，有以为是绳结者，有以为是立土圭而测得之日影者……因为对理解《易经》并无多大关系，笔者以为可以搁起不管。

"四象"是什么？历来解释更多，更分歧：有以七、八、九、六为四象者，有以一、二、三、四为四象者，有以春、夏、秋、冬为四象者，有以实象、假象、义象、用象为四象者，有以象两、象三、象四、象闰为四象者，有以阴、阳、刚、柔为四象者，有以阴、阳、老、少为四象者，有以四营（筮法）为四象者，等等，实在不知所云。而且与下文"四象生八卦"接不上头，真可谓莫名其妙。依笔者的理解，当时画卦的圣人，既然能以阴阳两爻画出八卦，那么他在画出八卦以前肯定有一个过程，可以推想，他是先画出如下的四个不同的象：

$$⚏\ ⚎\ ⚍\ ⚌$$

这才是《系辞传》的所谓"四象"。这四象毕竟太简单了点，不能穷其变化，故叠而成三，始成八卦。画卦者当时肯定为这个新发现而感到惊奇。

笔者早年这一推测，后来看到了明代来知德《周易集注》中的《杂说·四象图》，又看到魏荔彤《大易通解》中论八卦的象气义理有云："伏羲画卦时，由太极之一分动静阴阳为一奇一偶，此乾坤之根柢也。各加一奇一偶，而少阴少阳四象得矣，此即水火之根柢也。再各加一奇一偶，而三画之卦备，风雷山泽俱成矣。"① 才坚信不疑。

（二）八卦

所谓"八卦"，指八经卦而言，即：

乾（☰）　　坤（☷）　　震（☳）　　巽（☴）

坎（☵）　　离（☲）　　艮（☶）　　兑（☱）

八卦原来是代表什么东西，现在已如猜谜一般，因为没有谜底，已无法最终证实，而为大家所公认。因此《说卦传》之所述仍具有权威性，即：乾为天，坤为地，震为雷，巽为风，坎为水，

---

① 《景印文渊阁四库全书》本，第13页。

离为火，艮为山，兑为泽。这几乎已成为人们读《周易》这部书的思维惯性，心理定势，因使《说卦》之说不可动摇。一方面固然有先入为主的原因；另一方面，如果不明此基本卦象，几乎对后来的一切《周易》著作都将读不懂。以占筮学的角度，只能从《易传》着手，离传自然无从解经也。

《易传》把八卦分为阴阳两类，即乾、震、坎、艮为阳卦，坤、巽、离、兑为阴卦。这是因为：乾是三阳爻组成，为纯阳之卦。坤是三阴爻组成，为纯阴之卦。震、坎、艮三卦皆一阳爻两阴爻组成，而其爻画皆为五，为奇数，为阳数，故此三卦亦为阳卦。巽、离、兑三卦皆一阴爻两阳爻组成，而其爻画皆为四，为偶数，为阴数，故此三卦亦为阴卦。之所以如此，根据的也是《系辞传》："阳卦多阴，阴卦多阳，其故何也？阳卦奇，阴卦偶。"韩康伯注："夫少者多之所宗，一者众之所归。阳卦二阴，故奇为之君；阴卦一阳，故偶为之主。"[①]

《易传》作者认为：八卦可象宇宙一切事物，每卦又可象各种事物，有象有义。其每卦所象事物，《说卦传》罗列得最多最具体。而《彖传》《象传》等所讲之象义，亦颇有超于《说卦传》之外者。今主要根据《说卦传》，择要举八卦之象义如下：

乾：1. 乾为天。这是乾的基本卦象。
　　2. 乾为刚健。这是乾卦的基本性质，取义于天道刚健，运

---

① ［三国·魏］王弼、［晋］韩康伯：《周易注》卷8，载《景印文渊阁四库全书》第7册，第264页。

行不息。

3. 乾为父，为君。取象于尊高如天。

4. 乾为马。以马能健行而不息。

坤：1. 坤为地。这是坤的基本卦象。

2. 坤，柔顺也。这是坤卦的基本性质，虞翻曰："纯柔承天时行，故顺。"因地生养万物，随天时而变化，地道顺承天道也。

3. 坤为母，为众（臣民）。以与乾为对也。

4. 坤为牛。牛性柔顺，又能负重载物，合于地德也。

震：1. 震为雷。这是震的基本卦象。

2. 震，动也。这是震卦的基本性质，以雷能震动万物，惊起万物。

3. 震为长男。因震为阳卦，初爻动而上，《说卦传》："震一索而得男，故谓之长男。"

4. 震为龙。古人认为龙亦能如雷之潜入地下，动于云中。

巽：1. 巽为风。这是巽的基本卦象。

2. 巽，入也。这是巽卦的基本性质，以风行无孔不入也。

3. 巽为长女。初爻为阴，《说卦传》："巽一索而得女，故谓之长女"。

4. 巽为木。或以为取象于风吹则木动，木动则知风也。

坎：1. 坎为水。这是坎的基本卦象。

2. 坎，陷也。这是坎卦的基本性质，陷之深大莫如水，古人有感于涉大川之险，故坎之象义亦由此出。

3. 坎为中男。以坎一阳在中，《说卦传》："坎再索而得男，故谓之中男。"

4. 坎为豕。豕、猪、彘，一也。姚配中："郑《月令注》：彘，水畜也。"《小雅》笺云："豕之性能水。"所以坎为豕。今人听来较隔膜。

离：1. 离为火。这是离的基本卦象，为日、为电皆由为火来。郑玄："日，取火明也，久明似日，暂明似电。"

2. 离，明也。这是离卦的基本性质，离为火而以火有光明，比人之明察。因必依附于物方能生火，故《说卦传》："离，丽也。"丽为附丽、依附之义。

3. 离为中女。一阴爻在中，《说卦传》："离再索而得女，故谓之中女。"

4. 离为雉。离为日，为火，为文明。雉，俗称野鸡，羽毛华丽有文章，所以离又为雉。

艮：1. 艮为山。这是艮的基本卦象。

2. 艮，止也。这是艮卦的基本性质，此因山为巍然不动静止之物。

3. 艮为少男。以艮一阳在上，《说卦传》："艮三索而得男，故谓之少男。"

4. 艮为狗。荀爽《九家易》："艮止，主守御也。"狗能守家而止外人入内，所以艮又为狗。

兑：1. 兑为泽。这是兑的基本卦象。

2. 兑，说也（说读为悦）。这是兑卦的基本性质。兑何来悦

义？章太炎说："兑与夰声义复近，夰者从意也，说（悦）
绎之字，古意为税，声皆近。足相随从谓之兑，志相随从
谓之夰，阖忻其心谓之说（悦），义相近也。"高亨说：
"因鱼生于泽，鸟飞于泽，兽饮于泽，人取养于泽，泽为
万物之所悦也。"徐志锐说："泽气甘露能使万物有光泽
而呈现出喜悦之色。"

3. 兑为少女。以一阴爻在上，《说卦传》："兑三索而得女，
故谓之少女。"

4. 兑为羊。羊性温顺，故兑为羊，今人犹称温柔少女为小绵
羊也。

上所述八经卦之象义，也就是六十四别卦之象义的基础。然皆依
传说经，甚至牵经就传，但对于理解《易经》及《彖传》《象传》
等他种易传和后世易学著作，都大有助益。我认为这可以说是读
《易》的唯一入门方法。举个简单通俗的例子，有一小学生请问
其母"勇敢"一词何义？母答曰：胆子大。再问胆子怎么大？答
曰：不怕死。学问高的人，听了可能感到好笑，但我却以为有了这
个基础，书读多了，自然就明白"勇敢"一词的含义了。

如从占筮学的角度，则舍此而外更是别无出路的。

（三）八卦重叠而成六十四卦

各经卦之形分别相重，便构成六十四别卦之形。即每一经卦
除与本经卦相重外，尚可与其余七经卦两相重叠而得八别卦，而

经卦共八，八八六十四，这是顺理成章的事。

以下为六十四别卦的卦名与卦象：

上篇三十卦

䷀乾	䷁坤	䷂屯	䷃蒙	䷄需	䷅讼	䷆师	䷇比
䷈小畜	䷉履	䷊泰	䷋否	䷌同人	䷍大有	䷎谦	䷏豫
䷐随	䷑蛊	䷒临	䷓观	䷔噬嗑	䷕贲	䷖剥	䷗复
䷘无妄	䷙大畜	䷚颐	䷛大过	䷜坎	䷝离		

下篇三十四卦

						䷞咸	䷟恒
䷠遁	䷡大壮	䷢晋	䷣明夷	䷤家人	䷥睽	䷦蹇	䷧解
䷨损	䷩益	䷪夬	䷫姤	䷬萃	䷭升	䷮困	䷯井
䷰革	䷱鼎	䷲震	䷳艮	䷴渐	䷵归妹	䷶丰	䷷旅
䷸巽	䷹兑	䷺涣	䷻节	䷼中孚	䷽小过	䷾既济	䷿未济

　　按今通行本《周易》卦次，六十四卦以《乾》《坤》二卦为首，每两卦为一组，其组合规律正如孔颖达在《周易·序卦》的《正义》里所说："今验六十四卦，二二相偶，非覆即变。"所谓"覆"，就是每组的前一卦倒过来，即成后一卦。如《屯》䷂倒过来是《蒙》卦䷃，而《屯》《蒙》相偶。又如《需》䷄倒过来是《讼》卦䷅，而《需》《讼》相偶。所谓"变"，有的卦倒过来倒过去还是一样，如《坎》䷜，倒过来仍为《坎》卦，那么就变，即凡阴爻变为阳爻，阳爻变为阴爻，这样一变，就成《离》䷝，而《坎》《离》为偶。又如《颐》䷚，倒过来仍为《颐》卦，也是将阴爻变为阳爻，阳爻变成阴爻，就成《大过》䷛，而《颐》《大过》为偶。六十四卦中，唯《乾》与《坤》，《颐》与《大过》，《坎》与《离》，《中孚》与《小过》，都不好覆，只能变。《泰》和《否》，《随》和《蛊》，《渐》和《归妹》，《既济》和《未济》，则既是覆又是变。

　　覆与变，来知德则谓之"错综"，其所撰《周易集注》自序云：文王"序六十四卦，其中有错有综，以明阴阳变化之理。错者，交错对待之名，阳左而阴右，阴左而阳右也。综者，高低织综之名，阳上而阴下，阴上而阳下也。虽六十四卦，止《乾》《坤》《坎》《离》《大过》《颐》《小过》《中孚》八卦相错，其余五十六卦皆相综而为二十八卦"[1]。来氏将孔氏所谓之"变"称为"错"，"覆"称为"综"，而将既覆又变的八个卦归入综类。

---

① [明]来知德：《周易集注》，载《景印文渊阁四库全书》第32册，第3页。

　　黄宗羲《易学象数论·卦变》："上经三十卦，反对之为十二卦（农按：十二对，实二十四卦）；下经三十四卦，反对之为十六卦（农按：十六对，实三十二卦）。《乾》《坤》《颐》《大过》《坎》《离》《中孚》《小过》，不可反对，则反其奇偶以相配。"①黄之所谓"反对"，即孔氏之所谓"覆"，来氏之所谓"综"；黄之所谓"反其奇偶"，即孔氏之所谓"变"，来氏之所谓"错"。很显然，黄氏亦把既是覆又是变的八个卦归入"反对"之例。

　　六十四卦，每卦先列卦形，次列卦名，次列卦辞（按卦辞又称"彖辞"，而"彖曰"云者则为《彖传》）。每爻先标爻名，次列爻辞，爻的次序自下而上。爻名以二字标之：一字取于位次，按其次序，第一爻称"初"，第二爻称"二"，第三爻称"三"，第四爻称"四"，第五爻称"五"，第六爻称"上"；另一字取于爻性，即阳爻用"九"字，阴爻用"六"字。第一爻与第六爻"初"字、"上"字在前，中间四爻，"九""六"二字在前。今举《屯》卦为例：

　　☰屯：元亨，利贞。勿用有攸往。利建侯。

　　初九：磐桓，利居贞，利建侯。

　　六二：屯如邅如，乘马班如，匪寇，婚媾。女子贞不字，十年乃字。

　　六三：即鹿无虞，惟入于林中。君子几，不如舍，往吝。

_____

① 见《易学象数论》卷2，《广雅丛书》本，第8页。

六四：乘马班如，求婚媾。往吉，无不利。

九五：屯其膏，小贞吉，大贞凶。

上六：乘马班如，泣血涟如。

䷂为卦形，由震☳和坎☵两经卦组成（古代刻本在其下往往尚有"震下坎上"四个小字分两行注之）。"屯"为卦名。"屯"下"元亨"云云为卦辞。《屯》卦六爻自下而上，第一爻为阳爻，故称"初九"，第二爻为阴爻，故称"六二"，第三爻为阴爻，故称"六三"，第四爻为阴爻，故称为"六四"，第五爻为阳爻，故称"九五"，第六爻为阴爻，故称"上六"。各爻下所系之辞即为爻辞。余卦仿此，这是经部每一卦的结构。

知道了一卦的基本结构，就这样去看《周易》，仍然是困难重重，故非借助古人或今人的注解不可。但不管看何种注本，就立刻会发现许多专门术语。所以还得先介绍一些最基本的术语。

欲读《易经》，必先明"位"。王弼云："爻之所处，则谓之位。"说爻位前，先简单讲一下卦位。

（1）卦位。六十四卦既由两经卦相重而成，每两经卦相联系，构成六十四卦之象。其相联系之情况取决于卦位。卦位者，即相重叠两经卦的位置。两经卦的位置，总是一在上，一在下，故六十四卦本皆是上下之位。但一律以上下之位解之，读易学著作时会遇到一些麻烦。因看似上下，有时以示前后，有时则示内外。因此，将卦位分为三种来说：

A. 上下之位。其联系是上下之关系，如《未济》䷿，《象传》

称"火在水上"。

B. 内外之位。即所象征的两事物是内外之关系，如《明夷》䷣，《象传》曰："内文明而外柔顺。"下卦为内，上卦为外。

C. 前后之位。两卦之组合如前后之关系，如《需》䷄，《象传》曰："险在前也。"因上卦为坎，坎为险，故曰"险在前"，则以前后为称。说详本书第四、第五章"《易》象"。

卦之相重有同卦相重、异卦相重。据《左传》《国语》记载，春秋时人称内卦曰"贞"，外卦为"悔"，亦包上下、前后为称。

(2) 爻位。按之《易传》，爻位有下列四种情况：

A. 阳位、阴位。以卦之第一（初）、三、五爻为阳位，之所以如此定者，据说是其序数为奇，奇为阳数。以卦之第二、四、六（上）爻为阴位，也以其序为偶之故。

B. 上位、中位、下位。即以卦之上爻为上位，以上卦之中爻与下卦之中爻为中位，以初爻为下位。

C. 天位、地位、人位。即以卦之第五爻为天位，第二爻为地位，第三爻为人位。

D. 同位。六十四卦之上、下两经卦，皆有上、中、下三爻。六爻之中，初与四同在下位，故初、四为同位；二与五同在中位，故二、五为同位；三与上同在上位，故三、上为同位。

六十四卦，每卦六爻，每爻各有其象、各有其位，爻象与爻位有不可分割的关系。

卦、爻、位之间的复杂关系为万事万物之间的复杂关系之象征，古人正是从卦、爻、位三者间的关系寻绎奥赜，解释卦名、卦义或卦辞、爻辞的。

　　凡一卦中，一阳爻居阳位或一阴爻居阴位，谓之"当位"或"得正"；反之，阳爻居阴位，或阴爻居阳位，则谓之"不当位"。一般说来，当位是吉利的，不当位自然不吉。如《既济》☲☵，就是六爻皆当位之卦；《未济》☵☲，就是六爻皆不当位之卦。不过，按王弼的说法，似乎只有中间四爻（即二、三、四、五）方有当位、不当位之别，初、上两爻不与焉。王弼《辩位》云：

　　　　案《象》无初上得位失位之文，又《系辞》但论三五、二四"同功异位"，亦不及初上，何乎？唯《乾》上九《文言》云"贵而无位"，《需》上六云"虽不当位"。若以上为阴位邪，则《需》上六不得云"不当位"也；若以上为阳位邪，则《乾》上九不得云"贵而无位"也：阴阳处之，皆曰非位。而初亦不说当位、失位也。然则初上者是事之终始，无阴阳定位也……历观众卦，尽亦如之。①

　　程颐不同意王弼初上无阴阳定位之说，认为《需》上六之云"不当位"，与《乾》上九之云"无位"，是指爵位之位，而非阴阳之位。②

　　吴桂森则取折中：

---

① 见《周易》卷10《周易略例上·辩位》，《四部丛刊初编》本，第10—11页。
② 参见《周易程氏传》卷2《噬嗑》，版本同前，第804页。

看来当位之语多只见于三、四、五之位，则位以有尊位、无尊位言也。必居其位者是卦主（如《震》之刚、《巽》之柔等爻），或为全卦最重而用事之爻，方可言当位、不当位。盖各卦之情不同，则所云当位者亦不同，非可一则概也。①

其实，当位与否和吉凶无必然之关系，看《既济》《未济》两卦各爻爻辞便知。只是要知道读《易》有这么一个技术问题就行。因为古人的《易》著里经常出现这些字眼。

二与五为上下两卦之中，因此，爻处此位，谓之"得中"。如阴爻处二，阳爻处五，则曰"得位得中"，言既当位又得中也。程颐曰："诸卦二五虽不当位，多以中为美；三四虽当位，或以不中为过。"②"大率中重于正，中则正矣，正不必中也"③。所以中比正更为重要而优越。

除正、中外，示爻位之间的关系的术语尚有"承""乘""比""应"等，简述如下。

承：指一卦卦体中，若某阳爻在某阴爻之上，则此阴爻对于其上之阳爻称之为"承"。承亦称"从"。例如五为阳而四为阴，则曰"四承五"，四为阳而三为阴，则曰"三承四"。如果一阴爻之上有数个阳爻，则此阴爻对其上的数阳爻都可以称"承"。

乘：即卦体中阴爻在阳爻之上，成柔者凌乘刚者之象，则此

---

① 见《周易像象述·金针题辞》，《景印文渊阁四库全书》本，第376页。
② 《周易程氏传》卷4《震》，版本同前，第966页。
③ 《周易程氏传》卷3《损》，版本同前，第909页。

阴爻对于其下之阳爻来说是"乘"。例如初为阳爻，二为阴爻，则曰"二乘初"。如果几个阴爻都在一个阳爻之上，则这几个阴爻对这一阳爻都可称"乘"。

比：指在卦体中的相邻两爻有一种相亲密的关系，称之为"比"。若相邻两爻，一爻为阳、一爻为阴，更易于得比。

应：《易纬·乾凿度》："三画以下为地，三画以上为天。""动于地之下则应于天之下，动于地之中则应于天之中，动于地之上则应于天之上。"① 即三双同位爻有相应之关系，是谓正应。但应的范围很广泛，可以五柔应一刚，如《比》䷇卦；五刚应一柔，如《小畜》䷈。正应未必刚柔相反，刚与刚、柔与柔也可为应。因《易》固为阴阳相应，亦有同声相应、同气相求。承、乘、比、应之中，应的情况比较复杂。"应"经常受到承、乘、比的妨碍，这使我老是想到《邹忌讽齐王纳谏》的故事："吾妻之美我者，私我也；妾之美我者，畏我也；客之美我者，欲有求于我也。"这三种情况都妨碍了"正应"——纳谏。只要仔细读一读王弼的《周易注》，定谓吾言不虚。

这里尚须说明三点：

其一，卦辞、爻辞，古皆称"繇"。如《左传·襄公二十五年》：崔武子欲娶齐棠公之遗孀，"筮之，遇《困》䷮之《大过》䷛"，陈文子曰："夫从风，风陨，妻不可娶也。且其繇曰：'困于石，据于蒺藜，入于其宫，不见其妻，凶。'"是称《困》卦

① 见 1937 年商务印书馆《丛书集成初编》影印武英殿聚珍本，第 9—10 页。本书所引《乾凿度》，除特别注明者外，均出此本，不另注出。

六三爻辞为"繇"。如《国语·晋语》：公子重耳筮，得"尚有晋国"，司空季子占曰："……其繇曰：'元亨，利贞。勿用有攸往，利建侯。'……"是称《屯》卦卦辞为"繇"。

　　其二，今天我们见到的《周易》本经上的爻名如"初九""六二""上九"等等，亦不见于《左传》《国语》，如上文所引《困》卦六三爻，《左传》称"《困》之《大过》"（因《困》与《大过》相比，只六三爻变动），依此类推，《困》卦初六则称"《困》之《兑》"。这种提法不但表示某爻的变动，还是古人对某爻之称谓。

　　其三，《易经》六十四卦分上下两篇，为什么不是平分，而是上经三十卦、下经三十四卦？这也曾使人百思不得其解。古人也曾作过种种解释，但多从卦的义理上着想。如说上经以《坎》《离》结束是如何的有道理，下经以《咸》《恒》开始又是如何的有精义。但这样的说理方法，如果换成上经三十四、下经三十，要找许多理由，也同样的容易。这里介绍明代来知德《周易集注·杂说》的说法供读者参考：

　　　　六十四卦，除《乾》《坤》《坎》《离》《大过》《颐》《小过》《中孚》八个卦相错，其余五十六卦皆相综，虽四正之卦如《否》《泰》《既济》《未济》四卦，四隅之卦如《归妹》《渐》《随》《蛊》四卦，此八卦可错可综，然文王皆以为综也。故五十六卦止有二十八卦，向上成一卦，向下成一卦，共相错之卦三十六卦，所以上经分十八卦，下经分十八卦。①

①《景印文渊阁四库全书》本，第17页。

来氏所谓"上经分十八卦"，即十二对综卦加《乾》《坤》《颐》《大过》《坎》《离》六卦；"下经十八卦"，即十六对综卦加《小过》《中孚》二卦。因为一对综卦只需一个卦形，如《屯》䷂，正视为《屯》，倒视为《蒙》。这样上下各十八个卦形就行，综卦的卦爻辞各就卦之正倒分头系之。刻在简上，上编十八简，下编亦十八简，共二编，简数相等。而详分之，卦数就不相等，上编只三十卦，下编则有三十四卦。这或许就是《易经》上、下篇卦数不等的原因吧。

　　《易经》之原为八卦，八卦之原为阴阳，而阴阳同属于太极，阴与阳在太极中本是一气，既判两仪，后似以阳统阴，然阳未尝不根于阴，一根一统原是均平，无须扶抑。至互根互生，往来出入，亦至均平。切不可以为阴是阴、阳是阳。来知德曰："天地造化之理，独阴独阳不能生成。"如有以阴阳二画象男根女阴者。而男根既称"阳具"，又称"阴茎"，以其属男而称阳，又以其隐私不宜暴露而称阴，故对同一事物，亦有多角度、多层面的阴阳对立关系。而所谓"人"者，又包括了男人和女人。故读《易》者应将阴阳大义理解透彻，方能领略卦爻辞错综复杂之变化。今录王夫之与魏荔彤文各一节，或可对读者理解阴阳之大义有所裨益。王氏《周易内传·发例》云：

　　　　《乾》《坤》并建，为《周易》之纲宗，篇中及《外传》广论之，盖所谓"《易》有太极"也……太极一浑天之全体，见者半，隐者半，阴阳寓于其位，故毂转而恒见其六，《乾》明则《坤》处于幽，《坤》明则《乾》处于幽。《周易》并列之，示不相离。实则一卦之向背而《乾》《坤》皆在焉。非徒《乾》《坤》为然也，明为《屯》《蒙》，则幽为《鼎》《革》，无不然也。《易》以综为用，所以象人事往复之报，而略其错，故向背之理未彰，然《乾》《坤》、《坎》《离》、《颐》《大过》、《小过》《中孚》，已具其机；抑于《家人》《睽》《蹇》《解》之相次，示错综并行之妙。要之缊缊升降，互相消长盈虚于大圆之中，则《乾》《坤》尽之，故谓之缊，言其充满无间，以爻之备阴阳者言也；又谓之门，言其出入递用，以爻之十二位具于向背者言也。故曰"《易》有太极"，言《易》具有太极之全体也；"是生两仪"，即是而两者之仪形可以分而想象之也。又于其变通而言之，则为四象。又于其变通而析之，则为八卦。变通无恒，不可为典要，以周流六虚，则三十六象、六十四卦之大用具焉。《乾》极乎阳，《坤》极乎阴，《乾》《坤》并建，而阴阳之极皆显。四象、八卦、三十六象、六十四卦摩荡于中，无所不极，故谓之太极。阴阳之外无理数，乾坤之外无太极，健顺之外无德业。合其向背幽明，而即其变以观其实，则《屯》《蒙》《鼎》《革》无有二卦，而太极之体用不全。是则"《易》有太极"者，无卦而不有之也。①

_____

① 《船山遗书》本，第9—11页。

魏荔彤《大易通解·易经总论》亦云：

> 《系辞传》云："《乾》《坤》其《易》之缊邪？"又
> 云："《乾》《坤》其《易》之门邪？"二语《易》之体用
> 尽矣。缊是一个屋，门是两扇门。从一个里出来，为二、四、
> 八，为六十四，每一个亦莫不有两个，两个亦只是一个也。
> 故论卦必明其根《乾》、根《坤》。此论其一个分为两个，
> 两个又各成一个。[①]

两节文字不仅使我们懂得对所谓阴阳的理解不能如《红楼梦》中
史湘云的丫头翠缕式的简单，而且也只有在这个总体认识的基础
上，才能对《易》的"卦变"诸复杂情况有所领会。

三、《易传》各篇简介

（一）《象传》

随经分上、下两篇，因占"十翼"之二。每卦一条，共六十
四条。但与《系辞传》中所谓"象"不同，《系辞传》言"象"
者四处：

> 象者，言乎象者也。爻者，言乎变者也。

---

① 《景印文渊阁四库全书》本，第 10 页。

　　　彖者，材也。爻也者，效天下之动者也。

　　　知者观其彖辞，则思过半矣。

　　　八卦以象告，爻彖以情言。

此四"彖"者，均指卦辞。故孔颖达曰："'彖者，言乎象者也'，彖谓卦下之辞，言说乎一卦之象也；'爻者，言乎变者也'，谓爻下之辞，言说此爻之象改变也。"故卦辞亦称"彖辞"，有的《易》学著作则称"大彖"，以区别于《彖传》之"彖"。李鼎祚《周易集解》引刘瓛曰："彖者，断也。"孔颖达《周易正义》引褚氏、庄氏云："彖者，断也，断定一卦之义，所以名为彖也。"卦辞称"彖"，因其论断一卦之吉凶；《彖传》称"彖"，乃论断每卦卦名、卦辞之意义。两者内容不同而名称相同，何也？高亨以为："盖《彖传》与《系辞》非一人所作。《彖传》作者题其所作之传曰《彖》，并不称卦辞为'彖'也。《系辞》作者称卦辞为'彖'，并不知别有易传名《彖》也。两者各为一书，本不相谋。及编为一帙，'彖'之义始易相混。"甚是。

　　现述《彖传》之"彖"。王弼《周易略例》："夫《彖》者何也？统论一卦之体，明其所由之主者也。"又曰："凡《彖》者，统论一卦之体者也；《象》者（农按：指《小象》），各辩一爻之义者也。""一卦之体，必由一爻为主，则指明一爻之美，以统一卦之义，☲《大有》之类是也；卦体不由乎一爻，则全以二体之义明之，☲《丰》卦之类是也"[①]。

___

[①] 见《周易》卷10，《四部丛刊初编》本，第1页及第12—13页。

今按，《大有》卦《象传》有云："柔得尊位。大中而上下应之曰大有。"指明《大有》一卦之体以六五爻为主，六五为最尊之位，又在上卦之中，上下五阳俱应，《象传》乃指明一爻之美，以统一卦之义。故王弼注曰："处尊以柔，居中以大，体无二阴，以分其应，上下应之，靡所不纳，大有之义也。"

又按《丰》卦《象传》有云："丰，大也，明以动，故丰。"因为《丰》之下卦为离，离为明；上卦为震，震为动，故曰"明以动"。此即所谓"卦体不由一爻，全以二体之义明之"。

《象传》以卦体、卦德、卦象释卦辞，或以卦变释卦象，约举之，有以下数种方法。

1. 以主爻释卦：如上所举《大有》。《同人》亦在此例，其《象传》曰："柔得位得中而应乎乾，曰同人。"《同人》☰主爻为六二，阴爻居二，故谓"得位"，又居下卦之中，故言"得中"，上为乾，故曰"应乾"。王弼对《象传》的理解，非常重视一卦之主爻，如其《略例》有云："故《履》卦六三为兑之主，以应于乾，成卦之体，在斯一爻，故《象》叙其应，虽危而亨也。"今按《履》☰卦辞为："履虎尾，不咥人，亨。"《象传》乃曰："履，柔履刚也。说而应乎乾，是以'履虎尾，不咥人，亨'。"所谓"柔履刚"，即六三履上下五刚。《履》卦兑下乾上，兑，柔顺和悦也，故称"说（悦）而应乎乾"。柔顺和悦而应乎刚健，即使脚踏着老虎尾巴也不要紧了。

2. 以二体之义释卦：即上面所举《丰》卦之类。如《蒙》☷，《象传》曰："山下有险，险而止，蒙。"《蒙》卦坎下艮上，坎为险，艮为山、为止，故王注："退则困险，进则阂山，不知所适，蒙之义也。"又如《讼》䷅，《彖传》曰："上刚下险，险而健，讼。"《讼》卦坎下乾上，坎为险，乾为刚健，险而健，必起争讼。

3. 释卦之名义：如《师》䷆，《彖》曰："师，众也。"《离》䷝，《彖》曰："离，丽也。日月丽乎天，百谷草木丽乎土，重明以丽乎正。"释卦之名义，当然离不开卦象。如"师，众也"，即其中一阳爻统领众阴爻。又如"重明以丽乎正"，重明即是二离相重，离，明也。又如《噬嗑》䷔，《彖》曰："颐中有物曰噬嗑。"《颐》䷚，像一张嘴巴里面长着牙齿，以备咀嚼，颐是指"口实"之事，是谈食养的。《噬嗑》于《颐》来说，九四嵌入一阳，乃成颐中有物可以咀嚼之象。

4. 以卦变释卦：如《贲》䷕，《彖》曰："贲亨，柔来而文刚，故亨。分刚上而文柔，故小利有攸往。"可以设想，《贲》卦从《泰》䷊来，"柔来而文刚"，即《泰》上六一柔来至下卦第二爻；"分刚上而文柔"，即分《泰》九二至第六爻，而成《贲》卦。为什么一曰"亨"，一曰"小利有攸往"，王弼的解释是："刚上文柔，不得中位，不若柔来文刚，故小利有攸往。"

5. 在上列技术性基础上释卦辞的意义：如第一项中所举《同人》卦辞为："同人于野，亨。利涉大川，利君子贞。"《彖传》"柔得位得中而应乎乾，曰同人"之下尚有"'同人于野，亨。利涉大川。'乾行也。文明以健，中正而应，君子正也。唯君子为能通天下之志"，即是解释为什么"利涉大川，利君子贞"的。

《履》卦《象传》"说而应乎乾"，也是解释卦辞"履虎尾，不咥人，亨"的。其实，《彖》之传经，往往带有综合的性质，如《需》☷☰，卦辞："需，有孚，光亨，贞吉。利涉大川。"《彖传》："需，须也，险在前也。刚健而不陷，其义不困穷矣。'需，有孚，光亨，贞吉'，位乎天位，以正中也。"先释卦名，须者，待也。为什么要等待？因为险在前，而这个"险在前"，即与卦象之位有关。因异卦相重有前后之位，下卦为后、上卦为前，《需》卦乾下坎上，坎为险，故曰"险在前"。"刚健而不陷"，坎虽为陷，但因下为乾，乾刚健，故不能陷而其义不困穷矣。"位乎天位以正中"指九五爻，五为天位，又得中，云云，就把卦辞解释得清清楚楚。

有的《象传》只是直释卦辞，例如《乾》卦《象传》，此不赘述。

6. 义理的发挥：如《谦》☷☶，卦辞："谦，亨。君子有终。"《彖传》在讲了"'谦亨'，天道下济而光明，地道卑而上行"两句后，实在讲不出什么，只能凭自己发挥了："天道亏盈而益谦，地道变盈而流谦，鬼神害盈而福谦，人道恶盈而好谦……"云云，若此类者，只具伦理道德修养的性质，而并无哲理之意义。在我看来，若仅以功利论，某些人吹牛带来的好处比谦逊谦让带来的好处更多，可谓鬼神害谦而福吹牛，岂非鬼神不灵？笔者倾倒的是王弼那样的发挥：

　　　夫《彖》者何也？统论一卦之体，明其所由之主者也。

夫众不能治众，治众者，至寡者也。夫动不能制动，制天下之动者，贞夫一者也。……一卦五阳而一阴，则一阴为之主矣；五阴而一阳，则一阳为之主矣。夫阴所求者，阳也；阳之所求者，阴也。阳苟一也，五阴何得不同而归之！阴苟只焉，五阳何得不同而从之！故阴爻虽贱，而为一卦之主者，处其至少之地也。①

这才是哲学与社会学的高度结合啊！王弼曰"观其象辞，则思过半矣"，引的是《易·系辞传》之语，然《系辞传》是指卦辞，而王弼则是指《象传》之辞。《象传》在《易传》中，是水平较高的一种，弄清了《象传》，则对于卦象、卦体、卦德、卦义、卦辞，的确可以懂得好大的一部分。

（二）《象传》

《象传》也随经分上、下两篇，亦占"十翼"之二。唯《象》又分《大象》和《小象》两种。《大象》每卦一条，共六十四条，解六十四卦之卦象、卦名与卦义，不释卦辞。《小象》则以爻象、爻位释爻辞，每爻一条，共三百八十六条。

现在先谈《大象》。李镜池先生指出《大象》"阐发儒家的政治、哲学和人生哲学"，是很中肯的。孔颖达《乾·象·正义》："总象一卦，故谓之《大象》。"又于《小畜·大象·正义》云：

---

① 见《周易》卷10《周易略例上·明象》，《四部丛刊初编》本，第1—3页。

　　凡《大象》，君子所取之义，或取二卦之象而法之者，若"地中有水，师，君子以容民畜众"，取卦象包容之义；若《履》卦《象》云："上天下泽，履，君子以辩上下"，取上下尊卑之义。如此之类，皆取二象，君子法以为行也。或直取卦名，因其卦义所有，君子法之，须合卦义行事者。若《讼》卦云"君子以作事谋始"，防其所讼之源，不取"天与水违行"之象。①

　　先将孔氏的话解释一下。《师》☷之《象》曰："地中有水，师，君子以容民畜众。"《师》卦坎下坤上，坎为水，坤为地，故曰"地中有水"，这就是该卦之象，有包容之义，君子取而法之，乃以容民畜众。《履》☰之《象》曰："上天下泽，履，君子以辩上下，定民志。"《履》卦兑下乾上，乾为天为君，兑为泽为民，有上下尊卑之义，君子取而法之，以辩上下，定民志。若《讼》☰之《象》曰："天与水违行，讼，君子以作事谋始。""君子以作事谋始"，并不取于"天与水违行"之象，而是直取卦名，因其卦义所有，须合卦义行事，即防其所讼之源。什么叫"作事谋始"呢？王弼注得明白："'听讼犹人也，必也使无讼乎？'无讼在于谋始"云云。王氏根据的是孔夫子的说教，故《大象》一般总分前、后两部，即来知德所谓"上句以卦言，下句以人事言"者是也。

―――――――――――――――

① 见《周易正义》卷2，影印《十三经注疏》本，第15页。

孔颖达《正义》把《大象》体例分成如下数类①：

1. 总举象之所由，不论象之实体，又总包六爻，不显上体下体，则《乾》《坤》二卦是也。

今按，《乾·象》："天行健，君子以自强不息。"《坤·象》："地势坤，君子以厚德载物。"天行健者，行者运动之称，健者，强壮之名，乾是众健之训。今《大象》不取余象为释，偏说天者，万物壮健，皆有衰息。唯天运动日过一度，盖运转混没，未曾休息，故云天行健，健是乾之训也。地势坤者，即地势顺（坤于此处非作卦名用），君子用此地之厚德容载万物。唯此二《象》只举象之所由，不显上体下体。

2. 并举上下二体者。

若"云雷，屯"，"天地交，泰"，"天地不交，否"，"雷电，噬嗑"，"雷风，恒"，"雷雨作，解"，"风雷，益"，"雷电皆至，丰"，"洊雷，震"，"随风，巽"，"习坎，坎"，"明两作，离"，"兼山，艮"，"丽泽，兑"，此十四卦皆并举两体结义，取两体俱成。每象之句，则言人事。

3. 举两体上下相对者。

若"天与水违行，讼"，"上天下泽，履"，"天与火，同人"，"上火下泽，睽"。凡此四卦，或取两体相违，或取两体相合，或取两体上下相承而为卦，故两体相对而俱言。每象之句，亦言人事。

---

① 《周易正义》卷1，影印《十三经注疏》本，第14页。

4. 虽上下二体共成一卦，而直指上体为文者。

若"云上于天，需"，"风行天上，小畜"，"火在天上，大有"，"雷出地奋，豫"，"风行地上，观"，"山附于地，剥"，"泽灭木，大过"，"雷在天上，大壮"，"明出地上，晋"，"风自火出，家人"，"泽上于天，夬"，"泽上于地，萃"，"风行水上，涣"，"水在火上，既济"，"火在水上，未济"。凡此十五卦，皆先举上象而连于下，亦义取上象以立卦名也。每象之下句，亦言人事。

5. 意在上象，而先举下象以出上象者。

若"地上有水，比"，"泽上有地，临"，"山上有泽，咸"，"山上有火，旅"，"木上有水，井"，"木上有火，鼎"，"山上有木，渐"，"泽上有雷，归妹"，"山上有水，蹇"，"泽上有水，节"，"泽上有风，中孚"，"山上有雷，小过"。凡此十二卦，皆先举下象以出上象，亦义取上象共下象而成卦也。每句之下，亦言人事。

6. 先举上象，而出下象，义取下象以成卦义者。

若"山下出泉，蒙"，"地中有水，师"，"山下有风，蛊"，"山下有火，贲"，"天下雷行，无妄"，"山下有雷，颐"，"天下有山，遁"，"山下有泽，损"，"天下有风，姤"，"地中有山，谦"，"泽中有雷，随"，"地中生木，升"，"泽中有火，革"。凡此十三卦，皆先举上体，后明下体也。其上体是"天"或"山"，则称"下"，如"天下雷行"，"山下有风"。若上体是"地"或"泽"，则称"中"，如"地中有山""泽中有雷"等。象之下句，亦言人事。

7. 虽先举下象，称在上象之下者。

若"雷在地中，复"，"天在山中，大畜"，"明入地中，明夷"，"泽无水，困"。凡此皆先举下象，而称在上象之下，亦义取下象以立卦也。如《明夷》䷣之《象》曰："明入地中，明夷。君子以莅众，用晦而明。"下为离，离，明也。《象》第一字即为"明"，即所谓"先举下象"，而"明"实在上象"地"（坤为地）之下，而"用晦而明"实取下象立卦。唯孔氏将《困》䷮之《象传》"泽无水"列入此项，义有未洽。《困》卦泽在上，云"泽无水"，则先举上象矣。

《大象》解经的水平明显低于《彖传》，有些又明显地抄袭《彖传》，如《坤·象》之"厚德载物"，《泰·象》之"天地交"，《否·象》之"天地不交"，《师·象》之"容民畜众"等等。其后半部分，即来知德所谓"以人事言"者，李镜池先生所谓"政治哲学和人生哲学"的发挥者；有的较好，如"天行健，君子以自强不息"；有的一般化；有的则如百搭一样，放在哪一条后都可以，因为并不切合卦象。总之《大象》于解经并无多大助益（但对占筮关系很大），与《彖传》相比，差得远了。笔者从《大象》获得的好处是，将《大象》记住，则六十四卦卦象，亦自然记住。这是值得为《易经》的爱好者特书一笔的。

六十四卦卦名依次背出，并不比背二十六个注音字母难，就是背出通篇《序卦》也不难，但若只称某卦卦名要你画出该卦卦象，却是不容易的事。或随便画出一卦象，要你读出卦名，也同样不容易。虽然有变覆和错综等规律，但往往要先知前一卦，才能很容易地画出后一卦。六十四卦卦象太相似，太等分，放在一起看久了，可使青年人看出老花眼。根据笔者的教学经验，先按次背熟六十四卦卦名，然后背熟六十四条《大象》，则六十四卦象自然画得出，单独出现任何一卦象，自然认得出。如背得出《恒·象》："雷风，恒，君子以立不易方。"雷是震，风是巽，《恒》䷟的卦象马上画出来了。又如见到䷦，上是水，下是山，一想到"山上有水，蹇"，马上认出是《蹇》的卦象。只有"雷电，噬嗑"和"雷电皆至，丰"要特记一笔，《噬嗑》䷔是震在下，离在上；《丰》䷶是离在下，震在上。有的人或许会说，把《周易》搞熟了，把卦变弄懂了，卦象自然分得清。殊不知不先背熟卦象，几乎看任何一部《易》学著作都会看不下去；或者旁边必须放着一张六十四卦卦象表备查。

再谈《小象》。《小象》以爻象、爻位释爻辞，每爻一条，共三百八十六条（《乾》《坤》两卦各有七条爻辞）。《小象》与《大象》虽同称《象传》，但看不出其间的关系。《小象》似乎发挥《象传》的刚柔说，对于爻位之当与不当、中与不中，还有爻位之间的"乘""承""比""应"很是重视，并以此解释发挥爻辞，非如后世训诂之文。有人指斥《小象》"望文生训"，如《蒙》卦初六爻辞："发蒙，利用刑人，用说桎梏，以往，吝。"《象传》解释道："'利用刑人'，以正法也。"这何尝把爻辞解释清楚？又如《贲》卦初九爻辞："贲其趾，舍车而徒。"《象传》说："'舍车而徒'，义弗乘也。"这是白说了，解了等于没解（见《周易探源》）。这些自然也有些道理，但恐怕不能以偏概全。

明吴桂森《周易像象述》却对《小象》评价甚高："皆因爻辞有险易，其深义难窥，故又阐发一番，毕竟于爻义相关，有必不可少者，方才说出。"并对读《小象》的技术作出指示，兹约举之并加发挥如次①。

1. 反文见义：

如《大壮》䷡六五爻辞："丧羊于易，无悔。"吉辞也。《象》则曰："位不当。"恐人误认无悔，故反言以明"丧羊于易"，以其位不当。又如《夬》䷪九五爻辞："中行无咎。"《象》则曰："未光也。"因《夬》五有柔在上，要无咎甚难，故亦反言以明之。

2. 补文尽义：

此例篇中甚多，不胜枚举，而六爻皆补，则于《复》《家人》两卦可见。如《复》䷗初曰"修身"，二曰"下仁"，三曰"义"，四曰"从道"，五曰"中以自考"，上曰"反君道"。《家人》䷤初曰"志未变"，二曰"顺以巽"，三曰"家节"，四曰"顺在位"，五曰"交相爱"，上曰"反身"，皆于本爻中发出精意。

今就上述两卦中各举一爻释之：

《复》六三爻辞："频复，厉，无咎。"《象》曰："频复之厉，义无咎也。"也可能有人认为"解了等于没解"，而王弼注：

---

① 详见《周易像象述·金针题辞》，《景印文渊阁四库全书》本，第375—376页。

"频，频蹙之貌也……蹙而求复，未至于迷，故虽危无咎也。复道宜速，蹙而乃复，义虽无咎，它来难保。"是于本义应无咎也。来知德谓：频，数也，复之不固，故有频失频复之象，"频复而又频失，虽不免于厉，然能改过，是能补过矣，揆之于义，故无咎"。是谓能补过而揆之于义，故无咎也。都补尽"义"字之义。

《家人》六四："富家大吉"。《象》曰："'富家大吉'，顺在位也。"以柔顺处卦之正位，故曰"顺在位"。王弼曰："能以其富，顺而处位，故大吉也。若但能富其家，何足为大吉？体柔居巽。履得其位，明于家道，以近至尊，能富其家也。"今人尚秉和曰："言富之故，以顺阳也。五得位，故曰'顺在位'。"尚先生解"顺在位"为"顺于在位者也"，与王氏"近至尊"之意亦合。

补文尽义之例最多，今再举一例：

如《临》䷒九二："咸临，吉，无不利。"《象》曰："'咸临，吉，无不利'，未顺命也。"未顺命者，未顺五之命也。五君位，故曰命。何以用"未顺命"来解"吉，无不利"？王弼曰："有应在五，感以临者也。刚胜则柔危，而五体柔，非能同斯志也。若顺于五，则刚德不长，何由得吉无不利乎？……必未顺命也。"《象传》作者和王弼真是好大的胆子[①]！

3. 先文起义：

如《萃》䷬九五："萃有位，无咎。匪孚，元永贞，悔亡。"

[①] 农按：此例吴桂森归于"先文起义"类，笔者不取。

《象》曰："'萃有位'，志未光也。"

《夬》☱九五："苋陆夬夬，中行无咎。"《象》曰："'中行无咎'，中未光也。"

大抵兑柔在上，则兑之中爻皆有不足之辞，故此两爻之象，皆曰"未光"。今按萃，聚也，《萃》之九五虽能萃聚群臣百姓，尚碍于上六之阴，故其志终不能发挥光大。《萃》上六："赍咨涕洟，无咎。"即言上六唯有痛哭流涕，自感不安，深自反省，方能无咎。同样，《夬》之中道应既刚健而又和悦，九五虽居于兑中，然碍于上柔，刚健不足，而和悦有余，当决而不能决，故其志亦未光。唯《夬》上六："无号，终有凶。"上六终凶，非号呶之所能延，终将被决掉。凡此二象，皆先文以见义也。

4. 后文申义：

如《小畜》☰九二："牵复，吉。"《象》曰："牵复在中，亦不自失也。"要理解九二《象》之"亦不"，则需先看初九："复自道，何其咎，吉。"李光地曰："处下居初而有刚正之德，上应六四为其所畜，是能顺时义而止，退复自道之象，不惟无咎，而且吉矣，复谓返也。"[①]按《小畜》义应畜止，初刚动而上行，遇六四而被畜止，退归本位，合于卦义。九二也是刚爻，其应在五，然两刚相敌，因被五牵而复归本位，以合畜止之义。故《象》曰"亦不自失"，这就是后文申义，即更于初之后反复申述之。

5. 另文发义：

---

① ［清］李光地：《周易观象》卷2，载《景印文渊阁四库全书》第36册，第641页。

《屯》䷂初九："磐桓，利居贞，利建侯。"《象》曰："虽'磐桓'，志行正也。以贵下贱，大得民也。""磐桓"，即盘旋难进之象，初九刚爻居阳位是得其正，虽欲上进以济险，但不操之过急，逶迤盘旋，观时而动，不离正道，以其志行正也。而"以贵下贱，大得民也"则为另文发义。言初九乾阳尊贵应居上位，现在居于下卦震体二柔之下，是"以贵下贱"。盖处于险难之时，唯阳刚才能出险，初九阳刚居下谦以自处，更为众望所归，最后定能救民以出险难。则"以贵下贱，大得民也"，是另文以发义也。

6. 偏文举义：

《丰》䷶九三："丰其沛，日中见沬。折其右肱，无咎。"《象》曰："'丰其沛'，不可大事也。'折其右肱'，终不可用也。"爻辞曰"无咎"，而《象》曰"终不可用"，何也？盖折其右肱，虽医之、养之，愈后更礼遇之，虽已无咎，然终成废人！故舍"无咎"而专言"折肱"，此偏文以举义也。

有的《小象》直抄爻辞，则似无深究之必要。如《无妄》䷘六三："无妄之灾，或系之牛，行人之得，邑人之灾。"《象》曰："行人得牛，邑人灾也。"又如《遁》䷠九四："好遁，君子吉，小人否。"《象》曰："君子好遁，小人否也。"真是说了等于不说。

（三）《文言》

《文言》为"十翼"之一，详解《乾》《坤》两卦辞、爻辞，六十四卦中唯《乾》《坤》二卦有《文言》，故只两章，解《乾》

者称《乾·文言》，解坤者称《坤·文言》。然则何以谓之"文言"？《左传·襄公二十五年》："言以足志，文以足言……言之无文，行而不远。"谓言须文字记录下来，方能传得远，否则传不远。或谓言之无文章文采，行而不远。《系辞传》曰："物相杂，故曰文"，"其旨远，其辞文"。则"文言"云者，实以其言之有文章文采而已。清代张英《易经衷论》云："《乾》《坤》有《文言》，而他卦则间见于《系辞传》上下。盖圣人举《乾》《坤》两卦示人以读《易》之法应如此扩充体会耳。所谓'拟之而后言，议之而后动，拟议以成其变化'者，此也。明乎此，则三百八十四爻皆有无穷之缊，不独《乾》《坤》两卦及圣人已发挥之诸爻也。"① 张氏的意思是，《文言》是圣人为后人读《易》作个样子。也有人认为《乾》《坤》两卦在《易》中的地位特别重要，因此也特别被重视，而有《文言》之作。

《文言》将经文引向政治哲学与人生哲学，特别是阐发君子进退出处之理，是处世哲学的教科书，并与政治哲学紧紧地结合在一起，其水平高出《大象》之上，实无疑也。

《乾·文言》首释卦辞"元亨利贞"四字：

> "元"者，善之长也；"亨"者，嘉之会也；"利"者，义之和也；"贞"者，事之干也。君子体仁足以长人，嘉会足以合礼，利物足以和义，贞固足以干事。君子行此四德者，

---

① ［清］张英：《易经衷论》卷上，载《景印文渊阁四库全书》第 44 册，第 583 页。

故曰"乾，元亨利贞"。

提出"体仁""合礼""和义""干事"，并指出实行之条件（"元亨利贞"四字句读问题，此暂不论）。接着以问答体形式借"子曰"名义解七爻爻辞（来知德谓《文言》为文章问答体之祖），如曰：

> 初九曰："潜龙勿用。"何谓也？子曰："龙德而隐者也。不易乎世，不成乎名，遁世无闷，不见是而无闷，乐则行之，忧则违之，确乎其不可拔，潜龙也。"

然后依次言"见（现）""惕""跃""飞""亢"，然后大"用"的最理想的人生过程，借龙以喻之，潜的目的是为了飞、用。这与《系辞传》所言"尺蠖之屈，以求信（伸）也；龙蛇之蛰，以存身也"的话是一致的。故虽屡言"潜龙勿用，下也"，"潜龙勿用，阳气潜藏"，但都是手段，不是目的。故申言：

> 君子以成德为行，日可见之行也。"潜"之为言也，隐而未见，行而未成，是以君子弗用也。君子学以聚之，问以辩之，宽以居之，仁以行之。

潜不可以终潜，而必须付之于行。

"潜龙勿用"，下也。

"见龙在田"，时舍也。

"终日乾乾"，行事也。

"或跃在渊"，自试也。

"飞龙在天"，上治也。

"亢龙有悔"，穷之灾也。

乾元用九，天下治也。

这是《文言》的第二节，既是作者心目中理想的人生历程，亦是理想的君主产生的过程。虽已从"潜"而至"飞"，但还必须过"亢"这一关。君不知历史上有多少君主就丧在这个"亢"字上。然后，则是"乾元用九"，"见群龙无首，吉"。何谓"群龙无首"？即《老子》所谓"太上，不知有之"，也就是已达到"垂拱而治"的局面。"用九"者，能用乾也。

对于"自试"亦有具体指示："九四曰：'或跃在渊。'何谓也？子曰：'上下无常，非为邪也；进退无恒，非离群也。君子进德修业，欲及时也。'"即强调灵活性和紧紧把握时机。

如果联系《坤·文言》，则个中道理更为清楚。《坤·文言》："天地变化，草木蕃；天地闭，贤人隐。《易》曰：'括囊，无咎无誉。'盖言谨也。"紧接下去就说："君子黄中通理，正位居体，美在其中，而畅于四支，发于事业，美之至也。"括囊之谨，与潜同理，并非什么时候连话都不敢说——祸从口出啊！如果最终都不说话，那么就是荀子所说的"括囊，腐儒之谓也"。

君子进德修业，美已在中，但必畅于四支，发于事业，方为至美。

《坤·文言》解经也时有精义，如解初六"履霜，坚冰至"云：

> 积善之家，必有余庆；积不善之家，必有余殃。臣弑其
> 君，子弑其父，非一朝一夕之故，其所由来者渐矣，由辩之
> 不早辩也。《易》曰："履霜，坚冰至。"盖言顺也。

如果从政治学和人生哲学的角度，《文言》可真是把《乾》《坤》两卦的卦爻辞解得再清楚明白不过了。

另外，《文言》对理解易理亦有所启示。今按《周易尚氏学·自序》云：

> 太史公曰："《易》以道阴阳。"阴阳之理，同性相敌，异性相感……阴比阴，阳比阳，为敌也；阴遇阴，阳遇阳，既为敌而不相与，则不能为朋友为类明矣。[①]

尚氏本其师吴挚甫为说，是矣，然执而致偏。《易》之所言既为天地间公例公理，不唯异性相吸，尚有同类相从。如《乾·文言》所云："子曰：'同声相应，同气相求。水流湿，火就燥。云从龙，风从虎，圣人作而万物睹。本乎天者亲上，本乎地者亲下，则各从其类也。'"由于尚氏过于强调异性相感，致解为"'水

---

① 尚秉和：《周易尚氏学》，中华书局 1980 年版，第 1 页。

流湿'，阳求阴；'火就燥'，阴求阳也"，殊为牵强难通。其注《坤·象传》"牝马地类，行地无疆，柔顺利贞，君子攸行"曰："阴阳合类，乾为马，故马与地类，而牝马尤与地类……"其牵强同。且上文已曰"牝马柔顺"，则牝马其为阴，则"尤与地类"云云，大与己说抵牾。

（四）《系辞传》

《系辞传》分上、下两篇，占"十翼"之二。尽管欧阳修说它是"繁衍丛脞之言"，现代更有人说其"毫无系统，东说说，西谈谈，说过了又说，谈过了又谈，拖沓重复，繁杂矛盾，好一味驰名古今的杂拌儿"（李镜池语），笔者仍然认为它是一种高水平的《易传》，具有较高的学术价值。从它的体例不纯、层次不明来看，显然不是一人之作，而是编纂多家论《易》之语而成。且编好以后，又几经传抄；颠倒错乱，又再三整理。一经固定，就成了现在的模样。它的确有点"东说说，西谈谈"、经纬不分明的样子，但只要说得好，谈得好，片言只语也足宝贵，何况它有长长的上、下两篇，对我们现代人读《易经》真是帮助不小。

虽然《系辞传》系统性不够，但我们仍可以把它当作一部《易经》通论来读。它有总纲，有细目，对《经》发凡起例，具有极大的指导意义。我们可以理出它的系统来，现分以下数端而阐述：

1. 它把《易经》当作一种宇宙图式来理解，而提出总纲，这个起点就很高。

> 天尊地卑，乾坤定矣。卑高以陈，贵贱位矣。动静有常，刚柔断矣。方以类聚，物以群分，吉凶生矣。在天成象，在地成形，变化见矣。是故刚柔相摩，八卦相荡。鼓之以雷霆，润之以风雨。日月运行，一寒一暑。乾道成男，坤道成女。乾知大始，坤作成物……
>
> 圣人设卦观象，系辞焉而明吉凶，刚柔相推而生变化。

开始就定乾坤，设卦位，分刚柔，生吉凶，明《易》即是由多种对立的统一体组成，相摩相荡，生各卦象，组成宇宙图式，即圣人设卦观象，而系辞以明吉凶，用亦在其中矣。

当然，从《易》的经文本身是看不出阳贵阴贱、天尊地卑的观念的①，中国人往往以道德伦理观念代替哲学思辨，《易传》的作者往往作如此的引伸，这是读《易》者要特别注意的。

2. 提出"《易》者，象也；象也者，像也"的命题。这也是读《易》者不可缺少的一个基本常识和指导思想。这"象"是怎么来的？《系辞传》也作了回答：

> 古者包牺氏之王天下也，仰则观象于天，俯则观法于地，观鸟兽之文与地之宜，近取诸身，远取诸物，于是始作八卦，以通神明之德，以类万物之情。

---

① 详见[清]魏荔彤：《大易通解》卷首《阴阳扶抑论》，《景印文渊阁四库全书》本，第22页。

说明卦象乃是仰观俯察，近取于身，远取于物，即从具体事物抽象。因而反过来又可以类万物之情，"象"可代表一切。因此"象"既是抽象的，又是具体的。

3.《系辞传》作者认为：宇宙万物在不断地变化之中，《易》之卦象正是宇宙万物不断变化的象征，而卦爻下所系之辞，则是说明这种变化的。故曰："《易》之为书也不可远，为道也屡迁。变动不居，周流六虚。上下无常，刚柔相易。不可为典要，唯变所适。"而正是靠了变化方能发展，如曰："《易》，穷则变，变则通，通则久。"曰："生生之谓易。"这种变化源于一阴一阳，即刚柔相摩荡而生，自然而然，并非人为，故其"鼓万物而不与圣人同忧"。"一阴一阳之谓道"，"道"无思无为，由变而鼓动万物生长！"圣人"有思有为，而吉凶与民同患，故经常忧国忧民，反弄得栖栖遑遑。"不与圣人同忧"与老氏"无为"相通。

4. 变化虽不以人之意志为转移，但通过对《易》的"极深研几"，则可以预测，这就是"占"——"极数知来之谓占"，这是《易》之用："以卜筮者尚其占"，"是以君子将有为也，将有行也。问焉而以言，其受命也如响，无有远近幽深，遂知来物"。这好像有点为《易经》作广告的味道。但"非天下之至精，其孰能与于此"？必须"参伍以变，错综其数。通其变，遂成天下之文；极其数，遂定天下之象。非天下之至变，其孰能与于此"？可见"占"是件极不容易的事，且还须通过专门技术——筮。

5. 司马迁说："三王不同龟，四夷各异卜。"（《史记·太史公自序》）又说："蛮、夷、氐、羌，虽无君臣之序，亦有决疑之卜，或以金石，或以草木，国不同俗。"（《龟策列传》）筮法非止一种，乃是客观事实。《周易》最古之筮法无可考，《左传》《国语》所记之筮事，杂而无贯，若非本乎《系辞传》，则无以明其术。故《系辞传》所载筮法，为现存有古文献根据的《周易》的最古筮法。因古今江湖术士均有以掷铜钱为筮者，故有的《易》著称《系辞传》所载为"正规的筮法"（关于《系辞传》所载筮法，详本书第七章"《易》筮"）。

6.《系辞传》为解释经文发凡起例，对读者有一定的指导意义。例如：

　　　子曰："危者，安其位者也；亡者，保其存者也；乱者，有其治者也。是故君子安而不忘危，存而不忘亡，治而不忘乱，是以身安而国家可保也。《易》曰：'其亡！其亡！系于苞桑。'"

这是解《否》卦九五爻辞之例。"系"，系结；"苞桑"，丛生嫩弱的桑树，无支撑力以系物，言当常怀此危亡恐惧之心（与"战战兢兢，如临深渊，如履薄冰"同一个意思），则可保身保国。九五，至尊之位，此对君主而言。又如：

　　　子曰："德薄而位尊，知小而谋大，力小而任重，鲜不及矣。《易》曰：'鼎折足，覆公𫗧，其形渥，凶。'言不胜其任也。"

这是解《鼎》卦九四爻辞之例。"覆"是侧倒；"𫗧"是肉粥；"渥"，沾濡之貌。即俗云"一塌糊涂"也。九四不当位，且既要承六五之至尊，又须施初（四与初相应）。言其处大臣之位，须谋划大事，而德薄智小，力不能胜，终至折足覆𫗧，造成一塌糊涂、不可收拾的局面。

《系辞传》又曰："《易》之为书也，原始要终，以为质也。""惧以终始，其要无咎，此之谓《易》之道也"。即谓《周易》一书考察了事物之所始，探求事物之所终，以组成一卦之实体。无咎者，无过也，终始是矛盾的两极，无咎则是中界线。《系辞传》作者从《易》体察到"终始"是对立而转化的衔接点，吉与凶，乱与治，存与亡，得与丧，经常在此际转化。故知"无咎"之为要。

《系辞传》又曰："若夫杂物撰德，辩是与非，则非其中爻不备。""二与四同功而异位，其善不同。二多誉，四多惧，近也。柔之为道，不利远者，其要无咎，其用柔中也。三与五同功而异位，三多凶，五多功，贵贱之等也"等等，于《易》皆有发凡起例之功，不可太小看了它。

此外，《系辞传》还从《易》卦象中推测"观象制器"的文明史，虽属荒唐，但于理解《易》象倒有些帮助，留到后面"《易》象"章详述了。

（五）《说卦传》

《说卦》占"十翼"之一，主要是记述乾、坤、震、巽、坎、离、艮、兑八经卦所象之事物。故所谓"说卦"，是说八卦之象，而非说六十四卦之象。用八卦以象事物，原有分析事物性质的意思，而《说卦》可以说是八卦之象的一次大集中，成为占筮者不可或缺的工具。《说卦》虽不说六十四卦之象，但须知六十四卦原由八经卦配合而成，一卦既已有如此众多之象——而且还大大没有收全呢——那么配合而成的六十四卦之象，牛头不对马嘴之类就多得了不得，或人面而兽心，或牛革而羊身。孔颖达就指出：

> 或有实象，或有假象。实象者，若"地上有水"，比也；"地中生木"，升也。皆非虚，故言实也。假象者，若"天在山中""风自火出"，如此之类，实无此象，假而为义，故谓之假也。虽有实象、假象，皆以义示人，总谓之象也。①

象在筮人之手，则为筮术之用，筮人可以灵活运用，借助卦象而生义，触类旁通，歧义横出，信口雌黄，以售其术。此则为以哲学、社会学解《易》者甚须注意之点。

《说卦》体例不纯，编者只是拼凑而成。而其基本卦象，与卦象所代表之基本性质，皆于古有征，求之古书而皆合，这点却无容否认。然总其八卦所象之事物，引申之卦象，一是不全；二是八卦所象之事物，引申之卦象，先秦人已有不同的说法。故占筮时决不能以《说卦》所列为唯一的根据。

今举先秦人有不同说法之证如下：

1. 《晋书·束皙传》："汲冢竹书有《卦下易经》一篇，似

---

① 见《周易正义》卷1，影印《十三经注疏》本，第2页。

《说卦》而异。""似《说卦》"者，谓此篇亦记八卦所象之事物；"而异"者，谓该篇所记八卦之象与《说卦》有所不同，当然未必全部不同。

2.《左传》《国语》记有春秋时人谈《易》之事，其所举八卦之象与《说卦》有同有异（指引伸卦象而言），如《左传·闵公元年》解《周易》，以"坤为马"，而《说卦》曰"乾为马"；《昭公五年》解《周易》，以"纯离为牛"，而《说卦》曰"坤为牛"等等。

3.《彖传》《象传》之引伸象亦与《说卦》有所不同，或有超乎《说卦》者[①]。

不仅如此，即与经部之象也多不一致。如《乾》卦皆言"龙"，而《说卦》中并无"乾为龙"之说，倒是有"震为龙"之说；《坤》卦爻辞有"履霜，坚冰至"，而《说卦》中无坤为霜冰之言，倒是有"震为寒为冰"之语。唐陆德明《经典释文》于《说卦》末注云：

　　荀爽《九家集解》本《乾》后更有四：为龙、为直、为衣、为言。《坤》后有八：为牝、为迷、为方、为囊、为裳、为黄、为帛、为浆。《震》后有三：为王、为鹄、为鼓。《巽》后有二：为杨、为鹳。《坎》后有八：为宫、为律、为可、为栋、为丛棘、为狐、为蒺藜、为桎梏。《离》后有一：为

---

① 以上三证详见高亨：《周易大传今注》卷 6《说卦·附考》，清华大学出版社 2004年版《高亨著作集林》本，第 683－685 页。

牝牛。《艮》后有三：为鼻、为虎、为狐。《兑》后有二：为常、为辅颊。①

所列各象，除少数外，基本上都可以在卦爻辞中找到。即如震后之"鹤"，《中孚》九二有"鸣鹤在阴"之语，《中孚》☲，兑下巽上，无震，但二至四互卦为震也。当然，卦爻辞中有否提到，不是问题所在，因为在《易传》作者看来，《易》是包罗万象的，宇宙间森森万象都在《易》的囊括之中，《说卦》所记不过是极小的一部分。陆德明《释文》所载《荀九家逸象》不过三十有一，其实逸象何止此数？因为象本身就是无限的。如惠栋《易汉学·虞氏逸象》即云：

> 荀《九家逸象》三十有一，载见陆氏《释文》，朱子采
> 入《本义》。虞仲翔传其家五世孟氏之学，八卦取象，十倍
> 于《九家》，如《乾》为王，为神，为人……②

所举逸象，只《乾》后即列出六十有二。《系辞传》不是说过吗？"圣人设卦观象"，君子"居则观其象而玩其辞，动则观其变而玩其占"。观着观着，一个新象又出来了，一个新的解释又出现了。既然"生生之谓易"，不也就是说"生生之谓象"吗？

---

① 见康熙十九年（1680）刊《通志堂经解》本卷 2，第 31 页。
② ［清］惠栋：《易汉学》，道光二十四年（1844）刊《昭代丛书（壬集）》本，不分卷，第 54 页。

总之，《说卦》是为揲蓍（即占筮）服务的。这一点，在其篇首即开宗明义：

> 昔者圣人之作《易》也，幽赞于神明而生蓍，参天两地而倚数，观变于阴阳而立卦，发挥于刚柔而生爻，和顺于道德而理于义，穷理尽性以至于命。

很清楚地概述了蓍、数、卦、爻的关系，即用蓍以求数，得数以定爻，累爻以成卦，由卦爻而得象义，穷理尽性，以至于命。这也就是《系辞传》所谓"极数知来"或"无有远近幽深，逆知来物"的意思。

而对于列在每卦之下的象，没有必要勉强与该卦的基本性质硬扯在一起。比方《乾》的基本性质是"健"，《说卦》所举《乾》象中有"良马"，有"老马"，有"瘠马"。良马可云"取其健行而不止"，老马何必一定要说"取其久行而不息"？瘠马明明是瘦马，也没有必要说"瘠谓多骨少肉，健之最坚强者也"。须知宇宙万物万事之间的关系复杂异常，有的有必然关系，有的无必然关系，好比体魄强健者，有时也生病。不能看到"健"下有个"病"，就一定要硬说"以其病病，是以不病"；或者索性说"生病就是强健的证明"。又比如说《巽》下有"为近利市三倍"，于是解曰："巽为木。人栽植树木，树木成长，或售其果，或卖其材，可得近乎三倍之利于市。"（高亨说）何不径云"巽，逊也。逊受益，吃小亏，占大便宜，故曰近利市三倍"耶？要是"近利市三倍"在《乾》下呢？那岂不得说："乾为金，黄金走私近利市百倍。云三者，言其倍数之多也。"

我的意思只是说，单独列在那里的象没有这样强解的必要。如此硬说不可能不荒唐。但如果象与象配合在一起发生关系了，那当然是两回事了，就要运用蒙太奇思维了，至于解释水平的高低，倒是可以比较的。

对于占筮学有兴趣的人，也自然非把《说卦》背得滚瓜烂熟不可的。

（六）《序卦传》

《序卦》为"十翼"之一，为解释今本《易经》六十四卦之顺序，其义起于各卦之卦名，而非卦象。今本六十四卦的顺序是何人所编次不可考见，而长沙马王堆新出土的汉帛书《易经》，六十四卦卦名与今本《易经》虽字有异（多同音假借），其实皆同；而六十四卦编列之顺序则与今本迥然有别，足以证明古代《易经》之六十四卦顺序有不同的编次。

《序卦》解释的既是今本《易经》六十四卦的顺序，那《序卦》之有无顺序之理，便取决于今本《易经》之有无顺序之理。今本《易经》卦之编次并不是胡乱地编排在一起，这一点是可以肯定的。即每两卦为一对，非覆即变，或曰非综即错。但使笔者惭愧的是，对于前一对的后一卦与后一对的前一卦何以连在一起，也就是前一对与后一对之联结关系，至今未得理想的解答。比方说，《乾》后为《坤》，很容易理解，因为既有卦象变化的规律，又有卦义变化的根据。但《坤》后为什么是《屯》，或《蒙》后为什么是《需》，却是不得其解，主要是得不出其间逻辑结构关系。虽然也能按古人的说法应付一下，如曰："屯，难也，处乾、坤之后，刚柔始交而难生。"但经不起人们的追问：既然说刚柔始交，《易》的卦画是从下往上排，卦名虽可曰"屯"，但出现的似应是《益》的卦象——《益》☲，即下卦之下一刚，与上卦之下一阴相交。这样说刚柔始交，似乎更有理，更容易理解，也就是更合乎逻辑。而现在出现的偏偏是《屯》☷这样的卦象，真教人百思不得其解。看来，《序卦》作者可能与笔者一样，不但寻绎不出前一对卦象与后一对卦象之间的结构关系，而且，即使从卦的名义上来说，也说不出必然如此排列的理由。因此，其解释显得非常生硬，甚至不能自圆。不可否认，《序卦》有时运用事物向正面或反面转化之辩证观点，但其行文的因果关系是颠倒的，即不是根据某原因将张三排在前面、李四排在后面，而只是因为张三已在前面、李四已在后面，再想出种种理由套上去。但如果张前李后本来就没有理由，那么套上去的理由本身就是凿空之论，根本不足信。不管如何，《序卦》作者虽有些辩证法，然读其文往往使人产生以偏概全或削足适履的感觉。王夫之肯定也发现了《易经》的卦次问题，故于其《周易内传·发例》中说：

　　《易》以综为用，所以象人事往复之报而略其错，故向背之理未彰。然《乾》《坤》、《坎》《离》、《颐》《大过》、《小过》《中孚》，已具其机。抑于《家人》《睽》、

《蹇》《解》之相次，示错综并行之妙。[①]

但王说实于解释《序卦》无补。因为不但错卦不能连续排列，如《乾》《坤》之后再错仍是《乾》，《坎》《离》之后再错仍是《坎》；而且如《家人》☲、《睽》☲、《蹇》☲、《解》☲那样的错综并行，也只能示一下"妙"而已。只要稍微有一点算术知识的人即会发现，按此规律亦至多能排四卦，至第五卦，即重出第一卦的卦象，如《解》卦一错又成《家人》。因此不论从卦象抑或卦之名义，要把今本《易经》卦次排列成一根有机的链条实在非常困难。

　　一对对之间是如此，即便于同一对中，何以此卦在前、彼卦在后，也说不出所以然。如《屯》《蒙》这一对，何以《屯》在前、《蒙》在后，而不是《蒙》在前、《屯》在后，是说不出让人信服的道理来的。又如《既济》和《未济》，如果是《既济》排在最后，则可以说最后胜利，故"受之以《既济》"，"终焉"。现在是《未济》在后，则说"物不可穷也，故受之以《未济》，终焉"。现代人更加上："'物不可穷'，就是说，事物是无尽的；世界无论在甚么时候总是未完成（未济），就是说，永远处在转化的过程中。"（冯友兰语）这样，以《未济》终，就显得更深刻，也更高级。可惜的是，未必每一对都能像这样说得圆通。

---

① 《船山遗书》本，第10页。

这一笔者长期困惑的问题，由于马王堆帛书《易经》的出土而曾产生过一线解决的希望。因帛《易》六十四卦排列次序，从卦象上看，倒是有一种固定的格式，即有规律可循。其排列次序以八纯卦为纲，即：键（乾）、根（艮）、赣（坎）、辰（震）、川（坤）、夺（兑）、罗（离）、筭（巽）。先由上卦之键（乾）依次同下卦的八个经卦组合，成为《键（乾）》《妇（否）》《掾（遁）》《礼（履）》《讼》《同人》《无孟（无妄）》《狗（姤）》。继之，上卦的艮提到前面，先同艮组合，再与其余七经卦组合，又排列出八个卦象，即《根（艮）》《泰蓄（大畜）》《剥》《损》《蒙》《繄（贲）》《颐》《箇（蛊）》。依此规律，上卦的《赣（坎）》《辰（震）》《川（坤）》《夺（兑）》《罗（离）》《筭（巽）》依次以同样方式又各产生八个卦象，共成六十四卦，而组成帛《易》的次序。

虽然有人认为帛《易》是上有所承的本子，但笔者经仔细探讨后，还是同意高亨先生的看法："此种顺序，在占筮时得到某一卦与变为某一卦，易于寻检《易经》本文，只合于巫术的需要，不具有哲学之意义。"[1] 而且从它滥用同声通借来看，更能看出此抄本出于文化水准极低之江湖术士，而决非出自《易》学专家之手，有的根本不能称通借，而只能目为错别字。故笔者又十分赞成张政烺先生的意见：帛书《六十四卦》"乃经人改动……筮人一般文化程度不高，为了实用，不求深解，按照当时通行的八卦

_____

① 见《周易大传今注·卷首》，版本同前，第18页。

次序机械地编造出帛书《六十四卦》这样一个呆板的形式，自然便于检查，却把《易》学上的一些微言奥义置之不顾了"①。

　　但说老实话，我虽同意帛《易》次序将微言奥义置之不顾，但于今本《易经》次序究竟有多少微言奥义仍然心中无底，孔颖达说的"二二为偶，非覆即变"当然算在内，但另外呢？就难说了。不过，既然对帛《易》的希望破灭，自然只能回到今本（即汉唐石经和通行本如王弼注本）的次序来论《序卦》。

　　《序卦》有云：

　　　　恒者久也。物不可以久居其所，故受之以《遁》，遁者退也。物不可以终遁，故受之以《大壮》。物不可以终壮，故受之以《晋》，晋者进也。进必有所伤，故受之以《明夷》，夷者伤也。

既云"物不可以终壮"，就应该适可而止，却偏偏还要"进"，岂不壮之不已，自致伤残，自相矛盾！这只是为了《大壮》以后是个《晋》，硬是要说通它，明显地出现削足适履的偏执。

　　而且同是这几卦，也可用另一种顺序来道说："晋者进也。进必有所伤，故受之以《明夷》，夷者伤也。伤者必退，故受之以《遁》，遁者退也。退而养之复壮，故受之以《大壮》。壮则能久，故受之以《恒》，恒者久也。"如有人高兴，又可回到《晋》，

① 见张政烺：《帛书〈六十四卦〉跋》，载《文物》1984年第3期，第18页。

即"物不可以久居其所，故受之以《晋》，晋者进也"。总之，按《序卦》作者的作文法，可谓没有做不通的文章，他只是拿了一点点辩证法的知识到处乱套，套上的也是偶然凑巧而已，没有学术价值可言。主要是因为《序卦》产生的时代约当战国末期或秦汉之际，这一点点辩证法已毫不足奇，这样的文章谁都能做。如谓不信，且听笔者说说《临》《观》《噬嗑》《贲》四卦：

> 临者大也，大君之临，必视察天下以观四方民情，故受之以《观》。有上来观，下必隆重接待，故受之以《噬嗑》，噬嗑者，大吃大喝也。大吃大喝、铺张浪费为时所禁，必想方设法文饰其过，故受之以《贲》，贲者文饰也。

总之，我于《序卦》好有一比，它实如一幅回文图。试以真、说、话、难四字作一通俗比喻，即可排成：话真难说，真难说话，说话真难，难说真话，真话难说，说真话难，话难真说，说话难真等等，诸君对着《序卦》试试看，是不是这样？

《序卦》是《易传》中水平最低的一种。孔颖达《正义》引韩康伯云："《序卦》之所明，非《易》之缊也。"并认为："康伯所云，盖不虚矣。"表示了赞成的态度。

(七)《杂卦传》

《杂卦传》为"十翼"之一，分别论说六十四卦卦义。其释义用词极为简括，往往以一两个字概之。如篇首即云："《乾》

刚《坤》柔，《比》乐《师》忧。《临》《观》之义，或与或求。《屯》见而不失其居，《蒙》杂而著。"由于其释词之简要，往往不能将该卦卦义囊括无遗。如云"《比》乐《师》忧"，《比》六三云"比之匪人"（《释文》引王肃本下有凶字），上六曰"比之无首，凶"，是《比》亦有忧也。《师》九二曰"在师中吉，无咎，王三锡命"，上六曰"大君有命，开国承家"，则是《师》亦有乐也。至于何以名为"杂卦"，高亨先生以为"其论述不尽依各卦之顺序，错综交杂其卦而说之，故题曰《杂卦》"①，徐志锐亦以"错杂编排"为说②。高、徐之说盖皆本于韩康伯："《杂卦》者，杂糅众卦，错综其义，或以同相类，或以异相明也。"我则以为《杂卦》透露了另一种《易经》本子的存在，其排列顺序与今本明显不同。今通行本排列顺序为：《乾》《坤》《屯》《蒙》《需》《讼》《师》《比》……。《杂卦》所显示本的排列顺序为：《乾》《坤》《比》《师》《临》《观》《屯》《蒙》……。排列顺序不同，而规律相同，也是"二二为偶，非覆即变"，但于每对两卦的前后次序间或有异。如通行本《无妄》在前，《大畜》在后；《杂卦》则《大畜》在前，《无妄》在后。为便于记诵，《杂卦》整篇采用韵文的形式。笔者之所以认为《杂卦》反映了有另一种本子的存在，是因为"杂"字没着落的缘故。其最终原因，仍由于上一对卦与下一对卦之间找不出合乎逻辑的连接关系。如果站在《杂卦》的次序上说话，也可以说通行本的顺序

---

① 见《周易大传今注》卷6，版本同前，第701页。

② 参见徐志锐：《周易大传新注》卷6《杂卦传》，齐鲁书社1986年版，第545页。

为"错综交杂其卦而说之"，因而可目为"杂卦"的。所以"杂卦"二字明显地是后人所加，而不是原作者自己所定。它实是另一篇《序卦》，不过作者的头脑没有《序卦》的作者那么僵，硬要说出连接的道理来。

最后要说明的是，《杂卦》自"《大过》，颠也"以下诸句，语序错乱，背离了"二二为偶，非覆即变"的规律。《易》将六十四卦分为三十二偶。《颐》与《大过》为一偶，《渐》与《归妹》为一偶，《夬》与《姤》为一偶，《既济》与《未济》为一偶。《杂卦》虽与通行本顺序有异，但每一偶卦相连作解，当为全篇之通例。前五十六卦皆如此，独此八卦不同，其有错乱明矣。宋人蔡渊加以改定，元吴澄、明何楷皆从之。今录于下：

> 　　《大过》，颠也（"颠"与上文"亲"协韵）。《颐》，养正也；《既济》，定也（"正""定"协韵）。《未济》，男之穷也；《归妹》，女之终也（"穷""终"协韵）。《渐》，女归待男行也；《姤》，遇也，柔遇刚也（"行""刚"协韵）。《夬》，决也，刚决柔也；君子道长，小人道忧也（"柔""忧"协韵）。

如此改定，既合偶卦相连作解之例，又不失其韵，甚是[1]。

《说卦》列象，《序卦》《杂卦》列义，对占筮是很有用的。

----

[1] 参见《周易大传今注》卷6，第711—712页。

四、《易经》断占术语解

高亨先生在《周易古经今注》中把《易经》筮辞分为四类：曰记事之辞，曰取象之辞，曰说事之辞，曰断占之辞。依笔者管见，实只取象之辞与断占之辞二类即足以概之。如高氏以为"记事之辞"的《大壮》六五爻辞"丧羊于易"，《需》上六爻辞"入于穴，有不速之客三人来"，《比》九五爻辞"王用三驱，失前禽"等等，何莫而非取象之辞耶？又如高氏以为"说事之辞"的《乾》九三爻辞"君子终日乾乾，夕惕若"，《讼》上九爻辞"或锡之鞶带，终朝三褫之"，《师》六五爻辞"长子帅师，弟子舆尸"等等，又何莫而非"取象之辞"耶？故笔者以为《易经》筮辞乃即就取象之辞而论断休咎。取象之辞，往往只是一种比附之事物，使人能随机理解，灵活性极大，占者即可触类引伸，以一推百，以近推远，以小推大，以偏概全，使模糊为清晰，变犹豫为果断。取象之辞将立专章论述，先将《易经》中的断占术语分别解释之。

所谓断占术语，乃专门论断休咎的用语。筮书本为卜问利害休咎而作，《易经》虽为高深之哲学著作，然亦兼具筮书的性质，故卦爻辞中极大部分均系有论断休咎之语句，现将《易》中主要的断占术语分别解之如下：

元。此字最先出现于《乾》卦卦辞："乾：元，亨，利，贞。"

因《文言》曰："元者,善之长也;亨者,嘉之会也;利者,义之和也;贞者,事之干也。"向来解为人之四德,而"元"为其一。这几乎成为《易》门定论。近人李镜池先生卓然发千古之蒙,以"元亨,利贞"为读,学者从之,而"元"字始得确解。唯尚秉和《周易尚氏学》仍然坚持:"元、亨、利、贞四字……其在《乾》确为四德。"其实《文言》中亦有"乾元者,始而亨者也;利贞者,性情也"之语,则又似以"元亨"为一义,"利贞"为一义。李氏或即受此启发,亦未可知。

"元",大也。《诗》毛传、《礼》郑注、《书》孔传均有以"大"训"元"之证。以大训元,按之全经而皆通。元吉者,大吉也。元亨者,大亨也。然通观《易经》全篇,"元"字从不单独出现,往往作为其他断占术语的附加语,即程度副词使用,故"元"字实在不是断占术语,只是由于上述的历史原因,笔者才置此阐释。

亨。高亨先生以《易经》中"亨"字皆释为享祀、享宴之"享":享祀者,以酒食献于鬼神,享宴者以酒食献于宾客。高说自有所本,盖《说文》及其段注早已言之甚详。唯将经中所有"亨"字一律概之,殊难使人接受。其一,经中自有"享"字,如《困》九二"利用享祀",《损》卦辞"曷之用?二簋可用享",《益》六二"王用享于帝"等。有些虽写作"亨",然一看便知是享字,如《大有》九三"公用亨于天子",《随》上六"王用亨于西山",《升》六四"王用亨于岐山",亦皆为享祀之"享"无疑。虽古字"亨""享"不分，"享"为后人所改，然凡此类"亨"字皆在句之结构之中，并非作为单独的断占术语使用。其二，享祀、享宴之义，不能贯通于全经，特别是单独出现者，实难以享祀、享宴之义概之。如《同人》六二"同人于宗，吝"，与《同人》卦辞"同人于野，亨"，句法完全一例，一为断词，一为享祀，绝难圆通。又如《谦》卦辞"亨，君子有终"，是否要先享祀或享祭，君子才能有终呢？此类问题，实难回答。又如《需》卦辞"亨，贞吉"，是否要先享祀或享宴才贞吉呢？回答是同样的困难。其三，《易经》中"亨"字颇多，弄得不好会变成神灵的讹诈，如"履虎尾，不咥人，亨"，你踏了老虎尾巴，老虎不咬你，你得赶快宴请神灵。又如《复》卦辞"亨，出入无疾，朋来无咎"，你想出入无疾，朋友无咎吗？快快请神灵的客吧。《易经》中的"亨"字是如此之多，动不动要让来贞问的人宴请，我看实在也有些吃不消；而神灵也似乎显得器量太小、嘴巴也太馋了一点。所以我认为"亨"当训"通"，吉词也，即顺当、顺利、通达之义。盖事之顺利与否，实为贞问者所关心，故筮书中出现"亨"这样的断语，是完全合乎逻辑的。"亨"之训"通"，不仅于古书中多见，且今语中偶亦用之，如形容某人办事路子广甚或能通天者称"大亨"。按之《易经》，则元亨者，大通也；亨者，通也；小亨，小通也——均指行事之顺利而言。

利。夫《易》教人趋利避害，此"利"字自当解作利益之利无疑。然细辨之，一为利益之利，一为适宜之宜。而统观《易经》

所言，以训"宜"者为多。如"不利有攸往"，即不宜有所往；"利涉大川"，即宜涉大川。利、宜二义固无矛盾，盖宜则利，不宜自然不利，此甚易解者。《易经》用"利"字为断词约有下列诸种格式：

无不利。如《大过》九二："枯杨生稊，老夫得其女妻，无不利。"《解》上六："公用射隼于高墉之上，获之，无不利。"则"无不利"者，言筮得此卦爻，无有不利也。

无攸利。如《归妹》上六："女承筐无实，士刲羊无血，无攸利。"《萃》六三："萃如，嗟如，无攸利。"则"无攸利"者，言筮得此卦爻无所利也。

利某或不利某。如《需》："利涉大川。"《乾》九二："利见大人。"《屯》："利建侯。"《复》："利有攸往。"《无妄》："不利有攸往。"《贲》："小利有攸往。"《益》："利有攸往，利涉大川。"《讼》："利见大人，不利涉大川。"言得该卦爻，利某事或不利某事，利某事和不利某事。又如《蹇》："利西南，不利东北。"则以方位言之，谓往某方或对某方有利或不利也。

贞。"贞"字在《易经》中情况比较复杂。"贞"亦与"元"字一样，曾被视为四德之一，有"正"义，又有"贞固""贞定"二义。那么，"贞"就不是断占之辞。然通观《易经》全篇，"贞"字总与其他断辞联在一起，很明显地是一个断辞，这是使读者颇费踌躇的事。今按《说文》："贞，卜问也。从卜贝，贝以为贽。"

"占，视兆问也，从卜口"。因为其中均有一个"问"字，但古今《易》著中往往将"贞""占"二字混淆。其实，"占"字当从《尔雅·释言》疏："视兆以知吉凶。""贞"者，贞问，故曰"贝以为贽"。"贽"是见面礼，就是说，贞问的人是要向占筮者付报酬的。故贞问者的身份无定，而占者则是卜筮之专家，两者是一问一答的关系。但若以贞问释"贞"，却不能贯通于全经，如《巽》初六有云"利武人之贞"，可言利武人之贞问，而《坤》卦辞有云"利牝马之贞"，岂可言利牝马之贞问？高亨先生将"贞"字全解为"占"，其于"利武人之贞"曰："谓武人有所占问，遇此爻则利也。"必如此解，则"利牝马之贞"当云"谓牝马前来占问，筮遇此爻则利也"，岂不荒唐？高氏乃于"利牝马之贞"曰："以有关牝马之事问之于筮，遇此卦则利也。"何以一如彼解，一如此解，自乱体例若是？

　　笔者于《易》中"贞"字，曾抛开一切训诂，将全部有"贞"字的句子集中一起，以求共通之义，发现除《屯》卦六二爻辞"女子贞不字，十年乃字"之"贞"字当作贞节、贞固之解外，其余均可解释为"兆"字。因《周易》的卦象本身即是一种兆。如《乾》"元亨，利贞"，即大亨，利兆；《坤》"利牝马之贞"，利牝马之兆也。其他如"利幽人之贞"，利幽人之兆也；"贞吉"者，兆吉也；"贞吝"，兆吝也；"贞厉"，兆厉也；"贞凶"，兆凶也；"小贞吉，大贞凶"，看似小吉兆，实为大凶兆也。末两句是接在《屯》九五爻辞"屯其膏"之后的，王弼注云："处屯难之时，居尊位之上，不能恢弘博施。""屯其膏"岂非大凶兆乎？

　　"贞"字实亦非断占之词，只是常与断占之辞组合，故亦于此节阐释。

　　吉。《说文》："吉，善也。"《广雅·释诂》《书·皋陶谟》孔传、《诗·摽有梅》毛传，皆训"吉"为"善"，高亨曰："盖事有善果为吉，故吉训善。善果者，福祥也。故吉者，福祥也，《周易》吉字，均为此义。"① 盖无疑义。唯《萃》六二"引吉，无咎"之"引吉"二字费解，然《尔雅·释训》："子子孙孙，引无极也。"则"引吉"者，长吉也。高亨以为"引"当为"弘"字之误，弘亦大也。则"引吉"为"大吉"之误矣。

　　吝。《说文》："吝，恨惜也。从口文声。"段注："按此字盖从口文会意，凡恨惜者多文之以口，非文声也。"《屯》六三有"往吝"，《象》曰"往吝穷也"，则"吝"似有穷义。高亨以为《周易》"吝"字皆借为"遴"。《说文》："遴，行难也。"行难谓之遴，故遴者，艰难也。谓其事难行，或遭艰难之事。

　　笔者统观全经，认为以今语"麻烦"二字释"吝"甚为确切。"麻烦"二字在口语中意义十分灵活，且麻烦事有大有小。今人行事遇到困难，称遇到麻烦，行事出了问题，亦称出了麻烦。如《噬嗑》六三"噬腊肉，遇毒，小吝，无咎"，即谓吃了腊肉，

---

① 见《周易古经今注》卷首《周易古经通说》第 6 篇《吉吝厉悔咎凶解》，版本同前，第 126 页。

轻度食物中毒，或有轻度吐泻，或腹疼，然只遇到了点小麻烦，别无他咎也。

厉。《乾》九三："君子终日乾乾，夕惕若，厉，无咎。"《文言》释"厉，无咎"为"虽危无咎"，是以"危"释"厉"，故陆德明《释文》曰："厉，危也。"《广雅·释诂》："厉，危也。"然则"厉"者，危险也。指危事之即将发生或可能发生，如人立于悬崖之上，或危墙之旁，可云危险，但未必发生险事。故"厉"者，警辞也。有时可以吓出一身冷汗，但未必定有大祸临头。有时感到气氛恐怖，而未必即有凶事发生。正是警告人们善自为之之辞。

悔。《说文》《广雅·释诂》《诗》毛传、《论语》皇侃疏皆云："悔，恨也。"高亨先生以为悔恨之情比悲痛为轻，悔恨之情不及咎凶之重，《易》之所谓"悔"者，其实不过困厄而已，甚是。笔者以为"悔"与"吝"意义相近，故《系辞传》有言："悔吝者，忧虞之象也。"又言："悔吝者，言乎其小疵也。""悔"与"吝"辄连言之。若"吝"犹今语所谓麻烦，则"悔"犹今语所谓晦气也。唯"吝"往往发生于行动之中，告行为之主体者自警，故有"往吝"，而无"往悔"。

《易经》中言"悔"者，有"悔""有悔""无悔""动悔有悔""悔亡"等。前三者易解，不赘述。"动悔有悔"见于《困》上六："困于葛藟，于臲卼，曰动悔有悔，征吉。"谓悔事相接而至，晦气之上又加晦气，这是所处环境不好，动弹不得。诚人必须设法脱此困境，故曰"征吉"。"悔亡"者，如《睽》初九："悔亡，丧马，勿逐，自复。"谓昔有悔而今悔已去也，犹今语所谓脱晦。失了一匹马，真晦气，失而复得，不是脱晦了吗？

《易经》言"悔"，亦有大有小，并非均为小疵。我以为《易》中之"悔"，盖莫大于"亢龙有悔"之"悔"也。

咎。《说文》："咎，灾也。"《书·洪范》："咎征：曰狂，恒雨若；曰僭，恒旸若……"举久雨、久晴、久热、久寒、久风等天灾为咎征，是亦以"灾"为"咎"也。《尔雅·释诂》："咎，病也。"《吕氏春秋·侈乐》："弃宝者必离其咎。"高注："咎，殃也。"《诗·采薇》："忧心孔疚。"毛传："疚，病。"总上诸说，则《易经》言"咎"即指灾殃病害。高亨先生言，《周易》所谓"咎"，比"悔"为重，比"凶"为轻，"悔"乃较小之困厄，"凶"乃巨大之祸殃，"咎"则较轻之灾患也。

奇怪的是《易经》唯《夬》初九有"壮于前趾，往不胜，为咎"，其余九十多条中几乎都以"无咎"出现。如《剥》六三："剥之，无咎。"《颐》六四："虎视眈眈，其欲逐逐，无咎。"《大过》上六："过涉灭顶，凶，无咎。"《睽》初九："见恶人，无咎。"《噬嗑》六二："噬肤灭鼻，无咎。"凡此者，悉是有咎之象，而皆曰无咎。故王弼于《周易略例》云："凡言无咎者，本皆有咎者也，防得其道，故得无咎也。"[1]看来"无咎"

---

[1] 见《周易》卷10《周易略例下》，《四部丛刊初编》本，第13页。

是一个鼓励之辞，教人不要为眼前的损失而懊悔，不要为暂时的失败而丧失信心，或者教人咬紧牙关，努力渡过难关，争取最后胜利。

凶。《说文》："凶，恶也。"《广雅·释诂》："凶，恶也。"盖事有恶果为"凶"，故"凶"训"恶"。恶果者，祸殃也；故"凶"者，一般即解为祸殃。《易经》中"凶"字亦有指只具凶象而尚未酿成恶果者，如《大过》上六"过涉灭顶，凶，无咎"。过涉灭顶，凶象也，然最终得以无咎。《困》九二"征凶，无咎"，亦谓于行动过程虽有凶象，而仍得以无咎也。

断占之辞，有于一卦或一爻之下仅系一项者，亦有系二项以上者，亦有组合关系极为复杂者。如《讼》："有孚，窒惕。中吉，终凶。"《既济》："初吉，终乱。"《贲》六五："吝，终吉。"《蛊》初六："干父之蛊，有子考，无咎。厉，终吉。"《家人》九三："家人嗃嗃，悔，厉，吉。"《临》六三："甘临，无攸利；既忧之，无咎。"《大壮》上六："羝羊触藩，不能退，不能遂，无攸利，艰则吉。"更有复杂如《巽》九五者："贞吉，悔亡，无不利，无初有终。先庚三日，后庚三日，吉。"几乎任何一个断占之辞，都可以与另一个断占之辞配合。从上举之例可见，有的是有条件的，如《临》六三、《大壮》上六。有的是有时间性的，即言其随时间而转化，如《既济》《讼》。即以"厉"字为例，就有"厉""贞厉""有厉""厉无咎""厉吉""悔厉吉""厉终吉""厉无大咎""贞厉终吉""厉吉无咎"等如此众多之组合方式。

　　断占之辞当然不止以上所举之数，如"有喜""有庆""有灾眚"等，实均属断占之辞，不过出现较少，尚未成为专门术语而已。又如"有言"，按闻一多说，亦可视为断占术语。"有言"于《易经》中凡五出——《需》九二："需于沙，小有言，终吉。"《讼》初六："不永所事，小有言，终吉。"《明夷》初九："明夷于飞，垂其翼。君子于行，三日不食，有攸往，主人有言。"《震》上六："……震，不于其躬，于其邻，无咎，婚媾有言。"《渐》初六："鸿渐于干，小子厉，有言，无咎。"闻一多以为"言"非言语之言，皆当读为"愆"，闻氏云：

　　　　"愆""谴"音义不殊，当系同语。《论衡·累害篇》曰："孔子之所罪，孟轲之所愆也。""所愆"犹"所谴"矣。《易》凡言"有言"，读为"有愆"，揆诸辞义，无不允洽。《需》九二曰："需于沙，小有言，终吉。""言"与"吉"对文以见义，犹《蛊》九三"小有悔，无大咎"也。《象》曰："需于沙，衍在中也。"正以"衍"释"言"，"衍"即"愆"字（《左传·昭公二十一年》"丰愆"，《释文》：本作"衍"）。九三《象》："需于泥，灾在外也。"语例与上爻同，"衍""灾"互文，"中""外"对举也。《讼》初六曰："不永所事，小有言，终吉。"《象》曰："不永所事，讼不可长也。虽小有言，其辩明也。"谓虽暂涉狱讼，小有灾祸，而终得昭雪。"言"与"吉"亦对文。《明夷》初九曰："君子于行，三日不食，有攸往，主人有言。"言君子处悔吝之中，久不得食，苟有所适，其所主之家亦将因以得祸也（"主"字义详《经义述闻》）。《震》上六曰："震不于其躬，于其邻，无咎，婚媾有言。"己身无咎而婚媾有过，即"震不于其躬，于其邻"之谓，此与《渐》初六"小子厉，有言，无咎"，皆"有言""无咎"对举，与《需》《讼》之"有言""终吉"词例亦同。①

今按，闻说甚是，因与占筮有关，特录之以备参考。断占之辞与占筮关系极大，故笔者于此章作比较详细的阐释。

---

① 闻一多：《周易义证类纂》，载《闻一多全集》第 10 册，湖北人民出版社 1993 年版，第 250 页。

第四章 《易》象（上）

《系辞传》曰："易者，象也。"这话一点不假。打开《易经》这部书，首先映入眼帘而又最令人感到特别的是有六十四个看似大同小异的卦象。要看懂这些卦象并非易事，若看不懂这些卦象，或许也可能看懂一两句经文，但若要通读《周易》全文，却是件绝无可能之事。据《系辞传》载：

> 古者包牺氏之王天下也，仰则观象于天，俯则观法于地，观鸟兽之文与地之宜，近取诸身，远取诸物，于是始作八卦，以通神明之德，以类万物之情。

八卦是否包牺创作，我们暂且不管，但六十四卦是由八经卦相重而成，却是没有什么疑议的。故《系辞传》又说："八卦成列，象在其中矣。"仅据《说卦》所列，八卦中的每一卦即代表了多种不同之象，而《说卦》所列还仅仅是一小部分。那么，可以想象，这八卦相重而得的六十四卦，绝不只是六十四象，而是包罗万象，牛头马面，龙头人身，狗头鸡足，都可以拼出来，《象传》所云"风雷，益"，"明入地中，明夷"，"山上有水，蹇"等等，不过是示范一下而已。故《系辞传》曰："《易》与天地准，故能弥纶天地之道。仰以观于天文，俯以察于地理，是故知幽明之故；原始反终，故知死生之说。"

对列的结果永远有别于各个单独组成的因素。这在近代，属于电影蒙太奇理论。苏联电影艺术大师爱森斯坦在其早期的电影蒙太奇的研究中发现："把无论两个什么镜头对列在一起，它们就必然会联结成一种从这个对列中作为新的质而产生出来的新的表象。"这就是思维的综合。后来他自己承认过分热衷于"对列的可能性"，而"对于被对列镜头本身的性质，却没有给予应有的分析性注意"。在《蒙太奇在1938》[1]中，爱森斯坦对此作了比较完整的表述："画面甲和画面乙应该从所展示的主题内部所有可能的特点中这样来选取，应该这样来找出，使得它们的对列能在观众的感受和情感中引起最为完整的主题本身形象。"

这样，综合和分析两方面都有了。蒙太奇原为法文，本是建筑用语，意为装配，后来变成电影术语。笔者以为，中国古代当然不可能有蒙太奇理论，但《周易》作者（当然包括重卦之人）实是中国最早运用蒙太奇思维的大师。《系辞传》所说的"圣人设卦观象，系辞焉而明吉凶，刚柔相推而生变化"，创作者是既设卦又观象，后世的圣人则只观象，不是观具体的物象，而是观的卦象，所谓"象者，言乎象者也"。即是根据观象所得的领悟写出卦爻辞，可以明吉凶，还可以运用刚柔相推而生变化，继续

---

[1] 文载[苏联]尤列涅夫编注，魏边实等译：《爱森斯坦论文选集》，中国电影出版社1962年版，第347页。

不断地生发开去，便是把自然界的千变万化，一并归纳于六十四个卦里面，叫人玩了卦象，便能知几利用，到无不吉的地位，用卦象的暗示来希求人为和自然的合体，这不可不说是一种精妙的设计。而这整个过程，实在都是自觉与不自觉地运用蒙太奇思维的过程。笔者正是自觉地运用蒙太奇思维来观卦玩辞的。举一简单例子，如《同人》☰，离下乾上，如果把它看成周武王和纣之事，于武王而言，可谓"文明以健，中正而应，君子正也"，因为六二"得位得中而上下应之"，虽尚未得君位，已是大得民心，灭纣的时机已经成熟；而对于纣来说，离为火，乾为君，纣虽为君，却已在火上烤。如将这抽象的卦象具体化，即是《史记·周本纪》所载："纣兵皆叛纣。纣走，反入登于鹿台之上，蒙衣其珠玉，自燔火而死。"因此《同人》卦亦可视为暴君之下场——活活地烧死。所以笔者以为《易》最大的义蕴在象而不在辞，辞不过阐释了象的极小极小的一部分而已，如果为辞所拘囿，则将何以理解《易》之"广矣大矣"哉？笔者这一看法也是受到《系辞传》"子曰：'书不尽言，言不尽意。'然则圣人之意其不见乎？子曰：'圣人立象以尽意'"这几句话的启发。

《易经》的内容分两部分：一是卦画，是取象的；一是所系之辞，是明象而辨吉凶的。象的部分，范围可以推到很广，易学家要把它来包罗万象的：因为这几个符号虽简单，但它是很神秘的，可以随机把什么附会上去，它是无所不容的。至于辞的部分，似较为有限制了，实实在在这么一句话，你不能把它放大多少，更不能去改变它。不过这也是与象比较而言，一句话，有时也既可这样理解，又可那样理解。但总不能尽意，尽意必须赖象，故"极天下之赜者存乎卦，鼓天下之动者存乎辞，化而裁之存乎变，推而行之存乎通，神而明之存乎其人"（《系辞传上》）。卦象能极天下之赜，但需依赖人之主观能动性，即充分发挥想象力去领悟，去发现，而象所提供的作为人之想象的依据则是无限的。《系辞传》中两次提到"象者，像也"，"象者，像此者也"，但我们现在见到的卦象，可说是什么都不像，而只是各种抽象的符号，我想，《易》象之妙也就妙在这里。因为按照老子"无执故无失"，或者斯宾诺莎"一切规定均是否定"的理论，就可明白《易》象为什么是如此而不是如彼了。

《易》象的性质，决定《易经》的文辞。《易》辞与他经明显不同，他经上下文多相连属，《易》则不然。因《易》辞由象而生，观某爻而得甲象，又观某爻而得乙象，故《易》辞各有所指，往往东一榔头、西一棒子，上下句义不必相联，不懂《易》象的读者，自然莫名其妙。尚秉和先生说："《易》辞皆观象而生，象之所有，每为事之所无，故不能执其解。如《蒙》䷃六三曰'见金夫'，艮为金为夫，'金夫'指上爻艮。"[1]因三与上为应，故曰"见金夫"，金夫者，美称也，《诗》《左传》皆以金喻人之美。尚氏又曰："朱子谓：金夫，盖以金赂己而挑之，若鲁秋胡之为。是执其解也。"[2]

魏荔彤《大易通解》的话是值得反复称引的：

① 见《周易尚氏学·说例》，版本同前，第5页。
② 见《周易尚氏学·说例》，第5页。

《易》之义理本自象数生出。未有系辞以前，为无文字之《易》，则义理，体也，象数，用也。既有系辞以后，象数反为体，义理因辞而著，又为用矣。今之学者全求义理于文字，非有用无体之学乎！①

盖未有系辞时，占者即于卦爻内能辨吉凶。非从象中求理，则何由而知吉凶？故魏氏以为象数之学必不可废也。

下面，笔者将探讨古今人如何运用蒙太奇思维来观卦系辞，又是如何运用蒙太奇思维来解释取象之辞的。

孔颖达《周易正义》：

或有实象，或有假象。实象者，若"地上有水"，《比》也；"地中生木"，《升》也。皆非虚，故言实也。假象者，若"天在山中""风自火出"，如此之类，实无此象，假而为义，故谓之假也。虽有实象、假象，皆以义示人，总谓之象。②

明显，孔氏所谓假象、实象是指《象传》作者"装配"出来的象是否合乎情理而言，而并不是指卦象本身有实有假。因为卦象本身可谓没有一个不是假的，如乾为马，又为君，而三画之乾何有一处像马或像君？

---

① 见《大易通解》卷首《易经总论》，《景印文渊阁四库全书》本，第5页。
② 见《周易正义》卷1，影印《十三经注疏》本，第2页。

王夫之不同意孔氏之见，其《周易内传》有云：

> 《易》之取象，必两间实有此象，故水不可加于天，而《需》之《坎》曰云。言天者，自地以上皆天也，故云与泽得上之。泽，雨也。火得有于其上者，光烛于空也。雷出地而震于空，声乃壮矣。至山则曰天在山中，山中之空即天也。若天与水违行，则以经星之天而言，经星之天左旋，而水右行以归于海，故曰违行。莫非自然之象，苟非自然，则俗盲卜人轨革挂影、兽头人声、男冠妇袂以惑世民者，岂圣人立诚之辞也哉！①

今按：王氏所提及者，依次为云上于天，《需》；泽上于天，《夬》；火在天上，《大有》；雷在天上，《大壮》；天在山中，《大畜》；天与水违行，《讼》。看来这位王老夫子有点"执其解"，把象征之象都视为现实之象。那《既济》和《未济》怎么办？《既济》是水在火上，水性润下，火性炎上，上下交，故曰"既济"。《未济》是火在水上，火性炎上，水性润下，两不相交，故曰"未济"。如都是"两间实有此象"，那么《既济》尚能理解为用锅子烧开水，《未济》倒有点想不出办法发落它。按照王氏火在天上，即火光烛于空的说法，那么在杭州西湖上空放礼花，甚至在西湖游船上点几支蜡烛，都能算成火在水上之象。

_____

① 《船山遗书》本。

但因为与水没有发生直接的关系，总觉得不十分理想。

1970年代末某期《世界文学》上曾刊出一个短篇小说，描写一杂技者为了谋生，从高台用跳水姿势跳入水池，水面浮有汽油，在入水的一刹那间，有人点燃汽油起火，故跃入池中犹如跳进火海，待他从水中冒出头来，汽油熄灭，蔚为奇观。老板即以此奇异设想大赚其钱。我想，这可真是"火在水上"了。可还是同"未济"挂不上钩。书呆子按王老夫子指示耐心地等着。待到波斯湾局势紧张，伊朗攻击过往油船，船漏油飘海上起火，笔者边看电视边口占打油诗一首：

> 油船过海没护航，未济已遭炮火击。
> 火在水上居然真，千古之谜今猜着。

这样来解《易》象，似乎显得滑稽而不严肃，但王老夫子教我如此，又有什么办法！再深入一想，石油不是现在才有，自古就有石油，只是古人不知发掘利用而已。古人或许真的看到过水底的石油或沼气冒出水面，正好碰上火种，在水面燃烧的场景。正在渡水的人（《易经》不是老写到"涉大川"吗）碰上了，自然惊吓得了不得，只能赶快返回，故曰"未济"。

不过，要如此一卦一卦的落实，的确不大容易，也绝非《易》作者的本意，所以笔者还是同意章学诚的说法：

> 有天地自然之象，有人心营构之象。天地自然之象，《说

卦》为天、为圜诸条，约略足以尽之。人心营构之象，睽车之载鬼，翰音之登天，意之所至，无不可也。然而心虚用灵，人累于天地之间，不能不受阴阳之消息，心之营构，则情之变易为之也。情之变易，感于人世之接构，而乘于阴阳倚伏为之也。是则人心营构之象，亦出天地自然之象也。[①]

首先，八卦本身就是人心营构之象，是先圣"仰观"与"俯察"自然之象而得。而章氏所谓"人心构营之象"自不指此，乃指取象之辞而言，即指为现实中所无，而在想象中可有之象言之。如章氏又云：

> 至于丈六金身，庄严色相，以至天堂清明，地狱阴惨，天女散花，夜叉披发，种种诡幻，非人所见，儒者斥之为妄，不知彼（农按：指佛学）以象教，不啻《易》之龙血玄黄，张弧载鬼。是以阎摩变相，皆即人心营构之象而言，非彼造作诳诬以惑世也。[②]

说明佛氏与易学一样，同是为了达到以象教人，亦即以象明理的目的。因为"《易》与天地准，故能弥纶天地之道，万事万物，当其自静而动，形迹未彰，而象见矣。故道不可见，人求道而恍

---

① 叶瑛：《文史通义校注》卷 1《易教下》，中华书局 1985 年版，第 18—19 页。
② 同上，第 19 页。

若有见者，皆其象也"①。但事物名义杂出而比处，非文不足以达之，非类不足以通之。故章氏又提出："学者之要，贵乎知类。"章氏所谓"知类"，其说盖本于王弼。

王弼，三国魏山阳人，字辅嗣，是中国易学史上划时代的人物。史称王弼于《易》，黜象数而言义理，而于笔者来说，恰正是读了王弼的著作，才真正觉得对《易》象有所领悟，故对这位历史上的天才青年哲学家仰慕不已。每读其《周易略例·明象》之文，总是激动不止，以为如此妙文妙理，当反复诵读，深切体会。今特录其《明象》全文如下：

　　夫象者，出意者也。言者，明象者也。尽意莫若象，尽象莫若言。言生于象，故可寻言以观象。象生于意，故可寻象以观意。意以象尽，象以言著。故言者所以明象，得象而忘言；象者所以存意，得意而忘象。犹蹄者所以在兔，得兔而忘蹄；筌者所以在鱼，得鱼而忘筌也。然则言者象之蹄也，象者意之筌也。是故存言者，非得象者也；存象者，非得意者也。象生于意而存象焉，则所存者，乃非其象也；言生于象而存言焉，则所存者，乃非其言也。然则忘象者，乃得意者也；忘言者，乃得象者也。得意在忘象，得象在忘言。故立象以尽意，而象可忘也；重画以尽情，而画可忘也。是故触类可为其象，合义可为其征。义苟在健，何必马乎；类苟

①《文史通义校注》卷1，版本同前，第18页。

　　在顺，何必牛乎。爻苟合顺，何必坤乃为牛；义苟应健，何必乾乃为马。而或者定马于乾，案文责卦，有马无乾，则伪说滋漫，难可纪矣。互体不足，遂及卦变。变又不足，推致五行。一失其原，巧愈弥甚。纵复或值，而义无所取，盖存象忘意之由也。象以求其意，义斯见矣。①

　　王弼《易》说脱颖而出，即风靡天下，这是有其历史背景的。

　　我们从《左传》《国语》所载筮例考之，春秋时人解《易》，非常简要概括，往往如《杂卦》所述"《乾》刚《坤》柔，《比》乐《师》忧"一般，如"《屯》固，《比》入"，"《师》安，《震》杀"等，皆以一字断卦义。据《汉书·儒林传》载，汉初田何传《易》，似仍秉春秋遗风，如其弟子丁宽，"号丁将军，作《易说》三万言，训诂举大谊而已"。然而自武帝立五经博士，至平帝时止，不到一百五十年的时间，即出现了"一经说至百余万言，大师众至千余人"的局面（《汉书·儒林传赞》）。至东汉，据《后汉书·儒林列传》载，张兴讲梁丘《易》，弟子近万人，在当时那种提倡繁琐训释的学术空气下，张兴之讲《易》决不会只以三万言可以了之。百余年间，师法之外，又出家法，家法之下又分专家，结果出现了"经有数家，家有数说……学徒劳而少功，后生疑而莫正"的局面（《后汉书·郑玄传》）。正如清儒皮锡瑞所说："如干既分枝，枝又分枝，枝叶繁滋，浸失其

———————
① 《周易》卷10，《四部丛刊初编》本，第9—10页。

本。"象数愈演愈繁，最后崩散，势在必然。故西汉今文之《易》入东汉而衰，东汉古文之《易》入唐而大部分消亡，追究起来，汉人《易》象之烦琐零碎，使人们不胜其繁，正促使其自身之消亡[①]。

当斯时也，年少气盛，锋芒毕露，而又具卓然挺出之才华，并以《易》学革新者的面目登上历史舞台的王弼，提出了"得意忘象，得象忘言"的新观点，横扫汉人烦琐、死板的象数之学，为后人理解《易》象开辟了新的途径。王弼紧紧抓住了一个"意"字，一个"类"字，来阐明《易》象。根据《系辞传》"圣人立象以尽意"的理论，王弼提出"尽意莫若象"，"寻象以观意"，但在求意时，若执着于具体的象，即便偶然解通，也还是没有把握到象的实质，即所谓"纵复或值，而义无所取"者也。还必须抓住"知类"这一思维方式，即防止拘于具体之象而死在言下，故提出"触类可为其象，合义可为其征"，把象最终看作是一种义理的媒介，"知类"即是把《易》象看作对同类取象的抽象，笔者以为这才是真正把握了《易》象的实质。

尽管有人评王弼之注易"尽黜象数，说以老、庄"，唐李鼎祚更斥之为"野文"，然王弼易学以其巨大的生命力风靡天下，而成为易学史上的一座里程碑。如明末大学者黄宗羲即对王弼易学给予极高评价：

---

① 参见[清]皮锡瑞：《经学历史·经学极盛时代》，载《续修四库全书》第 179 册，第 395－399 页。

　　夫《易》者，范围天地之书也。广大无所不备，故九流百家之学，皆可窜入焉。自九流百家借之以行其说，而于《易》之本义反晦矣。《汉·儒林传》：孔子六传至菑川田何，易道大兴。吾不知田何之说何如也。降而焦、京，世应、飞伏、动爻、互体、五行、纳甲之变，无不具者。吾读李鼎祚《易解》（农按：即《周易集解》），一时诸儒之说，秽芜康庄，使观象玩占之理，尽入于淫瞽方技之流，可不悲夫！有魏王辅嗣出而注《易》，得意忘象，得象忘言。日时岁月，五气相推，悉皆摈落，多所不关。庶几潦水尽而寒潭清矣。顾论者谓其以老、庄解《易》，试读其注，简当而无浮义，何曾笼落玄旨？故能远历于唐，发为《正义》，其廓清之功，不可泯也。①

　　综观王氏之注《易》，可以看出他并非全弃象数，更不是不知象数，他的"得意忘象"说，正是建立在对《易》象深刻理解的基础之上的。其注《乾》卦《文言》云：

　　夫《易》者，象也，象之所生，生于义也。有斯义然后明之以其物。故以龙叙乾，以马明坤，随其事义而取象焉。是故初九、九二，龙德皆应其义，故可论龙以明之也。至于九三，乾乾夕惕，非龙德也，明以君子当其象矣。统而举之，

———————————

① 见《易学象数论·自序》，《广雅丛书》本。

乾体皆龙；别而叙之，各随其义。[①]

这是"义苟在健，何必马乎"和"义苟应健，何必乾乃为马"的具体运用。

王弼对于《易》象的贡献，还在于根据《系辞传》"其称名也小，其取类也大"的现象，进一步概括为"触类可为其象，合义可为其征"的命题，在中国学术史上第一次提出了"象征"这一尚只属于哲学范畴的、古人表述思想观念的方法。

《文史通义·易教下》：

> 《易》象虽包六艺，与《诗》之比兴，尤为表里。夫《诗》之流别，盛于战国人文，所谓长于讽喻，不学《诗》则无以言也。然战国之文，深于比兴，即其深于取象者也。《庄》《列》之寓言也，则触蛮可以立国，蕉鹿可以听讼。《离骚》之抒愤也，则帝阙可上九天，鬼情可察九地。他若纵横驰说之士，飞箝捭阖之流，徙蛇引虎之营谋，桃梗土偶之问答，愈出愈奇，不可思议。然而指迷从道，固有其功；饰奸售欺，亦受其毒。故人心营构之象，有吉有凶，宜察天地自然之象，而衷之以理。此《易》教之所以范天下也。[②]

---

① 《周易》卷1，《四部丛刊初编》本，第3页。
② 见《文史通义校注》卷1，版本同前，第19页。

　　钱锺书先生以为："按《系辞上》：'圣人有以见天下之赜，而拟诸其形容，象其物宜，是故谓之象。'是'象'也者，大似维果所谓以想象体示概念。盖与诗歌之托物寓旨，理有相通。……然二者貌同而心异，不可不辨。"①

　　理赜义玄，说理陈义者取譬于近，假象于实，以为研几探微之津逮，释氏所谓权宜方便也。古今说理，比比皆然。《易》之有象，取譬明理也，"所以喻道，而非道也"（语本《淮南子·说山训》）。求道之能喻而理之能明，初不拘泥于某象，变其象也可；及道之既喻而理之既明，亦不恋着于象，舍象也可。到岸舍筏，见月忽指，获鱼兔而弃筌蹄，胥得意忘言之谓也。词章之拟象比喻则异乎是。诗也者，有象之言，依象以成言。舍象忘言，是无诗矣；变象易言，是别为一诗甚且非诗矣。故《易》之拟象不即，指示意义之符也；《诗》之比喻不离，体示意义之迹也。不即者可以取代，不离者勿容更张。王弼恐读《易》者之拘象而死在言下也，故于《明象》篇重言申明云云。盖象既不即，意无固必，以羊易牛，以凫当鹜，无不可耳。如《说卦》谓乾为马，亦为木果；坤为牛，亦为布釜。言乾道者取象于木果，与取象于马，意无二致也。言坤道者取象于布釜，与取象于牛，旨无殊也。若移而施之于《诗》：取《车攻》之"马鸣萧萧"，《无羊》之"牛耳湿湿"，易之曰"鸡鸣喔喔"，"象耳扇扇"，则牵一发而动全身，着一子而改全局，通篇情景，必随以变换，将别开面

---

① 钱锺书：《管锥编》第 1 册，中华书局 1979 年版，第 11 页。

目，另成章什。毫厘之差，乖以千里，所谓不离者是矣。

钱先生于是总结说："是故《易》之象，义理寄宿之蓬庐也，乐饵以止过客之旅亭也；《诗》之喻，文情归宿之菀裘也，哭斯歌斯，聚骨肉之家室也。"然两者亦自有其相近之处。"倘视《易》之象如《诗》之喻，未尝不可摛我春华，拾其芳草。刘勰称'《易》统其首'，韩愈赞'《易》奇而法'，虽勃窣理窟，而恢张文囿，失之东隅，收入桑榆，未为亏也"。然"苟反其道，以《诗》之喻视同《易》之象"，"忘言觅词外之意，超象揣形上之旨"，轻则穿凿附会，重则深文周纳，罗织罪名，为大兴文字狱的惯用手法，可不慎哉，可不惧哉[①]！

钱说辨析精微，令后学叹服，综观其论，则正是区分了《易》之象征与《诗》之比兴的异同。

如果说，比兴或云寄托是将情感投入形象的话，那么象征则是为观念寻找某种对应物或相关物。其相似者，二者都有一种比喻或借代的关系，在文学作品中，象征手法与比兴有时能完全合二而一，如班婕妤之《团扇》、曹植之《七步诗》等。其不同者，象征的感情和形象都可抽为某种观念或观念符号，而诗中之比兴或寄托则不能。从客体看，寄托中的形象只有贯注作者的情感内容才有艺术生命。如果它被抽象为某种观念符号，其所载感情内容就失去了附托，意境也就无从产生。

象征中观念占统治地位，远远溢出它的对应符号，因此读者

---

① 以上可详参钱锺书：《管锥编》第 1 册，版本同前，第 12—15 页。

可以"引而伸之，触类而长之"，从而获得超出符号形式的具体内容。如《坤》六二《象传》："履霜，坚冰至。"《文言》即解之曰：

> 臣弑其君，子弑其父，非一朝一夕之故，其所由来者渐矣，由辩之不早辩也。《易》曰："履霜，坚冰至。"盖言顺也。

这里把"履霜坚冰至"视作因果关系顺理成章的社会现象，不是一朝一夕所成。但诗喻就不同。诗是表达文情的，如苏轼《王复秀才所居双桧诗》："凛然相对敢相欺，直干凌空未要奇。根到九泉无曲处，世间唯有蛰龙知。"周振甫先生解释道："这首诗是咏王秀才所居双桧，也是送给王复本人的。他用桧树树干的直，来比王秀才的为人正直；用桧树根在地下也是直的，来比王秀才在私下里也是正直的。这个比喻只能对王秀才说，不可能有其他的含意。时相向神宗进谗，说：'苏轼于陛下有不臣意。陛下龙飞在天，轼以为不知己，而求知地下之蛰龙，非不臣而何？'神宗曰：'诗人之词，安可如此论。彼自咏桧，何预朕事？'"[1]此苏轼幸亏碰上了宋神宗，才免遭无限上纲的厄运。

因此，也可以这样说：诗之比兴，客体作为情感相融物存在，是主体对象化；象征，客体作为观念对应物存在，是客体观念化。

---

① 周振甫：《从〈诗词例话〉谈到我的学习》，载《文史知识》1989 年第 2 期，第 3 页。

王弼提出的"象征"概念，经后代学者的不断阐发补充而成一专门学术用语，于理解《易》象实具开拓之功。至于论者谓王弼以老、庄解《易》，黄宗羲已曰"试读其注，简当而无浮义，何曾笼落玄旨"，退一步讲，即使其《易》注语涉老、庄，亦未必为非。《易经》虽列为儒家经典，但按其实质是与儒家大有径庭，大异其趣，而与老、庄倒有许多相似之处的。近代学者如钱穆、冯友兰、李镜池都撰有《易》与儒相背的文章①，对笔者很有启发。笔者亦可举出两点以供读者参考。

其一，儒者罕言"利"。而且认为"君子喻于义，小人喻于利"，以喻于利者为小人。孟子见梁惠王，只因为梁惠王讲了一句先生来此"亦将有以利吾国乎"，孟子马上板起面孔教训这位君王。老子则言祸福利害，《易经》更是大书特书利害吉凶，并教人趋利避害。《易传》如《系辞传》则说得愈加赤裸裸，如"圣人之大宝曰位，何以守位曰仁（人），何以聚人曰财"。这样的话，如果翻成现代汉语，教人读了似乎在听现代中国某承包公司经理的就职演说。

其二，儒家只言男女有别，不言男女有爱。虽亦承认"饮食男女，人之大欲存焉"，但只有生理之地位，而无精神之地位。老子则不然，如《老子》第六章："谷神不死，是为玄牝，玄牝之门，是为天地根。""牝"字好多学者都解为女性生殖器，老子以"玄"字来形容，地位有多高？又如《老子》第五十五章描

---

① 可参看《古史辨》第 3 册所收论文，上海古籍出版社 1981 年版。

写赤子"未知牝牡之合而峻作，精之至也"，峻是男性生殖器，赤子还不知道男女交合，但小生殖器却能自动勃起。老氏毫不忌讳，写得又自然又充满了诗意。

《老子》说"道法自然"，《易》也讲自然，特别是在两性问题上，与儒家那种男女有别、男女授受不亲的思想，明显地对立。如《易经·咸》卦的取象之辞，正是赤裸裸地描绘男女之爱的。在对《易》象作了一番理论的探讨以后，就有条件来阐释具体的卦象和卦爻辞了。先举《咸》卦为例：

　　　　䷞咸：亨，利贞。取女吉。

　　　　初六：咸其拇。

　　　　六二：咸其腓，凶。居吉。

　　　　九三：咸其股，执其随，往吝。

　　　　九四：贞吉，悔亡。憧憧往来，朋从尔思。

　　　　九五：咸其脢，无悔。

　　　　上六：咸其辅颊舌。

《咸》，艮下兑上。艮少男，兑少女，艮止而兑悦。故《彖》曰："咸，感也。柔上而刚下，二气感应以相与，止而说（悦），男下女，是以亨，利贞，取女吉也。"

可以看出，《咸》卦正是描写了充满青春活力的少男少女间由挑逗性试探到两心真诚相爱的整个调情过程。笔者此说实本于梁启超的学生、学贯中西的中国现代性心理学权威潘光旦教授。

潘先生在其所译的霭理士《性心理学》一书的一个注解中说：

> 有人说起《易经·咸》卦是中国最古老的描写性交的文字，但译者以为与其说是描写性交的本身，无宁说是描写性交的准备。所谓"咸其拇""咸其腓""咸其股，执其随""咸其脢""咸其辅颊舌"，都是一些准备性的性戏要，并且自外而内，步骤分明。孔氏《正义》解释"九四：贞吉，悔亡。憧憧往来，朋从尔思"一节，似乎认为二体已入交接状态，窃以为义有未妥。①

下面，笔者将以潘说为基础，对《咸》卦筮辞作较详细的阐释。

《咸》卦柔上而刚下，二气方得感应以相与。大凡男女之事，无论古今，一般总是男先向女表示爱慕之情，也就是"男下女"可说是一般的规律。如《诗·野有死麕》："野有死麕，白茅包之。有女怀春，吉士诱之。"朱熹注："言美士以白茅包死麕，而诱怀春之女也。"② 也就是美男子以猎物向女子献殷勤，以期获得芳心之相许。古代虽重男轻女，男尊女卑，唯婚礼有男下女之仪式。男亲至女家以迎女，女升车，男授绥（绥形如索，系于车上，人登车时手拽之），御车，走几步。男先赶回己家，待女于门外，女至，男揖女以入。此皆男下女之仪式。故曰"亨，利贞。取女吉"也。

---

① 见《性心理学》第七章注㉟，版本同前，第469页。
② ［南宋］朱熹：《诗集传》卷1，上海古籍出版社、安徽教育出版社2002年版《朱子全书》本，第418页。

初六：咸其拇。

拇，将指也。见《说文》。朱骏声《说文通训定声》："手足大指皆曰拇。"男女相感之事，一般总由男方率先发动"攻击"。初在艮体，相感之始切忌轻举妄动，冒失从事。初应在四，"咸其拇"，实为最初步的具有挑逗性的试探动作，即用手感触对方之足。中国古典小说中以《水浒传》描写西门庆与潘金莲对饮时，故意将筷子掉落地上，借拾筷子为由乘机捏了一下潘金莲的"金莲"的动作最为典型（此文亦为《金瓶梅》所袭取）。这也是《易》象还原为活生生的形象的例子。如将"拇"解为手指，意义也是一样的，均属最初步的试探性动作，其妙在寓有意于无意，而又在有意与无意之间，随时给自己留有退路。而其目的是很明显的，即是想与九四取得感应，故《象传》曰："咸其拇，志在外也。"这一试探性动作，可能有反应，也可能没有反应，但都不会十分强烈，既不会立即成功，也不会霎时僵化，故其下无断辞。

六二：咸其腓，凶。居吉。

腓，肠也。见《说文》。腓肠即今解剖学上之所谓腓肠肌，亦即俗语所谓之小腿肚子。六二尚处艮体，上应九五。于"咸其拇"后，若无反应，或反应良好，男方必有更进一步之动作——"咸其腓"，即感触其小腿。此时若女方翻脸，即呈凶象，当立即刹车，制止自己的不受欢迎的行为，尚可转凶为吉，故曰"居吉"也。

九三：咸其股，执其随，往吝。

九三为艮主，虽仍处艮体，而已与上兑相接，实为转折关键。于"咸其拇""咸其腓"后，如对方仍无反应，或反应良好，不管属于哪一种情况，都将给男方带来鼓舞的勇气，而采取更为大胆的行为：感触对方的大腿。唯"执其随"一句，笔者遍览多种《易》著，总未能得到理想的解释。按《象传》"志在随人，所执下也"，也与"咸其股"连接不上。今按"随"借为"隋"。《说文》："隋，裂肉也。"则"随"可训为"肉"。"执其随"，谓不仅感触对方的大腿，更执其大腿之肉（鲁迅《阿Q正传》即有描写阿Q在戏台下捏一女子大腿的性行为。阿Q或许感了，但这种突然袭击式的流氓行为，当然只能引起对方的嫌恶或惊吓）。这一行为是带有一定冒险性的，唯其冒险，也就具有决定性的因素，或成或败，即刻分晓，故曰九三为转折关键。

九四：贞吉，悔亡。憧憧往来，朋从尔思。

九四已入兑体。"咸"是少男少女相感成功的象征。经初、二、三连续的求爱行为后，少女之心终为打动，故云"贞吉，悔亡"。"憧憧"，动心貌，少女终于打破矜持之态而动情，其心绪随同少男往来出入、相互交融，心中默念着：我们永远在一起！

九五：咸其脢，无悔。

九五虽处兑体，而为刚爻，动情的少女于此之际往往反客为主，表现出异乎寻常的勇气，主动投入男子怀抱。马融曰："脢，背也。"郑玄曰："脢，脊肉也。""咸其脢"，即为男女双方紧紧拥抱、相互抚摸对方背部之象。

上六：咸其辅颊舌。

则明显地是"咸"道已成，男女互相亲吻的场面。《象》曰："咸其辅颊舌，滕口说也。""滕"，何楷曰："水超涌也。张口骋辞之貌。"即是男女一边亲昵地接吻，一边还滔滔不绝地说着情话，可能有音而无义。

有人以为笔者如此解《易》似乎显得过于现代化，殊不知凡是符合自然的行为，古今并无多大区别。上文笔者曾提到过的《野有死麕》这首诗的末三句为："舒而脱脱兮，无感我帨兮，无使尨也吠。"翻成白话文，和现代诗也不会有什么差别的。

更有人以为作为儒家经典之《易》会如此诲淫吗？《易经》为什么竟成儒家经典，笔者也觉得好生奇怪。至于诲淫之说，是不能成立的。《易》只是描绘了合乎自然的感情，少男少女相感而生情，还不自然吗？明代来知德亦说：

　　"咸"者，"感"也。不曰"感"者，"咸"有"皆"
义，男女皆相感也。艮为少男，兑为少女，男女相感之深，
莫如少者。盖艮止则感之专，兑悦则应之至，此咸之义也。①

　　《咸》卦在《易经》中的地位还高得很，只是古人吞吞吐吐
说得不痛快，故笔者特为详细阐释。

　　现在，我们再来观《乾》卦之象。

　　☰ 乾：元亨，利贞。
　　初九：潜龙勿用。
　　九二：见龙在田，利见大人。
　　九三：君子终日乾乾，夕惕若，厉，无咎。
　　九四：或跃在渊，无咎。
　　九五：飞龙在天，利见大人。
　　上九：亢龙有悔。
　　用九：见群龙无首，吉。

　　《乾》卦是《易经》中最伟大的一卦，不知什么时候开始，
乾成为天的象征。《说卦》"乾为天"的说法，几乎成为心理定
势，自古至今没有一个人出来反对。

---

① 见《周易集注》，《景印文渊阁四库全书》本，第 195 页。

不知什么缘故，人对于头上的青天总有一种伟大感。当然，大地也是伟大的。但人们的感觉是天在上，地在下，所以天自然显得更伟大。即使淫雨飓风或久旱成灾，也仍然是伟大的表现。因为天总和地连在一起，乾为天，坤为地，《乾》《坤》两卦在《易经》中地位就特别显得重要。《系辞传》就说"《乾》《坤》其《易》之缊邪"，又说"《乾》《坤》其《易》之门邪"，又说"《乾》《坤》毁则无以见《易》"等等。但从《乾》卦筮辞本身看，其实即使是"天"，也不见得怎么样。

从文字上看，《乾》的主体似乎是"龙"，天在里面似乎只是一个活动场所，如"见龙在天""飞龙在天"等。究竟有没有龙这种动物？据春秋时的蔡墨说是有的（见《左传·昭公二十九年》魏献子问龙于蔡墨）。《说文》："龙，鳞虫之长，能幽能明，能细能巨，能短能长……"带有明显的神话色彩。故古今学者，一般都否定有龙这种动物存在。相传龙为"四灵"之一。《礼记·礼运》："麟凤龟龙，谓之四灵。"除龟以外，其余三灵都靠不住。

《乾》卦各爻中除龙而外，还夹着一位"君子"，不知是真君子，还是伪君子，反正他整天巴结得了不得，到了晚上仍是惕然而惧，好像做了什么亏心事。如果是位真君子，中国人也不知作的什么孽，远在那个时代，君子就得如此这般地生活了。正因为有了这位君子，使《乾》卦中提到的"龙"都成了君子的代称。这一点，《文言》说得很分明，既说"龙德而隐者也"（指"潜龙"），又说"龙德而中正者也"（指九二"见龙"），都是指君子而言的，余自可类推。事实上，古今易学家从来都没有把《乾》卦中的龙视为真龙。

《乾》卦各爻由下而上，明显地描绘了一位"胸怀大志"的君子，从不动声色地潜伏着，历经初见世面，苦身磨砺，初试锋芒，到最后飞黄腾达的全过程。笔者已于释《文言》时说过：这似乎是理想的人生历程，也可以视为是理想的君主产生的过程。到上六"亢龙有悔"是一种警告，凡是君主都必须经过"亢"之一关，过不了这一关，肯定"有悔"。过了这一关，方能"用九"。笔者以为"用九"不是一爻（《坤》卦"用六"亦然）。盖《乾》为纯刚或纯阳之卦，九为阳数，"用九"即是用阳，最高境界是"见群龙无首，吉"。群龙无首绝不是指后世所谓没有一个最高头领来统治局面，而是指《老子》所谓"太上，不知有之；其次，亲而誉之……"之中的"太上，不知有之"的最高境界，即古人所谓垂拱而治的境界。

程颐曰："理无形也，故假象以显义。《乾》以龙为象，龙之为物，灵变不测，故以象乾道变化，阳气消息，圣人进退。"①按程氏之意，初九谓舜之侧微时也。九二，程氏以为舜之田渔时也。九三，程氏谓舜之玄德升闻时也。九四，舜历试时也，即谓舜受到尧的种种考核。《史记·五帝本纪》即载："于是，尧乃试舜五典百官，皆治。""舜入于大麓，烈风雷雨不迷，尧乃知舜之足受天下"。九五，是指舜登天子之位。舜是中国历史上有

---

① 见《周易程氏传》卷1《乾》，版本同前，第695页。

名的贤君，"亢龙"轮不到他头上。杨诚斋《诚斋易传》举梁武帝、唐明皇晚年为亢龙。

　　《易》是讲究入世的，《系辞传》说："尺蠖之屈，以求信（伸）也。"真是一点不假，古往今来，多少志士仁人或阴谋家、野心家，无不都从《乾》卦中获得进退出处的学问。

　　孔颖达《周易正义》云："但《易》合万象反复取义，不可定为一体故也。"

　　黄宗羲《易学象数论·原象》即以《乾》之龙为星。黄氏释《乾》卦之象曰：

（据《广雅丛书》本《易学象数论》）

　　　　东方苍龙七宿：角、亢、氐、房、心、尾、箕。子丑月黄昏，苍龙入地，故曰"潜"；寅卯月，角宿昏见天渊之分，故曰"在渊"；辰巳月，苍龙昏见天田星下，故曰"见龙在田"；午未月，龙星昏中于天，故曰"在天"；申酉月，大火西流，龙将入地，故曰"夕惕"；戌亥月平旦，龙见于东北，昼晦其形，故曰"亢"。①

---

① 见《易学象数论》卷3，《广雅丛书》本，第1页。本页附图即采自该书。

（据《广雅丛书》本《易学象数论》）

闻一多本此说而论述得更为详细，并言"占星之术，发达最早，观《易》象与后世天官家言相会而益信"①。

黄宗羲常发异想，不妨再举一卦以广读者思路。《屯》卦一般形容天造草昧，创业艰难，而黄氏观卦却观出："屯难之时，凄然有墟墓之象。磐，大石。桓，丰碑，所以下棺者。林中，墓木丛生之处。上之泣血，孝子也。二之不字，嫠妇也。五之屯膏，取萧祭脂也。班如马行别其类，《左氏》'有班马之声'是也。"②俨然成为一凄然下葬的场面。

奇怪的是黄氏自己观象是如此的自由，想象力又是何等的丰富（当然，也不是没有漏洞，如六四"求婚媾"一句完全无视其存在），却对他自己赞赏的王弼又如此地苛刻：

　　辅嗣云："爻苟合顺，何必坤乃为牛；义苟应健，何必乾乃为马。"以言二体无乾、坤而有牛、马，不当更求其故。

---

① 见《周易义证类纂》，载《闻一多全集》第 10 册，版本同前，第 234 页。

② 见《易学象数论》卷 3《原象》，《广雅丛书》本，第 1-2 页。农按：《左传·襄公十八年》："邢伯告中行伯曰：有班马之声，齐师其遁。"杜注："夜遁马不相见，故鸣。班，别也。"黄氏以六四之"班马"为送葬宾客之车马。参见本页附图。

不知《易》中之象，无一字虚设，牛、马既为乾、坤之物，则有牛、马，必有乾、坤。求之二体而无者，求之互体而有矣。若弃互体，是圣人有虚设之象也。或曰：《遁》☶无坤，六二称牛；《明夷》☷无乾，六二称马，以互体求之，亦无乾、坤，诚如辅嗣有虚设之牛、马也。曰：不然，《遁》之称牛以艮，艮刚在上，犹牛革在外，称牛革不称牛也。《明夷》之称马，以互体之坎，坎于马为美脊、为亟心，马之壮者也。①

《易》象可真难懂了！《遁》六二之牛革，居然是由于艮刚上之一层皮。《明夷》互体之坎，一刚嵌在二阴内，却是不能言牛腹，仍是一匹美脊马。

《系辞传》曰："君子居则观其象而玩其辞，动则观其变而玩其占。"见仁见智，观法玩法是大有区别的。试举《中孚》☲九二爻为例：

鸣鹤在阴，其子和之。我有好爵，吾与尔靡之。

王弼注：

处内而居重阴之下，而履不失中，不徇于外，任其真者也。立诚笃至，虽在暗昧，物亦应焉。故曰"鸣鹤在阴，其

_____

① 《易学象数论》卷2《互卦》，《广雅丛书》本，第28页。

子和之"也。不私权利，唯德是与，诚之至也。故曰"我有好爵"，与物散之。[1]

而现代李镜池先生说："'在阴'类于《诗》'鹤鸣于九皋，声闻于天'之言。'其子'，一定不是雏鹤，雏鹤大概不懂得怎样'和'：这定然是指一雌一雄的鹤。你听，一对鹤儿在'阴'地里藏着很和谐的一唱一和。这是多么有意思呵，尤其是听在情人们的耳朵里。于是乎豪兴勃发，说'我有好爵，吾与尔靡之'。翻成现代语是：'我有很好的陈酒，咱们共醉一场罢！'——爵是酒杯，代表酒。靡者，共也。'吾与尔'，我们很可以想象出一对青年男女来。"[2]

两者相较，王弼重义理，以为"任真""立诚""不私权利"，必有应者。而又未全弃象数，如九二在下体之中，故曰"履不失中"，在二阴之下，故曰"居重阴之下"。李镜池则全弃象数于不顾，纯用形象思维而作艺术之欣赏。很明显，王弼是把爻辞作为观念的对应物而存在，企图将描绘的客体观念化。而李镜池则视《易》象全等同于诗中的比兴，他不是在解《易》，而是在赏诗。当然，作为"玩辞"，未尝不可；只是跟"观卦象"没有什么联系了。前面提到的黄宗羲释"牛革"似太死，这里李先生如此解《易》嫌过活。

笔者当然亦以观象玩辞、观变玩占为乐。某日，对《颐》䷚卦

---

① 《周易》卷6，《四部丛刊初编》本，第8页。
② 见李镜池：《周易筮辞考》，载《周易探源》，版本同前，第39页。

观之良久，不但觉得卦象确然像口，而且还是一张张大着的口。《颐》，震下艮上。震，动；艮，止。咀嚼食物时下颚动，上颚不动。卦辞："观颐，自求口实。"《颐》不能自观，乃是让人观。此人张大着嘴巴，让人观看，表示他口中空空，需吃东西，是向人求食之象。这使我联想到韩信微贱时的景况："常从人寄食，人多厌之者。常数从其下乡南昌亭长寄食数月，亭长妻患之，乃晨炊蓐食，食时，信往，不为具食。"（《史记·淮阴侯列传》）当然，这是联想，是娱乐，不是说《颐》卦的卦义这样的具体。按"颐者，养也"，卦辞云"观颐，自求口实"者，其实应该是人既然生了嘴巴，就应该有东西吃；且不是吃白食，而是能自养。再看初九："舍尔灵龟，观我朵颐。"龟是出名的长寿动物，是最有养生之道的象征。初九阳刚得正，按理完全有自养的能力，然而却自暴自弃。郑玄："朵，动也。"王弼："朵颐者，嚼也。"这里，"灵龟"象征谋生的正道：或食其力，或食其智。则"舍尔灵龟，观我朵颐"，意为舍弃你固有的谋生正道，老是想着吃人家的白食，即今语之所谓"红眼病"。故王夫之曰："此言贪躁之人，见我动颐而嚼乃注目凝视，咎不在朵颐而在观。"这倒确乎有点像漂母怒斥韩信的话："大丈夫不能自食，吾哀王孙而进食，岂望报乎！"

如此这般一爻爻推究下去，很有兴味。

由《颐》卦的象使我又想到和它有联系的《噬嗑》䷔，其《象》曰："颐中有物曰噬嗑。"从卦象看，明显地看出口中有东西可以咀嚼。但观六爻爻辞，几乎全是凶象或不顺当的情景。如"履

校灭趾”“噬肤灭鼻”“何校灭耳”，都是碰到了灾难。口中之
物不是有毒的腊肉，就是吃不得的铜箭头，甚至还有黄金。所以
王夫之说：“噬嗑，强不合而合之。”这就是说明颐中有物横梗
在里头，是咀嚼不得的。而有人以为：“肤字是指切成块的无骨
嫩肉。从除掉口中之物说，再没有比切成块的嫩肉更容易噬了，
所以捧而噬之掩没其鼻。”这真是好口福了。夏天有人狼吞虎咽
吃大块西瓜，确有灭鼻之象。不过我看这里的“噬肤灭鼻”，倒
应解为正吃得开心，一把刀子突然斩下来，差一点被割去了鼻子，
才和其余的爻辞配得上。

　　有一位青年朋友，说他看上一位有夫之妇，居然求我为占一
卦，以卜吉凶。我本想教训他几句，既然你要占卦，就用占卦教
训吧。筮之，得《噬嗑》，六爻皆不变，我即为顺口溜以占曰：

　　　　颐中有物曰噬嗑，想是此人好口福。
　　　　可惜是块带骨肉，刺在天花板上拔不出。①

我又说：此象亦可引伸为癞蛤蟆想吃天鹅肉。他还不信高深的《易
经》就这么通俗低级，要我翻书给他看，我即指《噬嗑·象传》
上“颐中有物曰噬嗑”一句给他看。有这一句，就足以使他相信
我绝非胡编乱造。但不知怎的他看到了《噬嗑》卦辞中的“亨”
字，指指说：“亨着呢。”我说“亨”了要糟糕，你要准备吃官

---

① 农按：吾乡绍兴土话谓上颚为“天花板”。

司。你看"亨"下写的是什么？是"利用狱"呀。以此为契机，讲了许多社会学上的道理，终于使他打消了当第三者的邪念。

可能有人认为这样说《易》有些江湖气，我却不以为然，君不见傅山云：

> 奴人害奴病，自有奴医与奴药，高爽者不能治。胡人害胡病，自有胡医与胡药，正经者不能治。妙人害妙病，自有妙医与妙药，粗俗者不能治。奴、胡二种人无贵贱。妙人不可多得，定在慧业中，投药者亦须在慧业中求之，若但莽问之杂愚医工，安得其窍！故治病多不救者，非但药之不对，亦多属病者医者之人有天渊之隔也。何也？以高爽之医治奴人，奴人不许；以正经之医治胡人，胡人不许。所谓不许治者，不治也，吾于此经旨最有先事之验。[①]

傅山是历史上的名医，此论其治病因人而异之经验。人有生理之病，亦有心理之病，生理之病须医，心理之病亦须医也。傅山之言，似更适合心理之病焉。故笔者特为引之以供参考。

古人观象之趣甚多，不妨再举一例以博一笑。

《泰》䷊，乾下坤上。元杨瑀《山居新语》记陈鉴如写赵孟頫像，赵援笔改正，谓曰："人中者，以自此而上，眼、耳、鼻皆双窍；自此而下，口暨二便皆单窍，成一《泰》卦也。"

---

① ［明］傅山：《霜红龛集》卷 26《医药论略》，载《续修四库全书》第 1395 册，第 622 页。

如此异想，令人解颐。陶宗仪《辍耕录》采此则；现代钱锺书《管锥编》亦收此条而更发挥之。

凡此种种，皆说明《易》合万象反复取义，不可定为一体而言。它给人提供想象的根据是无限的，其观念远远溢出对应符号，从而获得超出符号形式的具体内容。

西人有以借有形之事物以表现无形之主观者，谓之象征。据其内容与表现形式之关系，约区分为四：（1）内容与外形之间无固有之必然关系，即外形无重要之意义者。如基督以"十"为标号，谓之本来象征；（2）内容与外形约相等者，谓之讽谕。如《天路历程》《伊索寓言》等；（3）因欲表示人生、宗教、哲学、道德等深邃之真理，而采用有刺激性含意深远之外形者。如但丁之《神曲》，谓之高级象征；（4）重在表示情调或感兴者。如近代之象征主义，谓之情调象征。

《易》从形式上看，属于前二者为多，然《易》有无限的综合能力（表现在符号与符号组合形式的无限性，详见下章），而筮辞又不全同于寓言之比喻，其表示人生、哲学、情调等，亦在在而有。故实无以名之，因强为之名曰综合象征。

使《易》象之组合形式得以无限扩张者，互体说是起了很大作用的。汉儒论《周易》，喜谈互体。宋王应麟《郑氏周易序》论互体云：

> 郑康成学费氏《易》，为注九卷，多论互体。以互体求《易》，《左氏》以来有之。凡卦爻，二至四，三至五，两

体交互，各成一卦，是谓一卦含四卦……《坎》之六画，其互体含艮、震，而《艮》《震》之互体亦含坎。《离》之六画，其互体含兑、巽，而《兑》《巽》之互体亦含离……①

今案，《坎》䷜，三至五为艮 ☶，二至四为震 ☳。《艮》䷳，三至五为震 ☳，二至四为坎 ☵，彼此互相包含，故曰互体。此王氏仅就八纯卦中之六卦言之，因《乾》《坤》两卦无互体之变可言也。

《左传·庄公二十二年》："周史有以《周易》见陈侯者，陈侯使筮之，遇《观》䷓之《否》䷋……坤，土也；巽，风也；乾，天也。风为天于土上山也。"杜预注："自二至四有艮象，艮为山。"②一般学者都以此为互卦说《易》之始。由于使用互体之说，一卦中又派生出两经卦。古人认为《周易》卦爻辞无一字虚设，皆是据象系辞。有的辞求之二体（即原来的内、外或上、下二体）而无者，求之互体而有矣。

有人以为《系辞传》所言："若夫杂物撰德，辩是与非，则非其中爻不备。""二与四同功而异位……三与五同功而异位"。及《说卦》"分阴分阳，迭用刚柔"之语，是《易传》言互体的证据。"非其中爻不备"，表示中间两爻公用。"迭用"之迭，也是互体中共用的中间两爻。此实属牵强附会之说，与上下文不相连属，完全断章取义，不足为训。

---

① 转引自[清]朱彝尊：《经义考》卷 35，《景印文渊阁四库全书》本，第 378 页。
② 见《春秋左传正义》卷 9，影印《十三经注疏》本，第 73 页。

　　笔者以为《易传》中明言互体者，莫过于《履》☰《象传》"刚中正履帝位而不疚光明也"之句。此句言互卦之所以为古今易学家疏忽者，原因出在句读上，一般均以"刚中正履帝位而不疚"为一句，"光明也"为一句，故致互体之象由此而晦。殊不知此实当作一句读。"疚"，病也，害也。"不疚光明"，即不害光明，是对《象传》前半部分的总结。《履》卦《象传》曰："履，柔履刚也。说而应乎乾，是以'履虎尾，不咥人，亨'……"六三为一卦之主。《履》卦下体为兑，上体为乾，故称"说（悦）而应乎乾"，所以履虎尾犹不咥人。但最终还必须依赖居最尊位——帝位者之九五不害光明。《履》二至四为离，离为火，为光明，则《象传》之义通贯而无碍矣。若作两句读，都将解释得极为勉强，而互体之说也无以揭晓了。

　　互体说由来已久，古今易学家多用之。如《渐》☴九三："鸿渐于陆，夫征不复，妇孕不育，凶。利御寇。"来知德云：

　　　　艮为少男，又阳爻，故谓之夫。妇指四，巽为长女，又阴爻，故谓之妇。本卦女归，故以夫妇言之。"征"者，往也。"不复"者，不反也。本卦以渐进为义，三比上，四渐进于上，溺而不知其反也。"妇孕"者，此爻合坎，坎中满，孕之象也。"孕不育"者，孕而不敢使人知其育，如孕而不育也。①

---

① 见《周易集注》卷11，《景印文渊阁四库全书》本，第288—289页。

这里，来氏于"妇孕"使用了互体说，即二至四为坎。或曰此爻所言"妇孕"，实本于三至五之离，《说卦》离"为大腹"，孕妇之象也。

王弼解《易》，不用互体。其解《渐》九三云：

> "夫征不复"，乐于邪配，则妇亦不能执贞矣。非夫而孕，故"不育"也……见利忘义，贪进忘旧，凶之道也。异体合好，顺而相保，物莫能间，故"利御寇"也。①

这位王弼还真有点超前意识：夫既乐于寻花问柳，妇亦自可不安于室，只是苦于怀了私生子不好生出来。但他大声斥责男子"见利忘义，贪进忘旧"，认为一切责任都应由这个负心的丈夫来负。看了王弼的文章，感到他不仅精通社会学，而且同情妇女。因此，这节文字似乎在骂古今的陈世美；末后又承认异体合好，顺而相保，"物莫能间"，则又承认既成的事实，使人想到目前一些社会学杂志上为古今陈世美辩护的文章。谴责陈世美和为陈世美翻案者要找理论根据吗？不妨到《周易》来试试。

不过王弼之解经，总有弃象不顾之嫌。如"妇孕"就不能落实，是则有虚设之象，故引起黄宗羲辈的不满。

互体说亦愈演愈繁。"朱子发于一卦中既互两卦，又于互卦伏两卦。林黄中以六画之卦为太极，上下二体为两仪，合二互体为四象，又颠倒看二体及互体，通为八卦。黄中又有包体图，每

---

① 见《周易》卷5，《四部丛刊初编》本，第14页。

卦只取一互卦，留三画为本卦之体，乾包八卦，八卦包乾，如乾包坤则为《损》䷨、《益》䷩，坤包乾则为《咸》䷞、《恒》䷟，余准此。凡一卦之相包，得三十二卦，八卦得二百五十六卦。戴师愈亦一卦具八卦而与黄中异，有正、有伏，有互、有参，如《需》䷄，乾下坎上，是正；乾变为坤，坎变为离，是伏；自二至四为兑，自三至五为离，是互；互体兑下离上为《睽》，是参；本卦是《需》：凡八卦也。吴草庐以先天圆图互体立卦，左右各二卦互一卦，六十四卦互成十六卦，又以十六卦互之成四卦而止"[1]。凡此种种，黄宗羲亦斥为"伪说滋漫，互卦之稂莠也"，但"若因此而并去互卦，无乃惩噎而废食乎"。

上引黄氏所斥"滋漫"诸说，有些已溢出本卦自以为"互"的范围，而属于卦变说的范围。方申著《周易互体详述》，寻绎古注所言，称互体之例，除二至四、三至五之"正例"外，还有七种互体的"附例"：中四画互体之法，下四画互体之法，上四画互体之法，下五画互体之法，上五画互体之法，两画互体之法，一画互体之法[2]。如《大畜》䷙六五爻，虞翻注云"三至上，体《颐》象"，即上四画互卦之法。《大畜》上四画为《颐》卦当中少了二阴画，好比简化之《颐》，故曰"体《颐》象"（这种情况，来知德却称为"大离"，因离经卦为☲，现在多了一阴画，像是扩大了的离，故称"大离"）。又如虞氏注《归妹》䷵六三云"初至五，体《需》象"，即下五画互卦之法。《归妹》下五画，即是下身

---

① 见《易学象数论》卷2《互卦》，《广雅丛书》本，第28—29页。
② 说详[清]方申：《周易互体详述·自序》，载《续修四库全书》第30册，第45页。

矮了一点的《需》，故曰"体《需》象"。凡此种种，读者自可参见，不再赘述。

尚有所谓"夹画"者，如云"《临》☷☳似夹画之震，《观》☴☷似夹画之艮"，即一别卦并二画为一画，成一经卦，犹今语所谓"双料货"也。黄宗羲《易学象数论》：

> 《临》似夹画之震，《观》似夹画之艮。震为雷，八月雷始收声，则非震之时矣，故曰有凶。艮为鬼门，又为宫阙。地上有木，而为鬼门；宫阙者，天子宗庙之象，故有盥荐之事。《临》本体为泽，加坤其上，是泽之厚者，故水深而甘。《观》本体为风，加坤其下，是风之培者（农按：培，凭也。黄氏语取《逍遥游》"而后乃今培风"），故能化及童女。①

此黄氏以《临》《观》本卦结合夹画之经卦来解《临》《观》卦爻辞之例。

又有部分夹画者，如同书《随》卦☱☳："震，春也；兑，秋也。初至四有离象，三至上有坎象，夏与冬也。又互为艮、巽，六子皆备，具乾、坤之德，故'元亨利贞'。"初至四有离象，是二三两画并一画而成；三至上有坎象，是四五两画并一画而成。此类部分夹画，亦即方申所谓下四画互体之法和上四画互体之法。

---

① 《易学象数论》卷3《原象》，《广雅丛书》本，第5页。下引《随》卦同。

互体之象尚有所谓正反（亦称正覆），与本卦之二经卦的正反结合，以之解经。正反者，如 ☳ 为正震，☳ 为反震，以此类推。如《周易尚氏学》解《中孚》䷼九二"鸣鹤在阴，其子和之。我有好爵，吾与尔靡之"，即与上文所举古代王弼和现代李镜池之说迥乎有别：

> 震为鹤，为鸣，为子。阴，山阴。二至五正反震。下震鹤，鸣于山阴；三至五震反，如声回答，若相和然。故曰"其子和之"。其子谓覆震，非互震，判然二物也。《易林·〈大有〉之〈屯〉》云："噂噂所言。"噂噂，对语也。《屯》初至五亦正覆震相对，与《中孚》同。又《〈同人〉之〈中孚〉》云："衣裳颠倒。"震为衣，三至五震覆，故曰颠倒。《〈涣〉之〈中孚〉》云："闻言不信。"震，言；三至五震覆，故不信。"不信"取其相反，"子和"取其相对，仍同也。而二至五亦正反艮，艮纳丙为山阳，下二至四艮覆，则山阴矣，而二正当其处，故曰"鸣鹤在阴"。《易林·〈颐〉之〈中孚〉》云："熊罴豺狼，在山阴阳。"正覆艮，故既曰熊罴，又曰豺狼；上艮为山阳，下覆艮为山阴也，故曰"在山阴阳"。《易林》释此语，可谓明白矣。山阴之义，知者甚鲜。后独茹敦和以阴为山阴，而取义于兑。兑者艮之反，艮山阳，兑山阴，义不本《易林》，而取义与《易林》同。故夫有清一代之易家，主张自己，不随声附和者，莫茹氏若也。爵，《说文》：饮器。酒尊也。震为尊，为爵，为嘉，

故曰"好爵"。正覆震相对，故曰"吾与尔靡之"。孟喜云：靡，共也。贞我，悔彼，"尔"谓五，言二五共此爵也。[①]

尚氏深于汉学，以象说《易》，今人鲜有能及之者；然其说过于繁复，终难普及。这是比较明豁的一节，且可与上面所举之王弼、李镜池之说《中孚》九二相参，以见各家解《易》之不同风格，或许对于青年朋友读古今《易》著有些帮助。

不懂《易》象，何能观象玩辞，更何以观变玩占？《易》象对于占筮来说，其重要性是不言而喻的。

---

① 《周易尚氏学》卷17，版本同前，第269—270页。

第五章 《易》象（下）

　　《系辞传》："《易》之为书也不可远，为道也屡迁，变动不居，周流六虚，上下无常，刚柔相易，不可为典要，唯变所适。"曰屡迁，曰变动不居，曰周流，曰无常，唯是一个"变"字。《易》象既然是象征万事万物的，万事万物无时不在变化，故《易》象亦无时不在变化之中。六十四卦是《易》象的代表，其卦象每卦各异，本身即显示出变化的形式。而且，不论何卦，只要其中一爻变（阴变阳或阳变阴），即成另一卦，象及其关系亦随之而变。从这里又可以看出，六十四卦虽说是八卦相重而成，其变化却并不需一经卦全部变动。这是因为组成六十四卦的分子并不是八卦，而是阴阳二画，或称阴阳二爻，只要其中一个分子，即一阴或者一阳变化，即牵一发而动全身，通体皆变。故《易》象变化的实质是上引《系辞传》里的一句"刚柔相易"，也就是阴阳相易。《系辞传》尚有"刚柔相推，变在其中矣"，"刚柔相推而生变化"，反反复复地说这个意思。《说卦》也称："观变于阴阳而立卦。"意义亦同。

　　《易经》六十四卦中，卦与卦之间存在的种种变化关系，如此卦是由彼卦变化而来，或此卦何变而成彼卦，历来治《易》者给予一个专门名字，叫做"卦变"。上面已论及的互体，实在也是卦变的一种形式，只因它每卦各自为"互"，似乎未同另一卦发生关系（其实既"互"出另二卦，已是有关了）。好比一幅合家欢，自左至右：父亲、大女儿、儿子、小女儿，母亲，整体是一个家庭，结构是父母与子女的关系。若避开父母，仅以中间三个而论，则前二者是姊弟关系，后二者是兄妹关系，如此即派生出二种新的关系。这是对"互体"的一种浅俗的比喻。因其属同一个家庭，以《易》象论，即尚在本卦之内变化，所以没有列在"卦变"这一章节里叙述。

本章专论"卦变"，即卦与卦之间的变化与联系。

卦变之说，繁复纷纭，但没有一说能完满圆通者。笔者以为这是必然的现象，而并不是如有些学者所言，是因年代久远，古法亡佚，我们现在已难寻绎古人究竟如何"观变于阴阳"，又是如何"刚柔相易"而视卦与卦之间的变化关系。因为古法原不止一种。

《象传》是明显地表述着卦变的。如《屯·象》"刚柔始交而难生"；《贲·象》"柔来而文刚"，"分刚上而文柔"；《无妄·象》"刚自外来而为主于内"；《损·象》"损下益上，其道上行"；《益·象》"自上下下"等。不过，具体解释起来，却是各家不一，众说纷纭。有的是想当然，从来也不去想会有人反驳的。

如《屯》䷂《象》曰"刚柔始交而难生"，李鼎祚《周易集解》引荀爽注曰："此本《坎》卦也。案初六升二，九二降初，是刚柔始交也。"① 这是说，《屯》卦由《坎》䷜卦变来，具体

---

① 见《周易集解》卷2《屯》，《北京图书馆古籍珍本丛刊》本，第29—30页。下引荀爽各注均出此本，不另注卷次、页码。

的变化方式是《坎》卦初六与九二相易，所谓"初六升二，九二降初"是对《坎》卦说的。但若是有人问他："此本《颐》☲也。案六五升上，上九降五，变而成《屯》，又有什么不可通？"那恐怕只能从"始交"二字来辩解，因为应该从下开始呀！但若再问："既云'始交'，《屯》又在《乾》《坤》之后，应是《乾》《坤》始交，接上来的应该是《姤》☰，《姤》卦若用《乾》《坤》始交来形容，一看就清楚明白，但偏偏不是；若云'始交'是上下两卦始交，接上来的应该《益》☳，震下巽上，下长男，上长女，也很清楚明白，但偏又不是。总之，是经不起推敲的。"其实我觉得应该回答："你说是《颐》卦来，也通。"或许更为恰当。

今寻绎古人言卦变诸说，择其最著者约举之如下。

一、"往来"说

《贲》☲《彖》曰："柔来而文刚"，"分刚上而文柔"。《贲》卦的性质是文饰，故曰"文"；上行曰"往"，下行曰"来"。《彖》之二句，意思是指《贲》原由《泰》☷变来。"柔来而文刚"，指《泰》六至二；"分刚上而文柔"，指《泰》分九二一刚至上：因成《贲》卦。而根据同一方法，即可解释《噬嗑》☲是由《否》☰变来，因《噬嗑·彖》曰："刚柔分，动而明。"即《否》分初六至五，分九五至初，这刚柔一分，下卦成震，为动；上卦成离，为明。故曰"动而明"，遂成《噬嗑》。

荀爽注《损》䷨即用此法，曰："乾之三居上，孚二阴也。"指内卦乾的九三与外卦坤的上六相易而成《损》卦。但哪一卦的九三与上六相易才能变得《损》卦？自然是《泰》䷊卦无疑。同样，《益》䷩则是由《否》䷋卦变来。案之《损·象》"损下益上"，即损下乾之一阳以益上；《益·象》"损上益下"，即损上乾之一阳以益下，似亦相合。

再举荀氏注《讼》䷅云："阳来居二而孚于初，故曰'讼有孚'矣。"意为《讼》卦是由于阳爻来居二，与初相孚。今观《讼》卦，唯下卦有初、三两阴，而上卦三阳一个不动，"来"是指从上而来，上卦之三阳既然一个不少，则二之阳唯一可来之上位只有三，九二之阳既是与三互易，则三原是阳，二原是阴，是《讼》卦必来自《遁》䷠也。

这一往一来造成卦的变化，古人称之为"往来"说。黄宗羲云："卦变之说，由《泰》《否》二卦《彖》辞'小往大来''大往小来'（农按：张英曰"《易》以阳为大"）而见之，而夫子《彖传》所以发明卦义者，于是为多，顾《易》中一大节目也。"又说："古之言卦变者，莫备于虞仲翔（农按：即虞翻），后人不过踵事增华耳。"①

黄氏所指"往来"之说，已略如上述。至于虞翻之言，也和荀爽之言一样，都只见于李鼎祚的《周易集解》一书。虞著《周易注》《周易集林》，今已不传。据《周易集解》所载，虞氏"变

---

① 见《易学象数论》卷2《卦变》及《卦变二》，《广雅丛书》本，第8、第10页。

卦"说，与荀氏相类似，不过更为完备而已，故黄氏云"莫备于虞仲翔"。寻其主旨，是以《乾》《坤》两卦生十辟卦：《复》《临》《泰》《大壮》《夬》《姤》《遁》《否》《观》《剥》。再加《乾》《坤》，共十二辟卦。其余五十二卦，均由此十二辟卦变化而来。故曰："辟，君也，天子也。"我则以为所谓辟卦，观象即可知该卦上下只有阴阳两层，而上下两层中，若上层是阳，不论上有几阳，阳上不复有阴；若上层是阴，不论上有几阴，阴上不复有阳，下亦如之。一辟为二，故云"辟"也。

然虞氏注《比》䷇说："《师》䷆二上之五得位，众阴顺从，比而辅之。"即《师》卦之九二爻往与六五互易而成。《师》卦不是辟卦，按辟卦说，若《比》卦归入一阳之卦，则应自《复》䷗而来；若《比》卦归入五阴之卦，则应自《剥》䷖而来，似乎更为合理。说明卦变实无法以一说概之。

明朝的吴桂森肯定也被卦变说搞得无所适从，早就指出：

> 至于变卦之说，尤为难定。若云从某卦变而来，则何卦何爻不可变，安知从此卦来？若云吉凶因变而往，则爻爻皆有变，安知吉凶从此而定？四千九十六皆可变也（农按：此指一卦可变为六十四卦，共得四千零九十六变）。以此说《易》，不胜烦矣。[1]

---

[1] 见《周易象像述·金针题辞》，《景印文渊阁四库全书》本，第 377 页。

二、"变自乾、坤"说

先于吴桂森的程颐也早已发现了卦变的诸问题,认为所谓"往来",皆据已成之卦而言,非谓就卦中升降也。程颐从成卦之义来说卦变,而谓"卦之变皆自乾、坤",其说如下:

> 凡卦,有以二体之义及二象而成者,如《屯》取"动乎险中"与"云雷",《讼》取"上刚下险"与"天水违行"是也。有取一爻者,成卦之由也,"柔得位而上下应之,曰《小畜》","柔得尊位,大中而上下应之,曰《大有》"是也。有取二体,又取消长之义者,"雷在地中,《复》","山附于地,《剥》"是也。有取二象兼取二爻交变为义者,"风雷,《益》",兼取损上益下,"山下有泽,《损》",兼取损下益上是也。有既以二象成卦,复取爻之义者,《夬》之"刚决柔",《姤》之"柔遇刚"是也。有以用成卦者,"巽乎水而上水,《井》","木上有火,《鼎》"是也;《鼎》又以卦形为象。有以形为象者,"山下有雷,《颐》","颐中有物曰《噬嗑》"是也。此成卦之义也。

接下去,程氏言其卦变说云:

如"刚上柔下""损上益下"，谓刚居上，柔在下，损于上，益于下，据成卦而言，非谓就卦中升降也。如《讼》《无妄》云"刚来"，岂自上体而来也？凡以柔居五者，皆云"柔进而上行"。柔，居下者也，乃居尊位，是进而上也，非谓自下体而上也。卦之变皆自乾、坤，先儒不达，故谓《贲》本是《泰》卦，岂有乾、坤重而为《泰》，又由《泰》而变之理？下离，本乾中爻，变而成离；上艮，本坤上爻，变而成艮。离在内，故云"柔来"；艮在上，故云"刚上"，非自下体而上也。乾、坤变而为六子，八卦重而为六十四，皆由乾、坤之变也。①

苏轼亦言刚柔相易，皆本于乾、坤。黄宗羲以为，程、苏实皆本之蜀才所说的"此本乾卦""此本坤卦"，荀爽所说的"《谦》是乾来之坤"，非创论也。但只有三阴三阳之卦，此往彼来，显然可见。其他则来者不知何来，往者不知何往，如《无妄》☰☰"刚自外来"，外卦之乾未尝损一刚也，而云自外而来，不已背乎？所以朱子评程氏专以乾、坤言卦变，然只是上下两体皆变者可通，若是一体变，则不通。黄氏以为虽"深中其病矣，然较之虞氏而下凿空为说者，某以为独优也"②。

至于黄宗羲自己，则以为卦与卦之间的错或综，即是卦变，即从反对中明此往来倚伏之理。

---

① 见《周易程氏传》卷2《贲》，版本同前，第808—809页。
② 详见《易学象数论》卷2《卦变二》，《广雅丛书》本，第12页。

三、"反对"说

黄氏言曰："行有无妄之守，反有天衢之用；时有丰、亨之遇，反有羁旅之凶，是之谓'卦变'。非以此卦生彼卦也，又非以此爻换彼爻也。"①

黄氏所谓"无妄之守"云云，是指《无妄》初九："无妄往，吉。"《象》曰："无妄之往，得志也。"其反对则为《大畜》上九："何天之衢，亨。"所谓"时有丰、亨之遇"，是指《丰》卦卦辞"丰，亨"，而初九"遇其配主"；所谓"羁旅之凶"，则指反对之卦《旅》上九："鸟焚其巢，旅人先笑后号咷，丧牛于易，凶。"也就是彼此各自有爻，故言"非以此卦生彼卦也，又非以此爻换彼爻也"。

朱熹被认为是言卦变的集大成者，但黄宗羲却对其说颇多微辞。如说：

> 朱子言：以《彖》辞考之，说卦变者凡十九卦，盖言成卦之由。《彖》辞不言成卦之由，则不言所变之爻。此是朱子自言其卦变也。《系》曰："爻者，言乎变者也。"《易》中何卦不言变？辞有隐显，而理无不寓。即证之《彖》辞，亦非止十九卦也。②

---

① 《易学象数论》卷2《卦变》，《广雅丛书》本，第8页。
② 同上，第8—9页。

　　黄氏以为，即就朱子所举十九卦而言，亦皆以反对为义；而朱所言十九卦之外，亦无不以反对为义。反对之穷，而反其奇偶以配之（农按：即来知德所谓“错”），又未尝不暗向反对于其间。例如《中孚》☲，反对后仍是《中孚》卦形，不好反对，是谓“反对之穷”，则反其奇偶而为《小过》☶。但《中孚》和《小过》仍按反对规律，暗向反对于其间，如《中孚》上爻之“翰音”，反对即为《小过》初六之“飞鸟”。又如《颐》☶之“口实”，由《大过》☱之兑（按《说卦》：“兑为口”）；《大过》“士夫”“老夫”由《颐》之艮震（按：《颐》卦震下艮上，震长男，艮少男）。①

　　黄氏之说，实发端于虞翻之释《比》卦曰“《师》二上至五得位”。这是黄氏自己也承认的，但他认为虞氏虽发其端，而未以此通于别卦。至李挺之所传《变卦反对图》，可谓独得其真，而李氏又与《六十四卦相生图》并出，则择而未精也。黄氏感叹“诸儒之为卦变，纷然杂出而不能归一”②，他自己却企图归一于“反对”，实在也很可叹。卦变何能以“反对”法一以概之？须知任何一卦，都可变成任何的另一卦。凡企图以某种理论来“归一”，都是行不通的。

---

① 参见《易学象数论》卷2《卦变》，《广雅丛书》本，第9页。
② 同上。

四、"旁通"说

用两卦之相错来言卦变，汉人谓之"旁通"，此辞盖本于《文言》"六爻发挥，旁通情也"。旁通是指两卦并列一起，阴阳爻画虽完全相反，却时有意外的发现。如《屯》☳☵之错卦为《鼎》☴☲，此二卦即有旁通之义，可巧的是《屯》九五有"屯其膏"，《鼎》九三也有"雉膏不食"。更巧的是《丰》和《涣》，《丰》九四有"遇其夷主"，《涣》六四有"匪夷所思"；《剥》六四有"剥床以肤，凶"，《夬》九四有"臀无肤，其行次且"；《恒》上六有"振恒，凶"，《益》上九有"立心勿恒，凶"。可见所谓"旁通"，绝非古人凭空想出来的。而且这绝不是巧合，而是说明《易经》作者精通数学。以旁通解卦，虞翻使用最详。

虞氏用旁通解《易》时，还有所谓"消""息"之法。盖本自《剥·彖》"君子尚消息盈虚，天行也"。如虞氏注《复》☷☳说："阳息坤，与《姤》☰☴旁通。"注《姤》卦时说："消卦也，与《复》旁通。"一卦之中，凡阳爻去而阴爻来，称"消"；凡阴爻去而阳爻来，称"息"。据说此为西汉孟喜所传。惠栋《易汉学·孟长卿易》："孟氏卦气图，以《坎》《离》《震》《兑》为四正卦，余六十卦，卦主六日七分，合周天之数。内辟卦十二，谓之消息卦。乾盈为息，坤虚为消。"[1]《易纬·乾凿度》："圣

---

[1] ［清］惠栋：《易汉学》，《昭代丛书（壬集）》本，不分卷，第2页。

人因阴阳，定消息，立乾坤，以统天地。"①魏伯阳《参同契》：
"故推消息，坎离没亡。"刘一明解曰："圣人推阴阳来往消息，
坎离会合没亡。"②综观各家之说："消息"也者，既有卦间阴阳
消长变化之名，又有阴阳相生相灭而成中和之理。

消息之卦共十二，也就是上文已提到过的十二辟卦。《参同
直指》以此十二消息卦，分主一年十二月：

《复》䷗，一阳息阴，建子，十一月。

《临》䷒，二阳息阴，建丑，十二月。

《泰》䷊，三阳息阴，建寅，正月。

《大壮》䷡，四阳息阴，建卯，二月。

《夬》䷪，五阳息阴，建辰，三月。

《乾》䷀，六阳息阴，建巳，四月。

《姤》䷫，一阴消阳，建午，五月。

《遁》䷠，二阴消阳，建未，六月。

《否》䷋，三阴消阳，建申，七月。

《观》䷓，四阴消阳，建酉，八月。

《剥》䷖，五阴消阳，建戌，九月。

《坤》䷁，六阴消阳，建亥，十月。

并以《泰》《大壮》《夬》配春，辖立春、雨水、惊蛰、

---

① 《丛书集成初编》本卷上，第8页。

② 见[清]刘一明：《参同直指》，山西人民出版社1989年版，第12页。

春分、清明、谷雨六个节气；以《乾》《姤》《遁》配夏，辖立夏、小满、芒种、夏至、小暑、大暑六个节气；以《否》《观》《剥》配秋，辖立秋、处暑、白露、秋分、寒露、霜降六个节气；以《坤》《复》《临》配冬，辖立冬、小雪、大雪、冬至、小寒、大寒六个节气。说详刘一明《参同直指》①。此已属汉《易》卦气说范围，但与占筮颇有关系，故亦在卦变章中言及。

五、卦变总说

总上言卦变诸说，似以"往来说"影响为大。言卦变诸家中，亦以虞翻最受黄宗羲重视，认为"古之言卦变者，莫备于虞仲翔"。黄氏虽反对"此卦生彼卦"之论，但他心目中也感到实难避免，故对于虞翻卦变说特为推崇。黄氏称虞氏说而评之曰：

　　一阴一阳之卦各六，皆自《复》《姤》而变；二阴二阳之卦各九，皆自《临》《遁》而变；三阴三阳之卦各十，皆自《否》《泰》而变；四阴四阳之卦各九，皆自《大壮》《观》而变。《中孚》《小过》为变例之卦，《乾》《坤》为生卦之原，皆不在数中。其法以两爻相易，主变之卦，动者止一爻。四阴四阳即二阴二阳之卦也，其变不收于《临》《遁》之下者，以用《临》《遁》生卦，则主变者须二爻皆动而后

---

① 《参同直指》，版本同前，第14—16页。

余卦可尽，不得不别起《观》《壮》。有四阴四阳而不用五阴五阳之《夬》《剥》者，以五阴五阳之卦已尽于《姤》《复》，无所俟乎此也。《中孚》《小过》为变例之卦何也？《中孚》从二阴之卦，则《遁》之二阴皆易位；从四阳之卦，则《大壮》三、四一时俱上；《小过》从二阳之卦，则《临》之二阳皆易位；从四阴之卦，则《观》三、四一时俱上：所谓主变之卦以一爻升降者，至此而穷，故变例也。犹反对之卦至《乾》《坤》、《坎》《离》、《颐》《大过》、《中孚》《小过》而亦穷也。虞氏之卦变，脉络分明如此。……然四阴四阳与二阴二阳，毕竟相错，不能不有重出之卦，此八卦者（重于《大壮》者为《大过》《鼎》《革》《离》，重于《观》者为《颐》《屯》《蒙》《坎》），其主变属之《临》《遁》乎？属之《大壮》《观》乎？抑兼属之乎？其说有时而穷也。以《彖传》证之，如《无妄》之"刚自外来"（《遁》之初、三相易，皆在内卦，非外来），《晋》之"柔进上行"（《观》之四、五相易，皆在上卦），《睽》之"柔进上行"（《大壮》三、上相易，柔为下行），《蹇》"往得中"（《观》三、上相易，不为得中），皆不能合，此虞氏之短也。

黄氏又言李挺之《六十四卦相生图》，"其所谓乾、坤一生二，二生三，至于三极矣，故不以《观》《壮》四阴四阳之卦为主变，可以无虞氏重出之失矣。然《临》《遁》自第二变以后，主变之卦两爻皆动，在《彖传》亦莫知适从，又不如虞氏动以一爻之有定法也"①。

卦变本无定法，何黄氏责之深也如此？然虞、李究得黄氏青睐，今列李挺之《六十四卦相生图》及《变卦反对图》于本章之末，以为研究卦变者之参考。

《易》象变化极为自由，从不受任何限制，各象之间无界限，你中有我、我中有你，看看又像他。有时我、你、他都在，一忽儿又无影无踪，变成了一条龙。故吴桂森说："象须字字拆得开，又须合得拢。"

秦笃辉《易象通义》说：

> 或谓乾健为马、坤顺为牛。至若《屯》有马而无乾，《离》有牛而无坤；《乾》之六龙则或疑于震，《坤》之牝马则当反为乾。故王弼曰："义苟应健，何必乾乃为马；爻苟合顺，何必坤乃为牛。"予谓此说非也。依其言，圣人当名辨物杂而不越之象虚矣。郝仲舆谓："凡阳在下者，皆动之象；震☳，一阳在下也。在中者，皆陷之象；坎☵，一阳在中也。在上者，皆止之象；艮☶，一阳在上也。凡阴在下者，皆入之象；巽☴，一阴在下也。在中者，皆丽之象；离☲，一阴在中也。在上者，皆说（悦）之象；兑☱，一阴在上也。顾其时位有当与不当，乃分吉凶耳。《易》三画成象是常例，亦有二画成象者，有一画成象者。"按此论实发千古之蒙。由是推之，《屯》☳六二之马，指初九言，故曰"乘马班如"；初九震之一阳即乾

_____
① 以上并见《易学象数论》卷2《卦变二》，《广雅丛书》本，第10—11页。

也，不得谓《屯》无乾也。《离》☲中之偶即坤，故《象》曰
"畜牝牛，吉"，不得谓《离》无坤也。乾之阳本属龙，《震》
☳之为龙（农按：《说卦》"震为龙"），实以得一阳之乾耳。
天用莫如龙，地用莫如马。坤纯阴，故马以"牝"别之，尚何
为震为乾之疑乎？[①]

　　干宝解《易》，六爻相杂。曰一卦六爻，则其杂有八卦之气，
若初九为震爻，九二为坎爻也。按此即后人一画成象之说所本。
　　王弼为笔者所宗，然秦说亦很有趣可爱。须知龙的子孙皆自
龙，甚或只要带着点龙气。和黄宗羲相似，没有牛不要紧，还有
牛皮呢。君且看李挺之《六十四卦相生图》，自《复》至《临》
又至《泰》，内卦一阳一阳升上去，龙孙龙子变祖龙。
　　卦象之变反复无常，卦变说自然无定法。它反映了中国人曲
曲折折的、多层面的、多角度的亦即是立体的思维方式。笔者在
本书开头即言中国哲学的特色是宏观、模糊。若用时髦的话来说，
叫做模糊数学，多值逻辑。抽象可以还原为具体，而且有无数个
具体；具体可以概括为观念，还不只一个观念。各家卦变说有助
于我们理解《易》象的此种性质，对《易》象的多种——而不是
一种——变化规律之熟练运用，即是占筮者专门技术水平与功力
之所在。所谓观象玩辞、观变玩占之"玩"，本领全在这上头了。
　　末了，附带谈一下所谓"观象制器"的问题。《系辞传》记

---

① [清]秦笃辉：《易象通义》卷首《凡例》，载《续修四库全书》第33册，第448—449页。

着这样一类话：

> 刳木为舟，剡木为楫，舟楫之利，以济不通，致远以利天下，盖取诸《涣》。
>
> 重门击柝，以待暴客，盖取诸《豫》。

这就是所谓"观象制器"。即观了卦象，从卦象上悟出物理，而发明新的器具。

上引第一条，解释起来较方便，因《涣》䷺的卦象为坎下巽上，巽为木，坎为水，木在水上，圣人看了这个卦象，造出舟楫来了。

第二条解释就不容易。《豫》䷏的象，由坤下震上组成。其二至四互体为艮，三至五互体为坎。《豫》卦的意义不仅在于震、坤，更需求之互卦中的艮、坎。要知"重门击柝，以待暴客"，必得把震、坤、艮、坎四卦的象同时研讨，方可明白。李鼎祚《周易集解》引《九家易》云：

> 《豫》……下有艮象；从外示之，震复为艮，两艮对合（农按：即二至五正覆艮，故云"两艮对合"。又，《说卦》："艮为门"），重门之象也。柝者，两木相击以行夜也（俗称敲更或打更）。艮为手，为小木，为上持；震为足，又为木，为行；坤为夜；即手持柝木夜行击门之象也。坎为盗暴，水暴长无常，故曰"以待暴客"。既有不

虞之备，故"盖取诸《豫》"矣。[1]

　　不知怎的，我看到这样的论说总觉得很滑稽。瓦特见到水烧开后壶盖冲动的象，发现蒸汽之力，发明了蒸汽机。牛顿见苹果落地，发现了万有引力，其功直至现代人造卫星上天。这才是观象制器，不过这个"象"是自然的象。同样，观鸟在飞的象，人类很羡慕，观了多少万年，到20世纪初，才发明了飞机，达到了人在空中飞行的愿望。这也是由观飞鸟而引起。现代有门科学，叫做仿生学，即是模仿某种生物的特异功能而发明某种器械或机器，据说雷达的发明即是受到夜盲的蝙蝠能自由飞翔的特异功能的启示。

　　特别某些国人居然能观观卦象，而即有所发明，真是聪明得出奇；而看到木头能在水上浮，不发明舟楫，直要等到看了人为的卦象才发明，则又是愚笨得可怜。至于"重门击柝"云云取于《豫》，更是幽默得了不得。门关得严严实实防盗贼，这样一件普通事，却要经过如此复杂的观卦过程才知道。这除了说明盗贼非常多，观卦的人一边观，一边老是提心吊胆怕盗贼，不知不觉发挥了想象力，所谓"夜不闭户，路不拾遗"不过是两句空话以外，还能说明什么呢？中国古书上记载过，两千多年前的墨子曾制作出一只机器鸟，在空中飞了三天。可不知怎的，飞机却一直要等到外国人来发明。《列子·汤问》曾记载有名偃师者，发

---

[1] 《周易集解》卷15，《北京图书馆古籍珍本丛刊》本，第259—260页。

明制作了一个机器人，能歌善舞。有一天，他带着这个机器人来见周穆王：

> （王）曰："若与偕来者何人邪？"对曰："臣之所造能倡者。"穆王惊视之，趣（趋）步俯仰，信人也。巧夫！锁（农按：锁，摇头之动作）其颐，则歌合律；捧其手，则舞应节。千变万化，惟意所适。王以为实人也，与盛姬内御并观之。技将终，倡者瞬其目，而招王之左右侍妾。王大怒，立欲诛偃师，偃师大慑，立剖散倡者以示王，皆傅会革、木、胶、漆、白、黑、丹、青之所为，王谛料之……皆假物也。①

这个机器人不但能歌善舞，还能与王之侍妾眉目传情，弄得穆王吃醋发火。待到知道是机器人，又开心得了不得，载之以归，以供玩乐。这位偃师不知是观了哪一卦才发明了机器人？但至少《列子》上是已经有了这样形象的描绘，可不知又是为什么，机器人仍然要等到外国人来发明。

对于笔者来说，这位机器人没有与指南针、造纸、火药一起合称四大发明已经很满意了。"观象制器"的学说，即使无缘领受，也算了。不过，如果作为一种寓言，或熟悉《易》象的练习，也着实有些趣味呢。

----

① 杨伯峻：《列子集释》卷 5，中华书局 1979 年版，第 179－180 页。

李挺之《六十四卦相生图》

（据《广雅丛书》本《易学象数论》）

李挺之六十四卦相生圖

乾一交而爲姤　姤

坤一交而爲復　復

凡卦五陰一陽者皆自復卦而來復一爻五變而成五卦　師　比　豫　謙　剝

凡卦五陽一陰者皆自姤卦而來姤一爻五變而成五卦　同人　履　小畜　大有　夬

凡卦四陰二陽者皆自臨卦而來臨五復五變而成十四卦

坤再交而爲臨　臨

乾再交而爲遯　遯

第一變　第二復　第三復　第四復　第五復

第二變　第三變　第四變　第五變　一變

明夷　升　震　解　萃　屯　坎　觀　頤　蒙

小過　過　蹇　艮　晉

（一）

凡卦四陽二陰者皆自遯卦而來　遯五復五變而成十四卦

第一變	第二變復	第三變復	第四變復	第五變復	一變復
訟	巽	鼎	无妄	家人	大壯
革	大過	離	鼎	巽	需

兌　睽　中孚　无妄　大畜

否

乾三交而爲否

泰

坤三交而爲泰

凡卦三陰三陽者皆自泰卦而來　泰三復三變而成九卦

第一變	第二變復	第三變復	一變復
歸妹	豐	旣濟	恆
損	賁	井	蠱

節

凡卦三陽三陰者皆自否卦而來　否三復三變而成九卦

第一變	第二變復	第三變復
漸	渙	益
咸	困	隨

旅　未濟　噬嗑

(二)

李挺之《变卦反对图》

（据《广雅丛书》本《易学象数论》）

李挺之變卦反對圖

乾坤二卦為易之門萬物之祖圖第一

　乾老陽
　坤老陰

乾坤相索三變六卦不反對圖第二

　乾體而坤
　坤體而乾
　乾來而坤
　坤來交
　大過　小過　中孚
　頤　坎　離

乾卦一陰下生反對變六卦圖第三

　姤　同人　履

坤卦一陽下生反對變六卦圖第四

　復　師　謙

乾卦下生二陰各六變反對變十二卦圖第五

　遯　訟　无妄
　睽　訟　革

（一）

坤卦下生二陽各六變反對變十二卦圖第六

臨　明夷　晉　蹇　艮　謙

升　解　蒙　屯

乾卦下生三陰各六變反對變十二卦圖第七

否　歸妹　睽　恒　節

豐　既濟

坤卦下生三陽各六變反對變十二卦圖第八

泰　兌　蠱　劂

損　井　困

賁　未濟

（二）

第六章 关于"卦气""纳甲"诸说

一、"卦气"说

《汉书》谷永对策曰:"王者躬行道德……则卦气理效,五征时序……失道妄行……则卦气悖乱,咎征著邮。"后汉张衡上疏,亦言"律历卦候,数有征效"。故清惠栋说:"汉儒皆用卦气为占验,宋元以来,汉学日就灭亡,几不知卦气为何物矣。"①

然则"卦气"究为何物?

我以为"卦"者,《易》卦;"气"者,气候。两者结合,即为卦气。

气候之"气"即天气。气候也可用来仅称天气。如"天气寒冷",亦可说作"气候寒冷"。"候"是物候,即万物因节候而变异。草木之春生秋杀,昆虫之冬藏春发,随寒暑往来之鸟谓之候鸟者是也。天亦有候,冬天下雪,即是天候,"节候"也者,即天候也。气候即包括了天气和物候,"雪里红梅",是气候的结合,也就是天象与物象的结合。

---

① 〔清〕惠栋:《易汉学·孟长卿易》,《昭代丛书(壬集)》本,不分卷,第3页。

　　气候是自然现象，也可称社会现象，如说"政治气候""不成气候""成大气候"等等。

　　笔者曾写过一首咏梅诗：

　　　　漫道悬崖冰百丈，终南疏影渺无寻。
　　　　春来彻骨寒如此，又恐梅花瘦不禁。

　　这是一首概念化的诗，用的是什么概念呢？就是物候学的概念，扩大一点说，也可说是气候的概念。毛泽东不是有"已是悬崖百丈冰，犹有花枝俏"的词句吗？赞赏梅花不畏严寒、高洁坚贞。这样写诗完全没错，而且应该说是正格。可我用物候学考证追究，发现梅花也怕冷，太冷了也得冻死。用来证明的是《诗经》里的句子："终南何有？有条有梅。"那时有梅，后来因为天气转寒，到唐宋之际，华北已无梅花。梅子的酸味，古人用来调味。而东坡咏杏花诗有"关中幸无梅，赖汝充鼎和"之句，说明其时关中已无梅，幸亏还有杏子调调味。王安石咏红梅云："北人初不识，浑作杏花看。"说明当时到南方来的北方人根本不识得梅花，竟错把梅花当作杏花了。这就是气候。如果用来比喻人，可以认为人的承受能力不是无极限的，超过了限度，也得屈服；或者，虽然精神不屈服，但肉体得赔上。这也是气候。

　　把《易》卦与气候结合起来占验的学问就是"卦气"说。换言之，卦气说就是以广义的气候学来说《易》。

　　卦气说据称起于西汉易学家孟喜。不过，《说卦》有载："震，东方也"；"离也者……南方之卦也"；"兑，正秋也"；"坎者，水也，正北方之卦也"。如果按许多专家的考证，《说卦》是战国时代的作品，那么卦气说就并非全由孟喜首创。但无论如何，孟喜言之最详而独具系统（今所传者还仅仅是根据李鼎祚《周易集解》所引），故深研《易》汉学的惠栋仍把卦气说归于孟喜（长卿）名下。《汉书·京房传》云："其说长于灾变，分六十四卦，更直日用事，以风、雨、寒、温为候，各有占验。"说明京房亦善卦气占验。

关于卦气说，上章言卦变"消息"法时已有所及，然语焉不详，今更详之。按孟氏卦气图说，除了谈内辟卦十二，谓之"消息卦"，以明"乾盈为息、坤虚为消"外，其最要者为：

以《坎》《离》《震》《兑》为四正卦，余六十卦，卦主六日七分，合周天之数……其实《乾》《坤》十二画也。《系辞》云："《乾》之策，二百一十有六，《坤》之策，一百四十有四（农按：韩康伯注：阳爻六，一爻三十六策，六爻二百一十六策。阴爻六，一爻二十四策，六爻百四十四策），凡三百有六十日当期（即一周岁）之日。"夫以二卦之策，当一期之数，则知二卦之爻，周一岁之用矣。四卦主四时，爻主二十四气，十二卦主十二辰，爻主七十二候。六十卦主六日七分，爻主三百六十五日四分日之一。辟卦为君，杂卦为臣，四正为方伯，二至二分寒温风雨，总以应卦为节。[1]

---

[1]《易汉学·孟长卿易》，版本同前，第2页。

　　现在专言《坎》《离》《震》《兑》四正卦。惠栋《易汉学》引《易纬·是类谋》云：

　　　　冬至日在《坎》，春分日在《震》，夏至日在《离》，秋分日在《兑》。四正之卦，卦有六爻，爻主一气（农按：气者，节气也）。余六十卦，卦主六日七分八十分日之七，岁有十二月，三百六十五日四分日之一，六十而一周。①

　　"冬至"云云即指孟氏所谓"二至二分"。"卦气"说主旨是以四正卦《坎》《离》《震》《兑》主四时，即一年四季：《坎》主冬，《震》主春，《离》主夏，《兑》主秋。再以此四卦的二十四爻分主一年二十四节气。即：《坎》卦初爻主冬至，九二主小寒，六三主大寒，六四主立春，九五主雨水，上六主惊蛰；《离》卦初爻主夏至，六二主小暑，九三主大暑，九四主立秋，六五主处暑，上九主白露；《震》卦初九主春分，六二主清明，六三主谷雨，九四主立夏，六五主小满，上六主芒种；《兑》卦初爻主秋分，九二主寒露，六三主霜降，九四主立冬，九五主小雪，上六主大雪。

　　每个节气又分三候："初候""中候""末候"。因每个节气为十五天，故每候主五天，则又由二十四节气推衍出七十二候。

────────────────

① 《易汉学·孟长卿易》，版本同前，第5页。农按：《易纬·是类谋》无此数语，惠氏所引不知何本。

其余六十四卦分主一年三百六十五日又四分之一日，每卦主六又八十分之七日，即：

$$365\frac{1}{4}日 \times \frac{1}{60} = 6\frac{7}{80}日$$

亦即上引《易纬·是类谋》所言"卦主六日七分八十分日之七"。此即古人谈卦气时所谓"六日七分的来历。

今移惠栋《易汉学》所列孟氏卦气二图于下，以供参考：

《六日七分图》

（据《昭代丛书（壬集）》本《易汉学》）

李溉所传《卦气七十二候图》

（据《昭代丛书（壬集）》本《易汉学》）

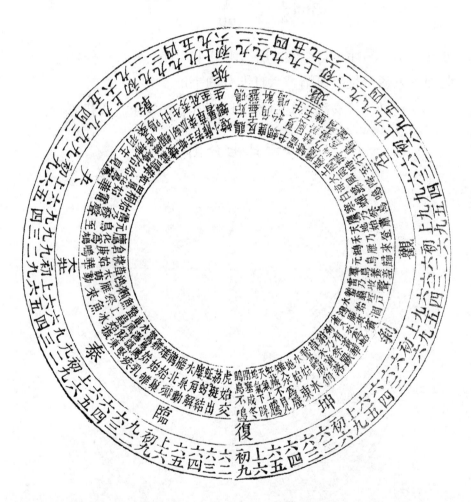

上两图须合并参看，并结合十二辟卦，理解其立体结构及多层面

的关系。如在《六日七分图》中，六十卦顺时针向，由《咸》卦起，至《井》卦而止，以一种特殊次序排列，并按始卦、中卦、终卦的方式，分配在二十四气、七十二候之中。以"公""辟""侯""大夫""卿"五种名目，不断地重复而循环。七十二候皆有名称，这些名称早见于《礼记·月令》，详细记述了自然界中一些生物和其他自然现象随节气变化而发生变化，实是一部通俗的古代物候学，如"蛰虫始振""鸿雁来""草木萌动""桃始华""鸣鸠拂其翼""草木黄落"等。有的则记述了候鸟的迁徙规律，如春分初候（属《震》卦初九爻）为"玄鸟至"，而白露中候（属《离》卦上九爻）为"玄鸟归"[①]。有的则是天候，如"雷乃发生""始电""虹始见"等。而如"鹰化为鸠""田鼠化为鴽""腐草为萤""雉入水为蜃"等，也不必笑古人之无知。宋朝的苏东坡和秦少游这两个大知识分子，一以虱子为垢腻所变，一以虱子为败絮所成，也天真得可以了。中国不是有一味昂贵的中药叫"冬虫夏草"吗？冬为虫而夏为草，从现象上看，确然如此，难道虫能变草抑或草能变虫？不研究生物学的人是说不出所以然的。我曾试问过多位知识界人士，均说不出所以然。

七十二候所述自然现象，都随节气变化，说明"卦气"说的创始者，企图以中国的阳历解《易》。因为节气本是中国的太阳历。只是很多中国人有误解，认为阳历是指公历，因此把阳历视为洋历。而把根据月亮之历称为阴历，认为这才是中历，而把节

---

① 农按：上图"玄"字皆作"元"，为避康熙帝讳也。

气也视为阴历。其实中国本有两个历法，节气即是中国的阳历，与公历完全一致，而与阴历毫不相干。因此，中国人称阴历为农历，尤为不通之至，且此称至今不废，亦为奇矣。但没有一个农民在耕作时会根据阴历行事，而必然依节气而行。试问阴历与农业又有何涉？

"卦气"说以"气候"说《易》，而后以人事明之。《周易参同契》云："君子居室，顺阴阳节。藏器俟时，勿违卦月。谨候日辰，审察消息。纤芥不正，悔吝为贼。二至改度，乖错委曲。隆冬大暑，盛夏霜雪。二分纵横，不应漏刻。水旱相伐，风雨不节。蝗虫涌沸，群异旁出。天见其怪，山崩地裂。"此言卦气不效，则分、至、寒、温皆失其度也。

卦气说实是一种因物"象"以推善恶之"征"的数术，即《汉书·艺文志》所载"杂占者，纪百事之象，候善恶之征"的杂占之类。李镜池先生改名"物占"，认为也可以叫"象占"，笔者非常赞成。象，一种是"天启"的，如上引《参同契》"蝗虫涌沸""山崩地裂"之类，或瑞兽、嘉禾之类。一种是人为的，即筮占而得的象。两种象一合上，能使人惕然而惧，痛改前非，或使人振奋异常，信心倍增。

梦，似乎也是天启的象，故有"众占非一，而梦为大"之说。古人对梦占非常重视。古代君主梦则占，并设有专职占梦之官员。《诗·斯干》："乃占我梦。"《无羊》："牧人乃梦，大人占之。"《正月》："讯之占梦。"《周礼·春官宗伯·占梦》："占梦……以日月星辰占六梦之吉凶。""占梦"，即是专职占之官名。《左传》记载了许多梦象，如本书第一章《绪论》所引晋文公重耳之梦，梦象凶，而子犯占之吉，鼓舞了重耳的斗志。《左传·哀公十六年》："卫侯占梦。嬖人求酒于大叔僖子，不得。与卜人比，而告公曰：'君有大臣在西南隅，弗去，惧害。'乃逐大叔遗（即僖子）。遗奔晋。""嬖人求酒于大叔僖子，不得"是插入语，这是交待发生于占梦以前的事。嬖人记着恨，于是与卜人勾结起来借占梦欺骗卫侯，将卫侯的梦象附会到大叔遗的身上，把他驱逐出境了。

梦占之举，古今中外，久行不废。特别是经过艺术想象力极为丰富的近代科学家弗洛伊德的半科学、半艺术的解析，更是风靡世界，梦占似乎在科学化，但似乎又更趋神秘化。其风靡于中国者，即是更神秘化的部分也。君不见现在有多少以知识性、趣味性为宗旨的杂志，是以占梦来招徕读者的，梦占变成很时髦的学问。

天启的象，记载于古书的，差不多都是怪异之象，是不正常的现象。例如雄鸡司晨不希奇，但"牝鸡司晨"就糟了。周武王伐纣时，历数纣王的罪状中就有"牝鸡司晨"一条，说的是纣王唯妇人之言是听（见《尚书·牧誓》）。日蚀、彗星现等更是使人惧怕，视为灾异，皇帝得赶快自我检讨，写罪己诏，最起码也得在吃饭时减少几样菜。这都是写在正史里的。他们总觉得这种怪象是天启，是警告，与他们的所作所为有关。有的是真惧，认为可以用德行来补救；有的是假惧，只想到安抚一下老百姓。《史记·殷本纪》："帝太戊立伊陟为相。亳有祥桑谷共生于朝，一暮大拱。帝太戊惧，问伊陟。伊陟曰：'臣闻妖不胜德，帝之政其有阙（缺）与？帝其修德！'太戊从之，而祥桑枯死而去。"伊陟提出"妖不胜德"的思想，总是应该受到称赞的。

《易经》卦爻辞中亦有物占，如本书前引黄宗羲《易学象数论》卷 3《原象·乾》，即是星占。李镜池、高亨先生都认为《易》中有物占、梦占，笔者读了很是钦佩。我觉得被章学诚归入"人心营构之象"一类的，如"睽孤，见豕负涂，载鬼一车。先张之弧，后说（脱）之弧。匪寇，婚媾，往遇雨"非常像梦境，或者像高烧病人的幻觉。原来天启之象，是可以编到人为之象里面去的。用此占验，是可以劝善惩恶的。

卦气说的高妙处，我认为即是把天灾与人祸联系在一起的思想。天灾有自然的天灾，亦有人为而致的天灾，则所谓"天灾"者，抑亦人祸也。

如果因人祸而致天灾，犹不知惧而悔改，则才是真正的没有希望。

卦气说杂谶纬迷信与科学的物候于一炉，并以之说《易》。我们不必责其迷信欺世，而应该理解其忧世的苦心。故笔者不惜篇幅，特论述如上，而于占筮亦不无助焉。认为妖祥是可以预测的思想，也是伟大的。不但如日蚀、彗星早可预测，即使"山崩地裂"，现代也已经有相当高的预测能力，于是我又悲夫古代精通天文、历法、物候的科学家，往往由于谶纬迷信的污染而被目为江湖术士之流。像卦气说又不知被历史上一些毫无自然科学知识的学者骂了多少年，这也是很不公平的。

二、"纳甲"说

（一）虞翻"纳甲"说

虞氏以月之晦、朔、盈、亏以象八卦，再以甲、乙、丙、丁、戊、己、庚、辛、壬、癸等十个天干分纳于八卦，而举十干之首"甲"以概其余，故名"纳甲"。以此显示八卦消息盈虚，即其注《坎》卦所谓"不失其时，如月行天"①也。又虞氏注《系辞传》"悬象著明，莫大乎日月"云："谓日月悬天成八卦象。三日暮，震象出庚。八日，兑象见丁。十五日，乾象盈甲。十七日旦，巽象退辛。二十三日，艮象消丙。三十日，坤象灭乙。晦夕朔旦，坎象流戊，日中则离，离象就己。戊、己土位，象见于中，日月相推而明生焉。故'悬象著明，莫大于日月'。"②宋朱震《周易卦图说》云："纳甲何也？曰举甲以该十日（十日即十干）也，乾纳甲、壬，坤纳乙、癸，震、巽纳庚、辛，坎、离纳戊、己，艮、兑纳丙、丁，皆自下生。圣人仰观日月之运，配之以坎、离之象，而八卦十日之义著矣！"③惠栋云："坎、离，日、月也，戊、己，中土也。"故"纳甲"说以坎、离象日、月，居中土。其余八干，则乾纳甲与壬，坤纳乙与癸，震纳庚，巽纳辛，艮纳丙，兑纳丁。如图：

---

① 见《周易集解》卷6《坎》卦卦辞注所引，《北京图书馆古籍珍本丛刊》本，第110页。
② 《周易集解》卷14，版本同前，第249—250页。
③ 转引自[清]胡渭：《易图明辨》卷3，《粤雅堂丛书》本，第27页。

《八卦纳甲图》

（据《昭代丛书（壬集）》本《易汉学》）

又据虞氏注文，震示初三月象，兑示初八上弦，乾示十五满月，巽示十七日月由圆而渐缺，艮示二十二日下弦，坤示三十日晦。今重制《参同直指》所附《月光盈亏图》于下，以备参考。

《一月月光盈亏图》

（据上海翼化堂藏版《参同直指》重制）

虞氏多以纳甲释《易》，如其说《坤·象》"西南得朋，乃与类行；东北丧朋，乃终有庆"云：

　　此指说《易》道阴阳消息之大要也。谓阳月三日，变而成震出庚，至月八日成兑见丁，庚西丁南，故"西南得朋"，谓二阳为朋。二十九日消乙入坤，灭藏于癸，乙东癸北，故"东北丧朋"，谓之以坤灭乾，坤为丧也。[①]

　　又如《小畜》上九曰"月几望"，《易说》曰："月，十五盈，乾甲十六见巽辛，内乾外巽，故曰'几望'。"又《中孚》六四"月几望"，晁氏说之曰："孟、荀、一行（农按：指唐释一行）'几'作'既'。孟喜云：'十六日也。'（惠栋原注：案此，则孟长卿亦用纳甲）"说之案："古文读'近'为'既'，《诗》'往近王舅'是也。此实当作'既'。"惠栋案："六四体巽，故云'既望'，晁说是。"[②]尚秉和亦曰："纳甲法，十五日夜乾象，月盈甲。十六日平明巽象，月退辛。上九处巽之终，正'既望'也。既望则阳将消，又三无应，故征凶。"[③]
　　凡此，皆虞氏纳甲法说《易》例也。

　　（二）京房"纳甲"说
　　京房"纳甲"，亦是一种占法，其《八卦六位图》，见《火

---

① 见《易汉学·虞仲翔易》，版本同前，第43页。按虞氏此说，尚秉和大不以为然，说见《周易尚氏学》，此举虞说例，不引。
② 以上并见《易汉学·虞仲翔易》，版本同前，第43页。
③ 见《周易尚氏学》卷3，《小畜·上九》，版本同前，第70页。

珠林》。如"乾属金"：初爻为"甲子，水"，二爻为"甲寅，木"，三爻为"甲辰，土"，四爻为"壬午，火"，五爻为"壬申，金"，上爻为"壬戌，土"。李淳风曰："乾主甲子、壬午。甲为阳日之始，壬为阳日之终，子为阳辰之始，午为阳辰之终。乾初爻在子，四爻在午；乾主阳，内子为始，外午为终也。"如"坤属土"：初爻为"乙未，土"，二爻为"乙巳，火"，三爻为"乙卯，木"，四爻为"癸丑，土"，五爻为"癸亥，水"，上爻为"癸酉，金"。李淳风曰："坤主乙未、癸丑。乙为阴之始，癸为阴之终，丑为阴辰之始，未为阴辰之终。坤初爻在未，四爻在丑；坤主阴，故内主未而外主丑也。"① 等等。

惠栋《易汉学》引《抱朴子》曰："案《玉策记》及《开名经》皆以五音六属知人年命之所在。"接着惠氏说："案《玉策记》《开名经》皆周秦时书。京氏之说，本之焦氏（农按：指焦延寿），焦氏又得之周秦以来先师之所传，不始于汉也。"② 故知京氏、焦氏皆可谓后世算命术之祖师。此不赘述。

现再介绍京房《八宫卦次图》纳甲占法（图见下页）：将六十四卦按"八宫"排列，每宫八卦，由一经卦领首，即《乾》《震》《坎》《艮》《坤》《巽》《离》《兑》，各主一宫，称"本宫"卦，下接七卦，曰"一世""二世""三世""四世""五世""游魂""归魂"。宫中每卦有"世爻""应爻"。如《乾》，上九不变，五世变《剥》，四世变《观》，三世变《否》，下体成坤，二

①《易汉学·京君明易》，版本同前，第61—62页。
②《易汉学·京君明易》，版本同前，第63—64页。

《八宫卦次图》

（据《昭代丛书（壬集）》本《易汉学》重制，宫卦排列次序依《元包经》）

	太阴第一	太阳第二	少阴第三	少阳第四	仲阴第五	仲阳第六	孟阴第七	孟阳第八
本宫	坤	乾	兑	艮	离	坎	巽	震
一世	复	姤	困	贲	旅	节	小畜	豫
二世	临	遁	萃	大畜	鼎	屯	家人	解
三世	泰	否	咸	损	未济	既济	益	恒
四世	大壮	观	蹇	睽	蒙	革	无妄	升
五世	夬	剥	谦	履	涣	丰	噬嗑	井
游魂	需	晋	小过	中孚	讼	明夷	颐	大过
归魂	比	大有	归妹	渐	同人	师	蛊	随

世变《遁》,一世变《姤》。宋张行成曰:"若上九变,遂成纯《坤》,无复乾性矣。《乾》之世爻,上九不变,九返于四而成离,则明出地上,阳道复行,故游魂为《晋》,归魂于《大有》,则乾体复于下矣。"又如《坤》,上六不变,五世变《夬》,四世变《大壮》,三世变《泰》,下体成乾,二世变《临》,一世变《复》。张行成曰:"若上六变,遂成纯《乾》,无复坤性矣。《坤》之世爻,上六不变,六返于四而成坎,则云上于天,阴道复行,故游魂之卦为《需》,归魂于《比》,则坤体复于下矣。"①

可知本宫卦皆由初爻变起,自下而上,其初爻变,称"一世";初、二爻皆变,称"二世";以此类推,五爻皆变称"五世"。唯上爻不变。第六卦的第四爻又变为本宫卦爻,此谓之"游魂"。第七卦则在前卦的基础上将内卦三爻一并变回本宫卦爻,谓之"归魂"卦。

"应爻"者,即《易纬·乾凿度》所云:"三画以下为地,四画以上为天。物感以动,类相应也。易气从下生——动于地之下,则应于天之下;动于地之中,则应于天之中;动于地之上,则应于天之上。初以四,二以五,三以上。此之谓应。"

京房"纳甲"法,再将天干地支按一定规律排列于八经卦的六个爻画中,以得卦所值的地支五行与本宫卦所属五行相生克而定出"六亲",即"父母""兄弟""妻财""子孙""官鬼"。此外

---

① 以上并见[南宋]张行成:《元包数总义》,载《景印文渊阁四库全书》第803册,第244页。农按:黄宗羲曰:"《元包》祖京氏以为书。"故本书《八宫卦次图》的宫卦排列按[北周]卫元嵩《元包经》的次序。

又有"六神"，即"青龙""朱雀""勾陈""螣蛇""白虎""玄武"。《系辞传下》曰："六爻相杂，唯其时物。"又曰："爻有等，故曰物。"晋干宝亦曰："等，群也。爻中之义，群物交集，五星、四气、六亲、九族、福德、刑杀，众形万类，皆来发于爻，故总谓之物也。"①京氏"纳甲"法，言"物"可谓多矣。其以六神及天干地支所属五行生克及占卦时日的生克，推断占事的吉凶。而世爻、应爻为卦中之主干，主要凭此二爻推断。

如《谦》卦《象》曰："谦，亨。"《九家易》曰："艮山，坤地。山至高，地至卑。以至高下至卑，故谦也。谦者兑世（五世），艮与兑合，故亨。"②

《汉书·王莽传上》："太后……听公卿采莽女。……有诏：遣大司徒、大司空策告宗庙，杂加卜筮。皆曰：兆遇金水王相（孟康曰：金水相生也），卦遇父母得位（父母者，京房所谓天地爻也。皇后母天下，父母得位，故吉），所谓'康强'之占，'逢吉'之符也。"（农按：即《尚书·洪范》所谓："女则从，龟从，卿士从，庶民从，是之谓大同。身其康强，子孙其逢，吉。"）

王莽为使女儿被选为皇后，以为政变创造条件，竟利用京氏《易》说导演了一出近似于指鹿为马的丑剧。

又如北魏人赵辅和擅长《易》占，曾有人以父病贞问，筮遇《乾》之《晋》，即《乾》卦变《晋》卦。他讲了些安慰话打发贞问的人回去。待那人一走，他却对旁人说，《晋》为《乾》之

---

① 见《易汉学·京君明易·爻等》，版本同前，第79页。

② 《易汉学·京君明易·世应》，版本同前，第71页。

"游魂"卦，《乾》为父，《乾》变游魂升天，能不死吗[①]？

按这样的解法，那么如果碰上《乾》之《大有》，也得死。因为《大有》为《乾》之"归魂"，不管是魂归地府，还是魂归九天，或是魂兮归来，都是死。

君不见前页所附《八宫卦次图》中，最下两排共十六卦，不是"游魂"，就是"归魂"，占上的机会真不少，岂不吓人？请放心。如果有位个体大户亏了本，或是偷税被罚款，他的儿子去问卦，得《乾》之《大有》，就可对他说：不要慌，你父亲的确受惊了，吓得魂灵也出窍，不过现在魂已归，"大有，元亨"，准备再发大财吧，哈！

三、"爻辰"说

"爻辰"，为郑玄所用《易》说之一。它以《乾》《坤》两卦的十二爻分值十二辰，又以此十二辰分主十二月；《乾》卦初九爻当"子"，为十一月；九二爻当"寅"，为正月；九三爻当"辰"，为三月；九四爻当"午"，为五月；九五爻当"申"，为七月；上九爻当"戌"，为九月。《坤》卦初六爻当"未"，为六月；六二爻当"酉"，为八月；六三爻当"亥"，为十月；六四爻当"丑"，为十二月；六五爻当"卯"，为二月；上六爻当"巳"，为四月。

---

① 事见尚秉和：《周易古筮考》卷7，1926年刻本，第3页。

用此十二辰与二十八星宿、二十四节候及十二生肖相值，以解释卦爻之由来。

《易纬·乾凿度》卷下云："《乾》阳也，《坤》阴也，并治而交错行。《乾》贞于十一月子，左行阳时六（康成注：贞，正也。初爻以此为正，次爻左右者，各从次数之）[①]，《坤》贞于六月未（《乾》《坤》阴阳之主，阴退一辰，故贞于未），右行阴时六，以奉顺成其岁，岁终次从于《屯》《蒙》（岁终则从其次，《屯》《蒙》《需》《讼》也）。《屯》《蒙》主岁，《屯》为阳，贞于十二月丑，其爻左行，以间时而治六辰；《蒙》为阴，贞于正月寅，其爻右行，亦间时而治六辰。"又云："阴卦与阳卦同位者，退一辰以为贞，其爻右行，间时而治六辰（阴阳同位，阴退一辰，谓左右交错相避）。"[②]

惠栋以为《乾凿度》之说，与《十二律相生图》合。郑玄于《周礼·春官宗伯·太师》注云："黄钟，初九也。下生林钟之初六，林钟又上生太簇之九二，太簇又下生南吕之六二，南吕又上生姑洗之九三……"文长不具录，可依此类推[③]。

由此可知，"爻辰"说非郑氏首创，然只有郑氏一家留存较为完整，故"爻辰"说往往归之郑玄名下。今附惠栋《易汉学》中的《十二月爻辰图》《爻辰所值二十八宿图》于后页，以供读者参考。

[①] 农按：括号中为惠栋《易汉学·郑康成易》引《乾凿度》所附夹注，下同。

[②] 《易纬·乾凿度》卷下，《丛书集成初编》影印武英殿聚珍本，第33—34页。

[③] 详见《易汉学·郑康成易》，版本同前，第101—102页。

下面，举郑氏以"爻辰"法解《易》之例，以助读者之兴。

郑氏注《大过》云："《大过》者，巽下兑上之卦。初六在巽体，巽为木；上六位在巳，巳当巽位，巽又为木。二木在外，以夹

《十二月爻辰图》

（据《昭代丛书》本《易汉学》）

《爻辰所值二十八宿图》

(据《昭代丛书》本《易汉学》)

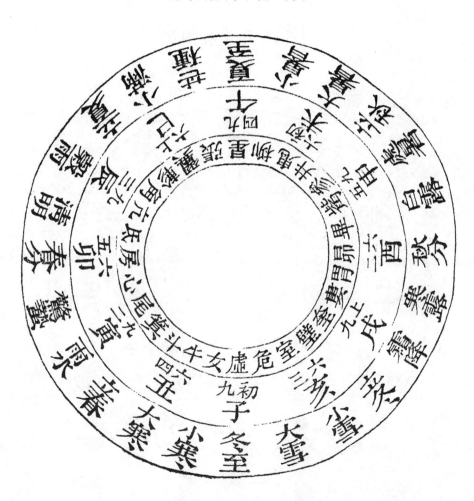

四阳。四阳互体为二乾，乾为君为父。二木夹君父，是棺椁之象。"①
如此这般，肯定是凶了；《大过·象》不是也说"栋桡，本末弱也"
吗？可是下面还有"利有攸往，乃亨"又怎么解释呢？郑氏肯定还
有话没被记下来，真可惜。而他对棺椁的想象，已称得上异想天开。
仔细想想，却也说得巧而深刻，栋梁折断，国破家亡，君父自然只
好进棺材了。这是"爻辰"与卦形、互体相结合以解释象义之例。

郑氏注《困》九二"困于酒食，朱绂方来，利用享祀"云：
"二据初，辰在未，未为土，此二为大夫有地之象。未上值天厨，
酒食象（惠栋曰：未上值柳，柳为朱鸟喙，天之厨宰，主尚食，
和滋味）。困于酒食者，采地薄，不足己用也。"②

看来这位郑老夫子是很有点艺术想象力的，他用"爻辰"法，
竟把星象名义也用来象征双关了。"困于酒食"，我原以为是饮
过量、食过饱，为酒食所困的意思，因为《论语》上就有"不为
酒困"的告诫。但郑氏以为按"爻辰"法，此卦初爻值未，未上
值"天厨"星，厨又是盛放酒食的，故有酒食象。这样的想法已
经够奇了。那么，有酒有食岂不很好吗？但原来不是他自己有酒
食，而是尊贵的上司要来——"朱绂方来"（朱绂是尊贵者之服
饰），但"采地薄，不足己用"，看来这位土皇帝管辖的是个贫
困地区，所以他虽将设宴以庆，却困于张罗酒食之事，弄得焦头
烂额，急得团团转。"朱绂"者指九四，九四辰在午时，二至四
有离象。离为火，火色赤，至午时，离气赤又朱也。

① [汉]郑玄：《周易郑康成注》，载《景印文渊阁四库全书》第7册，第146页。
② 见《易汉学·郑康成易》，版本同前，第106页。

　　郑说是如此的牵强附会，真可谓"可爱而不可信"。不过，郑氏《易》注已不全，特别是以"爻辰"法解之者，今存不过十几条，散见于《周易正义》《礼记正义》《仪礼疏》《公羊疏》等。但郑玄毕竟是大儒，他的思路生动而活跃。我想凡是大家都是如此，他的理论一定是用生动活泼的具体事例来表述的。

　　"爻辰"法中，《泰》《否》二卦的排列比较特殊。《乾凿度》云："《泰》《否》之卦，独各贞其辰，共北辰左行相随也。"郑玄解释说："'贞'，正也。初爻以此为正，次爻左右者各从次数之，一岁终则从其次，《屯》《蒙》《需》《讼》也。阴卦与阳卦，其位同，谓与同日；若在冲也，阴则退一辰者，为左右交错相避。《泰》《否》独各贞其辰，言不用卦次。《泰》卦当贞于戌，《否》当贞于亥。戌，乾体所在；亥，又坤消息之月。《泰》《否》乾、坤离体，气与之相乱，故避之。而'各贞其辰'，谓《泰》贞于正月，《否》贞于七月，六爻皆《泰》得《否》之乾、《否》得《泰》之坤。'北辰左行'，谓《泰》从正月至六月皆阳爻，《否》从七月至十二月皆阴爻，《否》《泰》各自相从。"①又云："北辰共者，《否》贞申右行，则三阴在西，三阳在北；《泰》贞寅左行，则三阳在东，三阴在南。是则阴阳相比，共复乾、坤之体也。"②

　　又惠栋《易汉学》曰："案郑于主岁卦注云：'北辰左行，谓《泰》从正月至六月，此月阳爻；《否》从七月至十二月，此月阴爻。《否》《泰》各自相随。'此说与图不合。故郑于卷末

①《易纬·乾凿度》卷下，版本同前，第34页。
②《易纬·乾凿度》卷下，版本同前，第56页。

《泰否所贞之辰异于他卦图》

（据《昭代丛书》本《易汉学》）

言《否》《泰》不比及月，先师不改，故亦不改也。朱震卦图，合郑前后注而一之，特为改正。"[1]

　　然郑氏注《泰》六五爻"帝乙归妹，以祉元吉"曰："五爻辰在卯春，为阳中，万物以生。生育者，嫁娶之贵。仲春之月，嫁娶男女，福禄大吉。"[2]似乎按爻辰法，《泰》卦六五当卯，正值二月仲春天气，为万物生育季节，故宜嫁娶，因有"以祉元吉"之占。然若按之上页《泰否所贞之辰异于他卦图》，《泰》卦六五当亇五月，而非当卯。若按郑氏自言之"卦次"，《泰》当贞于戌，则《泰》六五亦当午五月，而非当卯也。实不知"当卯"说之所自。

　　《易》汉学多以断编残简传世，反复传抄，以讹传讹，非通才大儒实难清理出本来面貌，故时有矛盾扦格之处，敬希读者谅察并有以教之。

四、关于八卦方位

　　李镜池先生在1930年所写的《周易筮辞考》一文中有云："周人从西方慢慢向东边徙移，其中不知经过多少困苦艰难，历尽多少战争险阻。天天靠这'神物'来指示当日的吉凶，解决当前的问题。这'神物'实在给他们不少慰安，不说'利西南，有攸往，

---

① 《易汉学·郑康成易》，版本同前，第 110 页。
② [清]惠栋：《增补郑氏周易》卷上，载《景印文渊阁四库全书》第 7 册，第 153 页。

夙吉'(《解》),便说'利西南,不利东北'(《蹇》),'利
西南得朋,东北丧朋'(《坤》),真是鼓励勇气不少。"①

李先生形象地描述了周人用《易》的情况,将"《易》之真"
与"《易》之用"结合在一起。但越到后来,"《易》之真"势
所必然地越来越淡化,甚至化为乌有。因为不但贞问的人不关心
周人,即令占筮的人也不会去同周人发生联想,而只是想从这些
方位词与卦象的关系方面找出一些规律,"合义可为其征",使
之变成一种普遍性的东西,以对任何贞问者作出指示,完完全全
地变为"《易》之用",这就逐渐地产生了八卦方位说。

当然,如果按照传说,就不是笔者所说的那么一回事了。八
卦方位,是八卦排列的位置。传说八卦是伏羲得所谓"河图"传
下来的。《论语》中就有"凤鸟不至,河不出图"的话,这还是
孔老夫子自己说的。《尚书·顾命》有"陈宝:……大玉、夷玉、
天球、河图,在东序"的记载。既言"河出图,洛出书,圣人则
之"(《系辞传》),那么,"河图"与"洛书",都是"天启",
而非人造。第一个得到图的人是谁呢?据传说有伏羲、尧、禹、
周文王。其中有一则见《广博物志》卷14引《尸子》:"禹理洪
水,观于河,见白面长人鱼身出,曰:'吾河精也。'授禹河图
而还于渊中。"②所记怪诞不经,现代人自然不会相信。"洛书"
也同样,只有荒诞的传说。在宋以前从未出现过具体的"河图"
与"洛书"的样子。但既然有传说,自会有证实传说的人出现,

---

① 见李镜池:《周易探源》,版本同前,第 34 页。
② [明]董斯张:《广博物志》,载《景印文渊阁四库全书》第 980 册,第 295 页。

自会有证实传说的学说，已经死去的名人或者传说中的名人，自然只能听其差排使唤。《说卦》的八卦方位说就是一种说明，后来宋儒的"图""书"之学，更是大大地向前迈进了。《说卦传》曰：

> 天地定位，山泽通气，雷风相薄，水火不相射，八卦相错。数往者顺，知来者逆，是故《易》逆数也。

《易学启蒙通释》引邵雍曰："此一节明伏羲八卦也。'八卦相错'者，明其相错而成六十四也。'数往者顺'，若顺天而行，是左旋也；皆已生之卦也，故云'数往'也。'知来者逆'，若逆天而行，是右行也；皆未生之卦也，故云'知来'也。夫《易》之数由逆而成矣。此一节直解图意，若逆知四时之谓也。"①照宋儒说，这就是《伏羲八卦方位图》，也即所谓的《先天图》。

邵雍《观物外篇》："震始交阴而阳生；巽始消阳而阴生；兑，阳长也；艮，阴长也；震、兑在天之阴也；巽、艮在地之阳也。故震、兑上阴而下阳，巽、艮上阳而下阴。天以始生言之，故阴上而阳下，交泰之义也；地以既成言之，故阳上而阴下，尊卑之位也。乾、坤定上下之位，离、坎列左右之门。天地之所阖辟，日月之所出入，是以春夏秋冬、晦朔弦望、昼夜长短、行度盈缩，莫不由乎此矣。"②

---

① [南宋]胡方平：《易学启蒙通释》卷上，载《景印文渊阁四库全书》第20册，第682页。
② [北宋]邵雍：《皇极经世书》卷13，《观物外篇》上，载《景印文渊阁四库全书》第803册，第1064－1065页。

这是邵雍对《先天图》的解释。震、兑都是阴在阳之上，是取阴阳交泰之义；巽、艮都是阳在阴之上，取阳尊阴卑之义。乾、坤定上下，坎、离列左右，表示天地开合、日月出入等等。由四象、八卦，推衍变化，遂生六十四卦之象与义，故其《伊川击壤集》云：

《伏羲八卦方位图》

（据《粤雅堂丛书》本《易图明辨》）

> 天地定位，《否》《泰》反类。
> 山泽通气，《损》《咸》见义。雷风相薄，《恒》《益》起意。水火相射，《既济》《未济》。四象相交，成十六事。八卦相荡，为六十四。[①]

《否》，坤下乾上；《泰》，乾下坤上。从"《否》《泰》反类"上，可以看出"天地定位""阴阳交泰"之义。《损》，兑下艮

---

① ［北宋］邵雍：《伊川击壤集》卷17《大易吟》，《四部丛刊初编》本，第97页。

上；《咸》，艮下兑上。兑为泽，艮为山，故从《损》卦、《咸》卦，可知"山泽通气"之义。《恒》，巽下震上；《益》，震下巽上。巽为风，震为雷，可知"雷风相薄"之义。《既济》，离下坎上；《未济》，坎下离上。坎为水，离为火，可知"水火相射"之义。或从"始生"的角度，或从"既成"的角度，都是上引《观物外篇》所言的引伸，亦即是对《先天图》说的引申。故明嘉靖年间王畿为《击壤集》作序称："《击壤集》中无非发挥《先天》之旨，所谓别传非耶？"①

《说卦》还有一处清楚地提及方位问题：

> 帝出乎震，齐乎巽，相见乎离，致役乎坤，说言乎兑，战乎乾，劳乎坎，成言乎艮。万物出乎震，震，东方也。齐乎巽，巽东南也。齐也者，言万物之絜齐也。离也者，明也，万物皆相见，南方之卦也。圣人南面而听，天下向明而治，盖取诸此也。坤也者，地也，万物皆致养焉，故曰"致役乎坤"。兑，正秋也，万物之所说（悦）也，故曰"说言乎兑"。"战乎乾"，乾，西北之卦也，言阴阳相薄也。坎者，水也，正北方之卦也，劳卦也，万物之所归也，故曰"劳乎坎"。艮，东北之卦也，万物之所成终，而所成始也，故曰"成言乎艮"。

---

① [明]王畿：《龙溪王先生全集》卷13，《〈击壤集〉序》，载《四库全书存目丛书》集部第98册，第501页；亦见《邵氏遗书五种》影印明万历间刊、清康熙八年递修本《伊川击壤集》卷首，中州古籍出版社2015年版。

从震东、巽东南、离南、乾西北、坎北，已明明道出六个方位。兑虽不言方位，然有了"正秋也"一句，可知为西。这是因为震为正东，于时值正春。兑正秋，则于方位自然为正西。还剩下西南，当然是坤的方位了。则是明明白白画出了又一个方位图。这个八卦方位，明显地与前文所示的伏羲《先天图》不同，被后人称

《文王八卦方位图》

（据《粤雅堂丛书》本《易图明辨》）

为《文王八卦方位图》，又叫《后天图》。这个八卦方位，《易纬·乾凿度》借了孔子的名义解释得很清楚，孔子曰：

　　《易》始于太极，太极分而为二，故生天地。天地有春、秋、冬、夏之节，故生四时。四时各有阴、阳、刚、柔之分，故生八卦。八卦成列，天地之道立，雷、风、水、火、山、泽之象定矣。其布散用事也，震生物于东方，位在二月。巽

散之于东南，位在四月。离长之于南方，位在五月。坤养之于西南方，位在六月。兑收之于西方，位在八月。乾制之于西北方，位在十月。坎藏之于北方，位在十一月。艮终始之于东北方，位在十二月。八卦之气终，则四正四维之分明，生长收藏之道备，阴阳之体定，神明之德通，而万物各以其类成矣。皆《易》之所包也。至矣哉，《易》之德也。

《乾凿度》并将震配仁、离配礼、兑配义、坎配信，这是四方之义。"夫四方之义，皆统于中央。故乾、坤、艮、巽位在四维，中央所以绳四方。行也，智之决也，故中央为智"。此五者，"道德之分，天人之际也"。把宇宙哲学与人生哲学打成一片，故李镜池先生认为后天方位是受阴阳五行说思想影响的。阴阳家以五行分配于四时、四方：春为木，居东方；秋为金，居西方；夏为火，居南方；冬为水，居北方。这思想系统影响易学家，就有八卦配入四方、四时的方位说。

《先天图》《后天图》到底哪个正确？似乎没有标准答案，故笔者回答不出。但我们可以来看一下八卦方位图对占的用处。如《蹇》卦辞："利西南，不利东北。"虞翻曰："坤，西南卦，五在坤中。坎为月，月生西南，故利西南。往得中，谓西南得朋也。艮，东北之卦，月消于艮，丧乙灭癸，故不利东北，其道穷也，则东北丧朋矣。"[1] 尚秉和曰："重坎故曰'蹇'（农按：尚氏兼用

---

① 见《周易集解》卷8，《北京图书馆古籍珍本丛刊》本，第140页。

互卦，二至上重坎）。坤在西南，五往居坤中，得中有应，故曰'利西南'。艮居东北，三阳穷于上而多凶，故'不利东北'。"① 很明显，虞氏与尚氏都是用的《后天图》说。若有人问我：你信哪一说？我只能回答说：将信而将疑。将信者，两种方位图都各说各的，各自成理。将疑者，自说成理者，不一定就是真理，即不一定正确。这是由笔者目前的水平决定的。须知将信将疑到不信不疑甚至坚信、坚不信，是有程度上的区别的。一个人坚决相信，或坚决不信某个学说、某一理论，真不知要经历多少肉体与精神上的艰苦历程与付出如何惨重的代价。当然，对于《易》，本来就可以从各个角度、各个层面去理解它。理解的程度有深浅，这自是学者本身的事。但如果其说本自无理，要教人相信，又怎么做得到？

对于《河图》《洛书》，笔者亦毫无发挥之能力。《河图》《洛书》自有专家，它与《周易》似乎没有血缘关系，只是个自称的而没有经过公证的养子。君不见历代《周易》专家在其著述中，或根本不提一笔，或索性一笔勾销，是不予承认的。当然，人对于自己不理解的东西，也可以不理睬或一笔勾销的。不过，这句话只能对高深的理论适用，至于和天天的日常生活联系在一起的理论如果人们不理解，那是非一笔勾销不可的。《河图》《洛书》大概是属于高深的一种。后来经过了权威人士——不但有学术的权威，还有势位的权威——朱熹夫子一公证，不但证明它不

---

① 见《周易尚氏学》卷11，版本同前，第184页。

是养子，而且还是祖宗，《易经》倒反是他的儿子。朱熹《周易本义》将《河图》《洛书》两图赫然置于卷首各图之首，一下子把它的地位提高得了不得。但到朱熹死后，后代仍有很多易学家不予理睬，或数笔勾销。但总得在其著作中提上数笔了。既然"图""书"说闹腾得有些影响，本书也得简单介绍一下，以帮助爱好易学的朋友在看到这些字眼时不致茫然。

《河图》《洛书》

（据《古逸丛书》本《周易程氏传》）

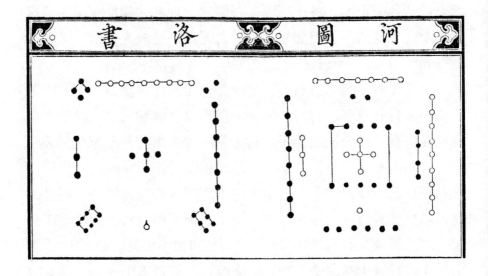

上图采自《古逸丛书》覆刻元至正本《周易程氏传》，此书原由朱熹集录，而朱氏自著《周易本义》则不仅于卷首附有《河图》《洛书》，且在二图之后即引《系辞传》曰："河出图，洛

出书，圣人则之。""天一，地二；天三，地四；天五，地六；天七，地八；天九，地十。天数五，地数五，五位相得而各有合，天数二十有五，地数三十。凡天地之数五十有五，此所以成变化而行鬼神也"。并以为《系辞传》这些话是指《河图》说的，故曰"此《河图》之数也"①。图中白点表示天数，黑点表示地数。按之《易纬·乾坤凿度·乾凿度》曰：

　　天本一而立，一为数源，地配生六，成天地之数，合而成（水）性，天三地八（木），天七地二（火），天五地十（土），天九地四（金）。

　　运五行，先水，次木生火，次土及金。木仁，火礼，土信，水智，金义。又《万名经》曰："水土兼智信，木火兼仁惠，五事天性，训成人伦。"②

　　读者用黑白点点与上文对照观看，就可对《河图》有一个规律性的认识。但不知是"说"因"图"而成，还是"图"由"说"而生？也不知数目字怎么从"一"变到了"五行"，而又同伦理道德挂上了钩？反正我钻研了《河图》诸说，只想到中国的围棋是不是与此有关？而这么说出来，想必会贻笑大方的。

----

① 参见［南宋］朱熹：《原本周易本义》卷首，载《景印文渊阁四库全书》第 12 册，第 627－628 页。

② 《易纬·乾坤凿度·乾凿度》，《丛书集成初编》影印武英殿聚珍本，第 23 页。农按：此书与郑玄所注之《乾凿度》非为一书。

现在再讲《洛书》。据汉孔安国、刘向等所述，相传禹治洪水时有神龟出于洛水，背上有裂纹：前九，后一，左三，右七，中五；前右二，前左四，后右六，后左八。纹如文字。禹取而作《洪范九畴》。故孔安国以为《河图》则八卦、《洛书》则《九畴》。这当然没有多少人会相信。但《易纬·乾凿度》亦云："《易》，一阴一阳合而为十五之谓道。阳变七之九，阴变八之六，亦合于十五。""故太一取其数，以行九宫，四正四维，皆合于十五"①。都硬是与《洛书》对上了。

我们看《洛书》图，上有四十五个黑白点，其排列有一明显特点，即无论从上、中、下三横向，或左、中、右三纵向，或二对角线（东北西南或东南西北）数去，八组所得数字均为十五，而代表地数的黑点全在四维（即四个角上）。故宋人有以太一下行九宫式为《洛书》者，清人毛奇龄力辟之。然考北周甄鸾注《数术记遗·九宫算》云："九宫者，即二、四为肩，六、八为足，左三右七，戴九履一，五居中央。"②《洛书》之图似即在眼前。现在我们再回到上文，朱子《周易本义》在释《河图》后即云："《洛书》盖取龟象，故其书戴九履一，左三右七，三、四为肩，六、八为足。"这就知道其脉络了。

清胡渭《易图明辨》卷2列有一图，称《太一下行九宫图》③。此图既合《洛书》，又合《后天图》，而其所列数字，无论纵向、

①《易纬·乾凿度》卷下，版本同前，第29—30页。
② 见《景印文渊阁四库全书》第797册，第168页。
③ 图见下页，原图"九""五""一"三格中有小字注，今略。

横向、斜向数去，它的和均为十五，真可谓巧夺天工，令人惊绝。按上文论及《后天图》所引《乾凿度》文："中央所以绳四方。行也，智之决也，故中央为智。"则中央之智，实表现在"决"出"五"这个数字，找到这个数字，则纵向、横向、斜向皆得平衡，不就"摆平"了吗？当然，光从这个图上看，找出

《太一下行九宫图》

（据《粤雅堂丛书》本《易图明辨》重制）

巽四	離九	坤二
震三	中五	兑七
艮八	坎一	乾六

"五"这个数字并不难，因为个位数中，唯剩有"五"了，稍一思考，即能知之，故只能作为小学或初中生的智力测验题。然而，如果把它看作象征呢？则找到这个"五"的意义可就伟大了，能否找到这个"五"，倒真能"决"出中央的智与不智。

《河图》《洛书》以其巧妙的形式而具神秘性，直到现在仍有所谓某某"破译"了这两个神秘图形的报道。所谓"破译"，一般是只对密码而言的。而真正的"破译"，是唯一的，也就是只有一种答案的。如将一密码破译——"某时某刻用某武器袭击某某

目标"之类。对于《河图》《洛书》，如用"破译"，则首先必须承认它从来没有人懂得它的意思，到破译前为止，仍如密码一般，无人知晓。如果是离《周易》一书的产生时间为相当距离的事，比如是宋朝时画出来的，而且在此以前从未出现过，那么其神秘性自大为减少。创说之人故弄玄虚，是无需待后人破译的。再则，对于见仁见智的东西，实是用不着"破译"这个词的。一个密电，绝不能既可理解为"轰炸某某地区"，或又可理解为"暗杀某某人"，因为只能有一个标准答案。

　　笔者介绍《河图》《洛书》二图，只是基于这样的想法：给读者以想象生发的根据，想象力丰富的读者，自会由此想出个什么新玩意，至于什么"破译"之类，笔者实在不存此希望。因为弄得不好又是"地知天不知，我知君不知"之类而已。

　　感谢读者有耐心读到这里。我可以认为，读者对《周易》（包括经与传）已能看到一个大致的轮廓，对读《易》的专门技术已基本上掌握，只要再学得并掌握筮法、占法，就可用《易》来占筮了。

　　下面的章节，分别讲述"筮"与"占"。

第七章 《易》筮

筮是占卜之一种。

《尔雅》："占者，视兆以知吉凶也。"[1]这里的"兆"是指灼龟后出现的兆象，但实际上也包括了如天象、物象等所谓"前兆迷信"之兆，即某种人间灾祸或吉祥的预兆。故《方言》曰："占，伺视也……凡相候谓之占。"[2]候者，即伺候兆之出现而视之。

卜，灼剥龟也。一曰象龟兆之纵横也（见《说文》）。这由来于古人欲预知后事之吉凶，多灼龟以取兆。后引申凡欲预知后事之行为，或以己意预测后事，亦曰卜，如现代汉语中尚有"生死未卜""前途未卜"一类话。

"占卜"者，实是通过某种工具或某种形式取"兆"、视"兆"而预测吉凶的行为的总称。古人视龟兆而预测吉凶的行为称占卜，现代寺庙中仍风行的求签以测吉凶的行为，亦可称占卜。

筮，是占卜法之一，向来专指以《周易》来占卜的方法。故本章以"《易》筮"命名。

---

① 《尔雅·释言·疏》，中华书局影印《十三经注疏》本，卷3，第16页。
② ［西汉］扬雄著，［清］戴震疏证：《方言疏证》卷10，载《续修四库全书》第193册，第477页。

一、卜与筮

占卜之事，在我国起源很早，但究竟起于何时，已不可考。于省吾先生在《〈周易尚氏学〉序言》中说：

> 《易》卦起源于原始宗教中巫术占验方法之一的"八索之占"。古也称绳为索，"八索"即八条绳子。金川彝族所保持的原始式八索之占，系用牛毛绳八条，掷诸地上以占吉凶。《易·系辞》称"庖牺氏（即伏羲氏）始作八卦"，乃指八索之占言之。"八索"这一名称，最早见于《左传》《国语》。"八索之占"是八卦的前身，八卦是"八索之占"的继续和发展。近年来的学者们，都说八卦与伏羲氏完全无涉，这就未免"数典忘祖"，截断了《易》卦的来源。[①]

按于说，则秦汉以来的传说，每每将《易》的卦画归之于伏羲，似乎不为无据。又后出现的所谓"三《易》"之二的《连山》《归藏》，竟托始于伏羲和黄帝（有的则说是夏、殷之《易》，即"夏曰《连山》，殷曰《归藏》"），传说无征，信从者不多。

唯近数十年来，殷墟甲骨的大量发现，而后言占卜者乃得最早之实物证明。说到占卜的起源，虽仍未能穷究本始，然殷代占

[①] 见《周易尚氏学·序言》，版本同前，第 1 页。另可参见于省吾：《伏羲氏与八卦的关系》，载《纪念顾颉刚学术论文集》上册，巴蜀书社 1990 年版，第 1—3 页。

卜状况却是清楚可知了，而《周易》好多问题亦顺此而得到解决。

甲骨的占卜盛于殷商时代，而不一定始于殷商。从甲骨文刻画的精致，字形的俊美，直到现代，书法家对其崇拜与欣赏的感情仍然有增无减。由其成熟与熟练的程度观察，可以推知前此或有较为粗糙而丑陋的形式以为过渡，想来是合乎情理的。罗振玉《殷虚书契考释》以为："《史记·殷本纪》载成汤以来以至于帝辛，传世三十，今见于卜辞二十有三。"[1]现存甲骨卜辞均为盘庚迁亳后至武乙徙河北时所作。盘庚距今年代几何，无法确数，因为司马迁记周宣王以前事，只纪世代而并无系年，盖约当公元前千数百年之时。其时之占卜法，《殷墟书契考释》从实物上观察，为说如下：

> 卜以龟，亦以兽骨。龟用腹甲而弃其背甲（背甲厚，不易作兆，且甲面不平，故用腹甲）。……兽骨什九，龟甲什一而已。其卜法，则削治甲骨甚平滑，于此或凿焉，或钻焉，或既钻更凿焉。龟皆凿，骨则钻者什一二，凿者什八九，既钻而又凿者二十之一耳。此即《诗》与《礼》所谓"契"也。……既契，乃灼于契处以致坼。灼于里则坼见于表，先为直坼而后出歧坼，此即所谓兆矣。[2]

从上可知，商代的占卜法，或凿或钻，而契后又用灼以求兆。《殷

---

[1] 罗振玉：《殷墟书契考释》卷上，1927 年增订石印本。
[2] 《殷墟书契考释》卷下，版本同前，第 107－108 页。

虚书契考释》又曰：

> 不契而灼则不能得坼。既契则骨与甲薄矣，其契处刃斜
> 入，外博而内狭，形为椭圆，则尤薄处为长形。灼于其上，
> 斯沿长形而为直坼，由直坼而出歧兆矣。于以观吉凶，并刻
> 辞于兆侧，以记卜事焉。①

说明甲骨卜辞是其时每次占卜之事的记录②。但我们看甲骨卜辞，实只是所卜之事或验，其视兆而占吉凶之辞根本没有。如"庚寅卜在穀，贞，王田，往来亡（无）灾"③，是记庚寅之日问王田猎，结果是往来无灾。但我们并不知这个结果如何由兆而得出。我们既不知怎么样的兆、占为凶；也不知怎么样的兆、占为吉。视兆而占，不要说没有标准答案，即令见仁见智的方法都寻不出。但当时的专家如太卜，肯定有他自己的兆象分类法，如《周礼·春官宗伯·太卜》："太卜掌三兆之法……其经之兆体，皆百有二十，其颂皆千有二百。"他自能"破译"出出现的兆，从而占之。但实在有点像占梦，除非梦中的象与现实的象有绝对的对应关系，或者人为地规定对应关系，那么，可以对号入座，否则就可乱说一通。前章曾举过卫侯占梦而被欺骗之事，即可说明。我们可以

---

① 《殷墟书契考释》卷下，版本页码同前。
② 以上也请参见容肇祖：《占卜的源流》第一章《从殷墟甲骨考证出古代占卜的实况》，海豚出版社 2010 年版，第 4—6 页。
③ 郭沫若：《甲骨文合集》36839，中华书局 1979 年版。

想象视甲骨之兆是一件极繁难与极容易并在一起的技术。我们现在看到甲骨上的兆，几乎寻绎不出兆与辞之间的联系，简直可说是无从识得。不过有一点是可以肯定的，即当时于兆也一定有占（占指作出解释）。但解释之辞较多，如全刻在上面，岂不麻烦之至？故而所占之辞终不可见于甲骨。但有占之事实，则可以从《左传》上找到例证。《左传·庄公二十二年》记懿氏卜妻陈公子敬仲，懿氏之妻占之曰："吉。是谓：'凤凰于飞，和鸣锵锵。有妫之后，将育于姜。五世其昌，并于正卿。八世之后，莫之与京。'"《襄公十年》记郑皇耳帅师侵卫，孙文子卜追之，献兆于定姜，姜氏问繇，曰："兆如山陵，有夫出征，而丧其雄。"《哀公九年》记晋赵鞅卜救郑，遇水适火，占诸史赵、史墨、史龟，史龟曰："是谓沉阳（杜预注：火阳，得水故沉），可以兴兵。利以伐姜，不利子商。"余永梁以为，这种繇辞视兆而作，出于临时发挥，其后之占辞亦是新造。当然亦可沿用旧辞，如有从前相同的兆辞所发生的事与占辞，则沿用其旧。如前无此兆，则需新造。按余氏此说，则兆辞实与占辞合并而均成为占辞。

　　兆象是这样的繁难而不易辨识，灼龟又是如此的复杂，筮法就继起而代替了这繁难、复杂的过程。卦数有一定，卦爻之下又系以有定之辞，筮时遇得何卦何爻，即可依卦象、卦爻辞引伸推论。故六十四卦好比龟卜的兆象，卦爻辞好比龟卜之颂，也即上引《左传》"姜氏问繇"之"繇"再加上筮者之解，就可完成占筮的全过程。这比龟卜的辨别兆象，实在简易多矣。

　　余永梁谓筮法是从卜法蜕化而来，并列举卜辞与卦爻辞句法和成语的比较以证。此说大有意味，给笔者很大的启发①。如卜辞"戊寅子卜有它；戊寅卜亡（无）它"，《周易》有"有孚盈缶，终来有它，吉"，这是从句法上看其类同。断占术语方面，相似处极多。如：

卜辞：利、不利。

《周易》：利、无不利、无攸利。

卜辞：吉、大吉、弘吉。

《周易》：吉、大吉（元吉）。

卜辞：得、亡得。

《周易》：有得、无得。

卜辞：若、弗若。

《周易》：若、如、不如。

……

只是商似乎没有八卦，八卦可能是周民族所创。从文字上论，甲骨上没有"卦"字、"筮"字、"蓍"字。"卦"字从圭、卜，明明是有了"卜"字，才有后起的"卦"字。《商书》也只有"卜"而无"筮"，一直到《君奭》篇，才有"若卜筮，罔不是孚"之句。

周文化较商为低，则是好多历史学家都承认的事实。所以我认为《易经》是周文化吸收商文化并受到商文化改造的产物，而

---

① 说详余永梁：《〈易〉卦爻辞的时代及其作者》，载《古史辨》第 3 册，版本同前，第 143—170 页。

周文王是亲与其事的主角。《系辞传》说的"《易》之兴也，其当殷之末世、周之盛德耶？当文王与纣之事邪"，以及司马迁《报任少卿书》"文王拘而演《周易》"之类的记载，的确是有案可查的。即从卜辞与筮辞的异同上，也可察见其迹象。

《史记·周本纪》载：

> 崇侯虎谮西伯（文王）于殷纣曰："西伯积善累德，诸侯皆向之，将不利于帝。"帝纣乃囚西伯于羑里。

司马迁这个"谮"是只能释为"诉"，而不能以"加诬曰谮"来解释的。崇侯虎以其特有的敏感觉得西伯是个危险人物，西伯当时羽毛未丰，故纣王听崇侯虎之言即轻而易举地将其作为人质软禁起来。

据此，我们可以作这样的推想：周文王怀有原属周文化的《周易》，其时或只具六十四卦，或六十四卦之外，只有很简单的几句筮辞。被囚禁于殷地之后，反而趁此机会如饥似渴地学习并吸收殷文化，且以殷文化来充实与改造《周易》，从而基本完成了合殷、周二种文化于一炉的《周易》筮辞。后来周臣阂夭用美人计使西伯获释，也即《史记·周本纪》所载：

> 乃求有莘氏美女，骊戎之文马，有熊九驷，他奇怪物，因殷嬖臣费仲而献之纣。纣大说，曰："此一物足以释西伯，况其多乎！"乃赦西伯，赐之弓矢斧钺，使西伯得征伐。曰：

　　　"谮西伯者，崇侯虎也。"

纣之智与力也是超群的，只是骄与欲，令其智昏，而"谮西伯者，崇侯虎也"之语，更使人联想到鸿门宴之前项羽对沛公的言语："此沛公左司马曹无伤言之，不然籍何以至此？"纣放西伯，又授兵权，真可谓放虎归山，而又为虎添翼。西伯在不声不响中还带回了囚禁时完成的宝典——《周易》。从《周本纪》所载：西伯"笃仁，敬老，慈少，礼下贤者，日中不暇食以待士，士以此多归之"，"西伯阴行善，诸侯皆来决平"，认"西伯盖受命之君"，都足资证明文王之有勃勃雄心而又工于心计也。《周易》开篇《乾》卦筮辞所塑造的形象，正是据其切身体验而写出，是以他自己为模特儿的。他在不声不响之中，已与原来帝纣之诸侯挂上了钩。待武王一旦举事，回戈相向，武王即"飞龙在天"，完成了文王的未竟之业。

　　出于对商文化的崇拜，加上原商民及其后裔对传统的留恋，周灭商后，有一段卜与筮并存的时期，不但并存，而且同时并用，这在古书中可以找到很多证据，此不赘述。然龟卜终因其卜法繁难，刻辞不易，甲骨难得而逐渐淘汰；筮虽后起，却以其简易化、标准化而赢得广大群众，最终取代了甲骨卜法的地位。

二、《易》筮

　　《说文》："筮，《易》卦用蓍也。"段注："《曲礼》曰：

'龟为卜，策为筮。'策者，蓍也。《周礼·筮人》注云：'问蓍曰筮，其占《易》。'……从竹者，蓍如筹也，筹以竹为之；从巫者，事近于巫也。九筮之名：巫更、巫咸、巫式、巫目、巫易、巫比、巫祠、巫参、巫环。字皆作巫。"巫掌筮，故九筮之名皆冠"巫"字。孙诒让《周礼正义》引宋代刘敞、薛季宣等人之说，谓"巫更"以下皆古之精于筮者九人之名[1]。盖《易》筮之专家也。

高亨曰："考筮之工具，最初当用竹……盖古之筮用竹，巫掌之，故'筮'从竹、从巫。可见最初之筮，当用竹而非用蓍。"[2]笔者是特别的赞成。但高氏又曰：

> 其后分用蓍草……《说文》："蓍，蒿属，生十岁百茎，《易》以为数。天子蓍九尺，诸侯七尺，大夫五尺，士三尺。从草，耆声。"[3]

这节文字不大好懂。九尺、七尺云者，是指长成的长度呢，还是蓍的品种呢？想来当是指长度，即天子用的当生长至九尺之长度，说明蓍草是可以长得很长的一种草。但既能长到九尺或更长，则三尺时必很嫩，一干就软得了不得，是不能用的。

---

① 参见［清］孙诒让：《周礼正义》卷48，中华书局1987年版，第1964页。

② 高亨：《周易古经今注》（重订本）卷首《周易古今通说》第七篇《周易筮法新考》，版本同前，第139页。

③ 同上。

而《易纬·乾坤凿度·乾凿度》则记载说：

　　圣人设卦，以用蓍生，圣人度以虚实，蓍草与天齐休。《万形经》曰："蓍生地于殷（殷中土也）凋殒一千岁，一百岁方生四十九茎，足承天地数。五百岁形渐干实，七百岁无枝叶也，九百岁色紫如铁，一千岁上有紫气，下有灵龙神龟伏于下。"《轩辕本经》曰："紫蓍之下，五龙十朋伏隐。天生灵蓍，圣人采之，而用四十九，运天地之数，万源由也。"①

　　自从看了《说文》和纬书的文字后，把我吓坏了，哪儿还敢去弄这奇异的神草！所以说来惭愧，我现在连《易》筮的专门工具——蓍草究竟是木本或草本都搞不清，也识不得。我为什么特别赞成高亨先生"古之筮用竹"的说法呢？因为我想当然地一直用四十九根小竹条占筮的。若按植物学上说的"蓍，菊科，多年生草本"，那么用这草的茎老是在手上"挂""揲""扐"，姑且不说是多么的不方便，它也吃不消；而最主要的，恐怕它并不是古书上所说的灵草呢。用竹则不但有"从竹"的根据，还有《楚辞·离骚》"索藑茅以筳篿兮，命灵氛为余占之"一句之王逸注文可为旁证："藑茅，灵草也。筳，小折竹也。楚人名结草折竹以卜曰篿。"②

　　《易》筮之法，肯定由简而繁，而更趋神秘。其后，随着《易》

---

① 《乾坤凿度·乾凿度》，载《景印文渊阁四库全书》第 53 册，第 832 页。
② 见《楚辞》卷 1，《四部丛刊初编》本，第 36 页。

筮拥有之群众增加，为便于掌握而使之通俗化、普遍化，则又由繁趋简。但简不废繁，因繁容易显示出郑重性、神秘性，故其最后，乃繁简并存。

（一）《系辞传》所载古筮法

《周易》最古之筮法，已无可考。《系辞传》所载筮法为保留古代筮法专门技术的唯一珍贵文献，从而为历代《易》学者所遵循，并视为最正规之筮法。

《系辞传上》：

> 大衍之数五十，其用四十有九。分而为二以象两，挂一以象三，揲之以四以象四时，归奇于扐以象闰，五岁再闰，故再扐而后挂。天一地二，天三地四，天五地六，天七地八，天九地十。天数五，地数五，五位相得而各有合。天数二十有五，地数三十，凡天地之数五十有五。此所以成变化而行鬼神也。《乾》之策二百一十有六，《坤》之策百四十有四，凡三百有六十，当期之日。二篇之策，万有一千五百二十，当万物之数也。是故四营而成《易》，十有八变而成卦。八卦而小成，引而伸之，触类而长之，天下之能事毕矣。①

---

① 《周易》卷7，《四部丛刊初编》本，第8页。自"天一"至"地十"二十字原误窜入下文，张载、程颐、朱熹等以为宜在"大衍之数"之上，亦可。而《汉书·律历志》引如此，今从之。

"衍"者，演也。筮为推演天地之数而得，故称"大衍"。而这"大衍之数"为什么是五十？则众说纷纭，莫衷一是。如《周易正义》引马融之说："马季长云：《易》有太极，谓北辰也。太极生两仪，两仪生日月，日月生四时，四时生五行，五行生十二月，十二月生二十四气。北辰居位不动，其余四十九，转运而用也。"[1] 依马说，即"五十"由以下数相加而得：

$$1（太极）+2（两仪）+2（日月）+4（四时）+5（五行）+12（十二月）+24（二十四节气）=50$$

此外，《汉书·律历志》、京房、荀爽、崔憬、姚信、朱熹均各有说，读者可自去查阅《周易集解》《周易正义》《周易本义》等书，此不具论。不过各家共同的特点是想尽办法凑成"五十"而已。今人金景芳先生由《系辞传》"凡天地之数五十有五，此所以成变化而行鬼神也"，以为大衍之数实为五十有五，今本的大衍之数五十，当是传写脱"有五"二字[2]。按金说卓然杰出，确然可信，于理于文全无扞格，则诸旧说不攻自破，无用赘言矣。天数五者，即天数五个奇：一、三、五、七、九，其和二十五。地数五者，即地数五个偶：二、四、六、八、十，其和三十。二十五加三十，等于五十五，故曰天地之数五十有五，亦即大衍之数也。

"易"者，象也。我以为亦可言："易"者，数也。以现象

---

① 见《周易正义》卷7，影印《十三经注疏》本，第68页。
② 见金景芳：《学易四种》，吉林文史出版社1987年版，第5页。

言，则为象；若以本质言，则为数。象实生于数。数之大别有三：一为天之数，一为地之数，一为人之数。为便于思考，我把天之数理解为时间之数，以象言，天行、天运，时间之象也；把地之数理解为空间之数，以象言，地位、地方、地盘，空间之象也。人之数，即为当事人与时间之数、空间之数发生特定关系之部分，此亦一数也；以象言，则为人与天数、地数发生关系时所生之种种现象。举一简单例子：冬天某月某日，某人于某处淋雨一小时，第二天起，某人即感冒发烧在家卧床休息，三天后痊愈。此即三数结合而生之象，故言象生于数。而人无时无地不与天数、地数有关，岂不大伤脑筋？答曰：非也。人与天数、地数之关系，固有一般的关系和特殊的关系两种，即正常与不正常的区别。人所关心者为特殊之关系；至于一般之关系，全在意料之中，是无须关心的。但特殊与一般亦相对而言，如一人在家正常生活，与天地之数关系一般；明天外出旅行，稍稍特殊矣。然正常之旅行，其关系仍可称一般；如车船出事故，则为特殊矣。车船出事故，同乘者无恙而己独伤，或同乘者皆亡而己独存，则更特殊矣。然细细思之，无不是天数、地数、人数三数结合之产物，所以我国谓事之必然发生不可避免者曰"天数"或"气数"。"天数"者非仅天之数，实包三数言之，即自然之数或必然之数的代称，"气数"亦然。

　　笔者正是以三数结合的观点来理解《易》筮的。人之参与"筮"，即是以数来推知即将发生之特殊关系；或已经发生特殊关系，而以数来推求解决之方法。以数推演而得象，这个象即是一种"启示"，或能触发人之智慧，采取应变行动。大衍之数五十有五，只是一个象征之数（不管是"五十五"或"五十"，与筮得的结果无关，因为反正只用四十九），"其用四十有九"，则是由筮法决定非此数不可的。

至于减去六根的理由则可用姚信、董遇的话来解释："天地之数五十有五，其六以象六画之数，故减之而用四十九。"① 下面解释《系辞传》从"其用四十有九"（即用四十九根小竹条，称四十九策）到"十有八变而成卦"的全过程。

一变　以四十九策演之如下：

　　一演　将四十九策任意分为两部分，这就是所谓"分而为二以象两"。

　　二演　于此一部分，在其中取出一策，这就是所谓"挂一以象三"也。

　　三演　挂一以后所余之策，以每四策为一组数之，这就是所谓"揲之以四以象四时"也。但不能将策数尽。

　　四演　数至最后，或余一策，或余二策，或余三策，或余四策，取而夹之指间，这就是所谓"归奇于扐以象闰"也（"奇"指余数，非"奇偶"之"奇"）。

　　五演　取另一部分，每四策为一组数之，所谓"再揲之以四"。但也不许数尽。

---

① 《周易正义》卷7，影印《十三经注疏》本，第68页。

六演　数至最后，或余一策，或余二策，或余三策，或余
　　　四策，取而夹之指间，所谓"再归奇于扐"也。
七演　取指间所夹之策而挂之（包括二演、四演、六演夹
　　　于指间的所有余数），所谓"再扐而后挂"也。

至此，一变毕，其结果只能有两种：
　　1. 余四十四策。
　　2. 余四十策。

二变　以一变所余之策演之如下：
　　八演　如一演。
　　九演　如二演。
　　十演　如三演。
　　十一演　如四演。
　　十二演　如五演。
　　十三演　如六演。
　　十四演　如七演。

至此，二变毕，其结果有三种：
　　1. 余四十策。
　　2. 余三十六策。
　　3. 余三十二策。

三变　以二变所余之策演之如一变、二变。

三变毕，其结果有四种：

1. 余三十六策，即余以四策为一组者九组，亦即九揲之数，是为九，是为老阳，是为可变之阳爻。

2. 余三十二策，即余以四策为一组者八组，亦即八揲之数，是为八，是为少阴，是为不变之阴爻。

3. 余二十八策，即余以四策为一组者七组，亦即七揲之数，是为七，是为少阳，是为不变之阳爻。

4. 余二十四策，即余以四策为一组者六组，亦即六揲之数，是为六，是为老阴，是为可变之阴爻。

三变至此而初爻成。每三变而成一爻，由下往上画，阳爻画"—"，如其为老阳，则记一"九"字于画旁；如其为少阳，则记一"七"于画旁。阴爻画"- -"，如其为老阴，则记一"六"字于画旁；如其为少阴，则记一"八"字于画旁——以为可变与否之标号。二、三、四、五、上各爻皆依初爻的演法而得，六爻俱得而成卦。每卦六爻，每爻三变，十八变才成一卦，此即所谓"十有八变而成卦"也。每爻之成，均有"九""八""七""六"之可能。"九""八""七""六"即谓之四营，《易》以四营而成卦，又据四营以变卦，故曰"四营而成《易》"①。

《乾》卦六爻，每爻皆为老阳九，策数是三十六；以六爻乘

①　以上亦可参见高亨：《周易古经今注》（重订本）卷首《周易古今通说》第七篇《周易筮法新考》，版本同前，第141—144页。

三十六得二百一十六，此为《乾》卦共得的策数。《坤》卦六爻皆为老阴六，策数是二十四；以六乘二十四得一百四十四，此为坤卦共得的策数。二百一十六加一百四十四，共三百六十策，正与一年三百六十天相等，故曰"当期之日"。

《周易》上、下二篇，共六十四卦，三百八十四爻，阴阳各半。阳爻一百九十二，以得老阳之策数三十六乘之，共得六千九百一十二策。阴爻一百九十二，以得老阴之策数二十四乘之，共得四千六百零八策。两数再相加，共得一万一千五百二十策，这个数与天地所生物以万计相应，即万物之象征，故曰"当万物之数也"。

所谓"八卦而小成"是指九变而成的三画卦，因为它仅仅象征有限的事物，故是《易》道之小成。待引而伸之，十八变而画成六爻的六十四卦，六十四卦则通过六爻的变化，每一卦又可以变为六十四卦，则天地间的变化能概括无遗，故曰"引而伸之，触类而长之，天下之能事毕矣"。

关于《系辞传》所载筮法的解释，古今各家无有异词，几乎全承袭旧说，只是有的在形式上特别讲究。如朱熹《筮仪》之类，也不过增加其神圣庄严的气氛而已，于"数"并无任何影响。即使照一般的说法，这么多根蓍草夹在指缝中，两手还要不断地动作，夹的草越来越多，手法还必须轻灵异常，否则天知道指缝中的草会夹成什么样子，一副草又能用几次？故笔者用竹不用草也。再者，如不想故作神秘，则一切于"数"没有关系的形式，自可摈弃不用。因此，我更述简便筮法如下：

用小竹棒（一寸多长，方形，免其滚动）四十九根，即于案上任意分成左右两部分。先在右部分中取出一根，置于案右上角。再将右部分以四根为一组数之，若余一根，则与案右上角所置者合而为二，再从案上之任何部分取出三根与此二根合成五根之数。若是余四，则须与右上角一根相合之后再取四根以合成九根之数。至此一变成，案右上角的根数不是五便是九。这五或九放在那儿不动。再将余下的混合一起后，任意分成两部分，即于右部分中四根为一组数之，若余一根则再取出三根，若余二根则再取二根，余三根则取一根，以合成四根之数。若是余四，则须再取出四根，合成八根之数，然后将这四根或八根共置于案右上角。至此二变毕，二变时取去的不是四根就是八根。三变是将案上余下的混合一起，任意分为两部分，完全与二变同样处理，即再取去四根或八根置于案右上角。最后合计案右上角之根数——如为十三，即说明余下部分是三十六，为老阳；依此，如为十七，则是老阴；如为二十一，即是少阳；如为二十七，则是老阴。至此初爻成。

按上法，六次重复，得六爻，而成一卦。

此法于"数"毫无影响，而得卦之速度将快一倍以上。只是少了挂、扐、归奇、揲等具有神秘色彩的动作而已。

（二）以钱代蓍

《仪礼·士冠礼》曰："筮与席所卦者。"郑注云："'所卦者'，所以画地记爻，《易》曰：'六画而成卦。'"贾疏曰："筮法依七、八、九、六之爻而记之，但古用木画地，今则用钱。以三少为重钱，重钱则九也；三多为交钱，交钱则六也；两多一少为单钱，单钱则七也；两少一多为拆钱，拆钱则八也。"①

　　惠栋曰：贾疏所指"古"，谓三代；"今"，谓汉以后。可知以钱代蓍，由来已久。故《朱子语类》曰："今人以三钱当揲蓍，不能极其变，此只是以'纳甲'附六爻，'纳甲'乃汉焦赣、京房之学。"②

　　唐于鹄《江南曲》曰："众中不敢分明语，暗掷金钱卜远人。"可见以钱卜卦，唐时十分盛行，已成民风民俗。

　　《唐六典》曰："凡《易》之策四十有九。"注云："用四十九算，分而揲之，其变有四：一曰单爻，二曰拆爻，三曰交爻，四曰重爻。凡十八变而成卦。"③案此，则揲蓍亦用交、单、重、拆之说。唯云"十八变而成卦"，则与掷铜钱者自有分别。

　　胡一桂《筮法变卦说》："平庵项氏曰：以京（房）易考之，世所传《火珠林》者，即其法也。以三钱掷之：两背一面为'拆'，即两少一多，少阴爻也；两面一背为'单'，即两多一少，少阳爻也；俱面为'交'，交者拆之聚，即三多，老阴爻也；俱背为'重'，重者单之积，即三少，老阳爻也。盖以钱代蓍，一钱当一揲，此后人务径截以趋卜肆之便，而本意尚可考。"④

---

① ［东汉］郑玄注，［唐］贾公彦疏：《仪礼注疏》卷1，影印《十三经注疏》本，第2页。
② 《朱子语类》卷66，版本同前，第1638页。
③ ［唐］李隆基主编，李林甫等注：《大唐六典》卷14《太常寺》，《古逸丛书三编》本，第26页。
④ ［元］胡一桂：《周易启蒙翼传·外篇》，载《景印文渊阁四库全书》第22册，第353页。按，以上诸条亦可参见《易汉学》卷5《以钱代蓍》，唯惠氏均误"拆"为"拆"，今各从原书改正。

据以上记载，将掷铜钱筮法简括如下。

取三铜钱掷之，出现四种可能性：

两背一面，得少阴爻——画"－－八"；

两面一背，得少阳爻——画"—七"；

三钱皆面，得老阴爻——画"－－六"；

三钱皆背，得老阳爻——画"—九"。

六掷即得一卦，自下而上画之成卦以占。

（三）章氏易骰

不论以四十九策揲之，还是以三钱掷之，所得结果皆不外乎四：少阴，少阳，老阴，老阳。此必然之数理。笔者取其实质，摈弃一切形式因素，将四十九策或三枚铜钱，简括成"易骰"一枚：等边三角，立体四面，每面分别刻画少阴、少阳、老阴、老阳标号。章氏易骰示意图如下：

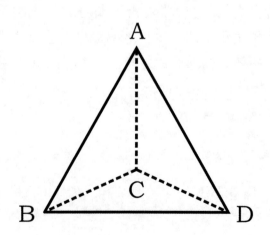

ABCD为一正四面体，共有ABC、ABD、ACD、BCD四面，即于此四面上分别刻画出少阴、少阳、老阴、老阳标记，其原料可用牛骨、塑料、图章石。为醒目计，可将少阴、老阴之刻画内涂上黑色，将少阳、老阳涂上红色。

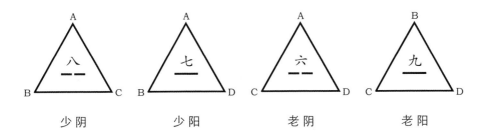

　　用此骰者，有一点需先加说明：因此骰为正四面体，掷于案上，必是一面贴案，三面外向。因此，必须以贴案一面为准，翻出观之，如射覆一般，反而能增加贞问者的兴味。

　　其次，因是正四面体，不易滚动，掷之如摆于案上，所以最好能盛于一有盖之小盒内，摇动数下，倒在案上，自比手掷为妙。这对于贞问者有较好的心理影响，不可忽视。

　　笔者用此骰多年，甚觉简便，有时甚至径由贞问者自己投掷以示占者，贞问者觉得自己亦参与其间，如求签时此签由其亲手抽出一般，兴味无穷。此骰的优点不仅简便，且能将在一旁以蚩蚩群氓的心理呆看占筮者撲著，一跃而成为合作者。原先由占者一人撲著所产生的庄重与神秘色彩，可由此得到补偿。

　　笔者将此骰名为"章氏易骰"，公诸于世，以应同好。

（四）由筮而求变卦之法或求爻法

《系辞传》所述筮法，至此为止。它只有成卦之法，而没有取卦中何爻以占之法，也就是只有"成卦法"，而无"变卦法"，故六个爻的爻辞全用不上——如果全用上，岂不吉凶悔吝，矛盾百出，又何以断占吉凶？故尚须求得取爻以占之法。

按昔贤之说：筮时所得之卦，谓之"本卦"，所变之卦，谓之"之卦"，也即"变卦"。然"变卦"与"卦变"不同："卦变"是卦自为变，即从本卦中以两爻或数爻交易而成另一卦；"变卦"是由揲蓍而变，即由揲蓍而从此卦变至彼卦。

在讲"变卦"之前，须先明《易》卦之"贞""悔"。此"贞""悔"与作为断占之辞者有别。《尚书·洪范》："七稽疑，择建立卜筮人，乃命卜筮，曰雨、曰霁、曰蒙、曰驿、曰克、曰贞、曰悔，凡七。卜五，占用二。"雨、霁、蒙、驿、克五者，指卜时所得龟兆之形，故曰"卜五"。贞、悔二者，指筮时所得《易》卦之体。孔安国《传》曰："内卦曰贞，外卦曰悔。"[①]所以说"占用二"。这似乎透露了古之占法比较简单，六十四卦各含两经卦，下为内，古谓之"贞"，上为外，古谓之"悔"。如《左传·僖公十五年》："秦伯伐晋。卜徒父筮之，吉（农按：看来这位徒父虽为卜官而又长于筮）……其卦遇《蛊》☶☴"，"《蛊》之贞，风；其悔，山也"。《蛊》，巽下艮上，巽为风，艮为山（见《说

---

① 见《尚书正义》卷12，影印《十三经注疏》本，第79页。

卦》），即下卦为风，上卦为山，故曰"贞风""悔山"。此即古内卦称"贞"、外卦称"悔"之证。后"贞""悔"之称有所扩大，即称本卦为贞，之卦亦即变卦为悔。如《国语·晋语四》："公子亲筮之，曰：'尚有晋国。'得贞《屯》、悔《豫》，皆八也。"①高亨以为："'得贞《屯》、悔《豫》'，犹云遇《屯》之《豫》，即本卦为《屯》，之卦为《豫》，此本卦称'贞'、之卦称'悔'之证。"

后来，"贞""悔"之称亦为言变爻以占的专门术语，读者不可不晓。

黄宗羲《易学象数论·占法》曾列三种占法，以作比较研究。兹简介如下：

朱子《易学启蒙》占法

一爻变，则以本卦变爻辞占；二爻变，则以本卦二变爻辞占，以上爻为主；三爻变，则占本卦及之卦的《象》辞（农按：象辞均指卦辞），而以本卦为贞、之卦为悔，前十卦主贞，后十卦主悔（原注：凡三爻变者，每卦有二十卦）②；四爻变则以之卦二不变爻占，以下爻为主；五爻变，则以之卦不变爻占；六爻变，《乾》《坤》占二"用"，余卦占之卦《象》辞；六爻皆不变，则占本卦《象》辞，而以内卦为贞、外卦为悔。

---

① ［三国·吴］韦昭注：《国语·晋语四》，《四部丛刊初编》本，第12页。
② 农按：可参看本书第五章所附李挺之《变卦反对图》。此处"前十卦"指初爻不变者，"后十卦"为初爻变者。若在前十卦中，则以两卦之《象》辞占，以本卦《象》辞为主；若变卦在后十卦中，则以之卦《象》辞为主。

王氏占法

一爻变，本卦爻为贞、之卦爻为悔，二爻兼用；二爻变，以初变爻为贞、次变爻为悔，作两节消息之；三爻变，以先变为贞、后二变为悔；四爻变、五爻变、六爻变，皆以先变爻为贞、后变爻为悔，作四、五、六节消息之；六爻皆不变，则占《象》辞，《象》辞为七、八不变者设也。

丰南禺占法

贞、悔者，以六画言，则内为贞、外为悔；以三画言，则下为贞、上为悔。贞取定守为义，悔取感通为义。故六画，则决之外卦，三画则决之于上爻。如初、二两爻变，则以二决之。内卦三爻皆变，则以三决之。如内三爻皆静，外卦之二爻变、三爻变者，皆依内卦之例。如初之于四或五或上，二之于四或五或上，三之于四或五或上，皆二爻变，概决之于悔。三爻变者，如初、四、五，如二、五、上，如三、四、上；四爻变者，如初、三、四、上——皆以最上一爻决之。三爻变者，如二、三、四；四爻变者，如初、二、三、四——则以四决之而参之以二，所谓"二与四同功而异位"也。如二、三、五，如三、四、五，如初、三、五，皆三爻变者；如初、二、三、五，如初、二、四、五，如二、三、四、五，皆四爻变者；如初、二、三、四、五，为五爻变者——则皆以五决之，而参之以三，所谓"三与五同功而异位"也。如初、二、三、四、上，如初、三、四、五、上，如初、二、四、五、上，皆五爻变者，则皆以上爻决之而参之以初，盖上下相应，亦若二四、三五之例也。六爻皆变，《乾》《坤》占二"用"，余占之卦之贞、悔；六爻皆静，则占本卦之贞、悔（原注：六爻变，占之卦《大象》；六爻不变，占本卦《大象》）。若《象》辞则专以待卜。天子、诸侯有大事，则筮人先筮得其卦，书于板以授太卜，太卜以墨画所得之卦于龟腹，春灼后左，夏灼前左，秋灼前右，冬灼后右，其文入于卦墨，谓之"食"，则决于《象》。

黄宗羲评之曰：

盖两家之所以不从《启蒙》者，以周公爻辞本为九、六之变者设，非为七、八之不变者设，《周易》不用七、八，岂有七、八而冒用九、六之辞哉[1]！则以之卦不变爻占者失其意矣。《象》与爻各自为书，《象》不取足于爻，爻不取足于《象》。《易》果为卜筮而作，未有爻时，《象》不可占，岂文王为未成之书耶？则以占辞平分于爻、《象》者非矣[2]。然王氏之法，所谓四、五、六节消息者，则亦杂而无纪。丰氏之法，所谓"二四同功""三五同功""初上本末"者，亦强以《辞》（农按：即《系辞传》）入于占，不可为例。

---

[1] 农按：爻为九、为六，则变九为六、变六为九，乃得之卦，因而即以此爻爻辞占之。爻之所以以"九""六"标明爻性者，正以此耳。换言之，其宜变之爻为九揲之阳爻，则用此爻爻辞定休咎；如为七揲之阳爻，则不用此爻爻辞定休咎，故爻名用"九"字而不用"七"字。其宜变之爻如为六揲之阴爻，则用此爻爻辞定休咎；如为八揲之阴爻，则不用此爻爻辞定休咎，故爻名用"六"字而不用"八"字也。此黄氏之意也。

[2] 农按：黄氏之意，以为卦辞不应成为与爻辞并立之一项，而是不论何爻均应与卦辞挂钩。

后之君子，苟得《左氏》之意，其无例者，未尝不可见也。
故一爻变者，既占本卦变爻，亦占之卦对爻，盖未有有贞而
无悔者。

　　黄氏于是引《左传·僖公十五年》之例以证己说："观《左
氏》晋献公筮嫁伯姬，遇《归妹》之《睽》上爻变，既引《归》
上之'刲羊''承筐'，又引《睽》上之'张弧'，可知矣。"
　　我们且不问史苏占卦为什么竟那样的灵验？《左传》的记载
是否有事后诸葛亮的嫌疑？但至少黄氏"故一爻变者，既占本卦
变爻，亦占之卦对爻，盖未有有贞而无悔者"的说法是有根据的；
而不管以何爻为占，均应与整卦卦义有所联系，也不是凿空之论。
　　黄氏继而又谓："二爻变者，以下爻为贞、上爻为悔；三爻
变者，以变末一爻为主，本卦为贞、之卦为悔。观晋筮立成公，
遇《乾》之《否》，三为变末，曰'配而不终，君三出焉'。'终'
者，《乾》三之'终日'也；《否》三'包羞'，故'配而不终'
也。而《启蒙》以晋重耳之'贞《屯》悔《豫》'，司空季子占'利
建侯'为例，谓当占两卦《象》辞。不知凡所遇之卦，不论一爻
变至六爻变，《象》辞无不可引用，何独以三爻变专之？观《左氏》
孔成子筮立君，遇《屯》之《比》，此一爻变者，而史占《屯·象》
之'元亨'；穆姜遇《艮》之《随》，此五爻变者，而称《随·象》
之辞亦明矣。"都说明光凭一变爻爻辞占之是不全面的[①]。

---

①　以上可详参《易学象数论》卷2《占法》，《广雅丛书》本，第40—42页。

当然，要找到"一爻变，只以变爻辞占"的例子，也并不困难。但是，第一，可能是其事比较简单，原可一言以蔽之；第二，这只表示"可"，而非表示"非用此法不可"；第三，若情况比较复杂，则更是"仅用此法必不可"了。故黄氏之说，自有其精辟之处。

南宋的赵汝楳也如此主张：

> 案《左传·庄公二十二年》周史筮陈敬仲，遇《观》之《否》；《闵公元年》毕万筮仕，遇《屯》之《比》；《闵公二年》桓公筮成季，遇《大有》之《乾》；《僖公十五年》晋献公筮嫁伯姬，遇《归妹》之《睽》……皆以两卦之变爻占。然《昭公十二年》南蒯筮，遇《坤》之《比》；《哀公九年》赵鞅筮救郑，遇《泰》之《需》，乃止用本卦而不及之卦，则所用变爻亦不定。①

但我们对黄氏之说，亦只能领会其精神，不必非按其所总结的规律变占不可。那么是否从《左传》《国语》中根本就找不出变占的规律了呢？倒也不全是，规律的确有一点，但最主要还是灵活应用。这灵活应用的本领，体现在对《周易》象、数、理的深刻理解上，体现在对当时、当地、当事人的情况的深刻认识上。故赵汝楳在其《易雅·占释》有云：

---

① ［南宋］赵汝楳：《周易辑闻》附《筮宗》，载《景印文渊阁四库全书》第 19 册，第 343—344 页。"桓公"原作"威公"，避宋讳也，今改正。

　　夫儒者命占之要，本于圣人，其法有五：曰身、曰位、
曰时、曰事、曰占。求占之谓身，所居之谓位，所遇之谓时，
命筮之谓事，兆吉凶之谓占。故善占者，既得卦矣，必先察
其人之素履，与居位之当否、遭时之险夷，又考所筮之邪正，
以定占之吉凶。①

　　我们综合《左传》《国语》等所载古占之例，说明古人并不
以死板的公式来定吉凶，也并不完全迷信卦爻之辞（可参看本书
第一章《绪论》论反异化部分），而是尽量作出一种合情合理的
解释。故赵氏之说，实与笔者在本书《绪论》所云从社会学的角
度把占筮当作一种高级咨询文化的观点是不谋而合的。

　　《周易》之所以有魅力，首先是因其神秘性。什么叫神秘性？
使人将信将疑，处于可捉摸与不可捉摸之间也。由此引伸，凡事
与物之令人将信将疑、可捉摸而又不可捉摸者，谓之神秘事物。
人也如此，凡人之令人可捉摸而又不可捉摸者，可谓之神秘之人。
如果此人全可捉摸，固无神秘可言；如果完全不可捉摸，当然也
可产生神秘感，然易转生恐怖感，终使人不敢接近而研究之。事
物之完全不可捉摸者，亦将使人产生陌生感而渐趋疏远。占筮即
在此疑信参半的基础上起作用。贞问者，将信将疑之人，而面临
将信将疑即疑惑不决之事者也；占筮者，其扮演之角色即为可捉

――――――――――
① 见《周易辑闻》附《易雅》，载《景印文渊阁四库全书》第 19 册，第 301 页。

摸与不可捉摸也就是具有神秘色彩之人。此神秘之人手持一神秘
之书及神秘之工具，参稽"身、位、时、事、占"之详尽分析，
而使贞问者之疑惑得以解决。换言之，即贞问者与占筮者共商天、
地、人三"数"之结合方案也。因此，占筮者随时都将留有回旋
余地，切勿将自己逼至死角，必须灵活而又灵活。必要时，《九
家》逸象、八卦方位，甚至纳甲、卦气、爻辰，以及八宫之游魂、
归魂等玩艺，都可施展出来，解得通，解得活，解得合情合理。
三"数"相合，卜筮与物象相符，则行事必因双重之指示而信心
坚决，或辍行亦必因双重之指示而不再犹豫。但必以启发智慧为
原则，而不能以迷其心窍为伎俩。

　　明确了这一原则，对于某些准规律性的方法是可以参考的。
现介绍今人高亨先生之"变卦法"①，对于能熟练、灵活地掌握筮
法的同志是可以一用的。

　　高先生认为天数与地数之和五十五之数，实为变卦而设，即
谓此五十五之数所以定卦之变化也。高氏述其法云：

　　　　每卦六爻，每爻或"九"或"八"，或"七"或"六"，
　　是谓"四营"，即不出于此四种营数也。每爻各有一种营数，
　　六数之和，可称之曰"卦之营数"。如六爻皆"六"，其营
　　数为三十六，此营数之最小者；如六爻皆"九"，其营数为
　　五十四，此营数之最大者；如六爻"九""八""七""六"

---

① 详参《周易古经今注》卷首《周易古经通说》第7篇《周易筮法新考·变卦法》，版
本同前，第145—150页。

参差错综，其营数不出三十六与五十四之间。天地之数五十有五，比营数之最大者多一。古人之设此数，盖有微意矣。余以为欲定变卦，当以卦之营数与爻之序数凑足天地之数。其法于五十五内减去卦之营数，以其余数自初爻上数，数至上爻，再自上爻下数，数至初爻，更自初爻上数，如此折回数之，至余数尽时乃止，所止之爻即宜变之爻也。

高氏以为筮得之卦，"本卦"六爻皆"七""八"，是为不变之卦，不变之卦，主要以"本卦"卦辞占之，不须求其宜变之爻也。"本卦"六爻皆"九""六"，是为全变之卦，全变之卦，主要《乾》卦以"用九"爻辞占之，《坤》卦以"用六"爻辞占之，他卦以"之卦"卦辞占之，亦不须求其宜变之爻也。此两者外，均须求其宜变之爻。宜变之爻为"九"则变为"六"，为"六"则变为"九"（即阳易阴，或阴易阳），而得"之卦"，主要以"本卦"变爻爻辞占之，其余各爻之或"九"或"七"或"六"或"八"，皆不计也。高氏《求宜变之爻方法表》如下页。

高氏观卦玩辞，并以其心得公诸同好，学者之举也。而观其说，实多疏漏。如：

1. 以为五十五之数，专为变卦这一技术问题而设，则将此数之象征意义缩小，想当然之论也。

2. 以其法只能求得一个宜变之爻，而卦中其他"九""六"之爻皆为不宜变之爻，与高氏自己承认之"九为宜变之阳爻""六为宜变之阴爻"说，形成"二律背反"，即陷入无法解决的矛盾境地。

天地之数	减号	卦之营数	等号	余数	数法及其所止						宜变之爻
					初爻	二爻	三爻	四爻	五爻	六爻	
55	—	54	=	1	1						初
55	—	53	=	2	1	2					二
55	—	52	=	3	1	2	3				三
55	—	51	=	4	1	2	3	4			四
55	—	50	=	5	1	2	3	4	5		五
55	—	49	=	6	1	2	3	4	5	6	上
55	—	48	=	7	1	2	3	4	5	6 7	上
55	—	47	=	8	1	2	3	4	5 8	6 7	五
55	—	46	=	9	1	2	3	4 9	5 8	6 7	四
55	—	45	=	10	1	2	3 10	4 9	5 8	6 7	三
55	—	44	=	11	1	2 11	3 10	4 9	5 8	6 7	二
55	—	43	=	12	1 12	2 11	3 10	4 9	5 8	6 7	初
55	—	42	=	13	1 12 13	2 11	3 10	4 9	5 8	6 7	初
55	—	41	=	14	1 12 13	2 11 14	3 10	4 9	5 8	6 7	二
55	—	40	=	15	1 12 13	2 11 14	3 10 15	4 9	5 8	6 7	三
55	—	39	=	16	1 12 13	2 11 14	3 10 15	4 9 16	5 8	6 7	四
55	—	38	=	17	1 12 13	2 11 14	3 10 15	4 9 16	5 8 17	6 7	五
55	—	37	=	18	1 12 13	2 11 14	3 10 15	4 9 16	5 8 17	6 7 18	上
55	—	36	=	19	1 12 13	2 11 14	3 10 15	4 9 16	5 8 17	6 7 18 19	上

3. 若以高氏所定之法数之，得出宜变之爻，而其爻适为"七"或"八"，又属不变之爻，不变而又宜变，此又一"二律背反"也。高氏亦自知其说不能圆通，故言"宜变之爻为'七'为'八'则不变，其占法比较复杂"，实则非弃其所创"变卦法"，将无以为占。

由以上三点理由，说明高先生的"变卦法"虽苦心孤诣、极深研几，但终属想当然之论。而其巧思有时或可一试，然而并非均可迎刃而解。

例如前引《国语·晋语四》："公子亲筮之，曰：'尚有晋国。'得贞《屯》、悔《豫》，皆八也。"对于"贞《屯》悔《豫》皆八"，从来未得确解。《屯》☵☳为贞，为本卦；《豫》☳☷为悔，为变卦。这是容易解的，即《屯》之《豫》（《屯》初、四、五三个爻变而为《豫》）。但对于"皆八"二字，历来易学家之解释，或者含糊其词，或者想所当然、不具说服力，或阙疑而不讳己之不明。而高氏以其"变卦法"解之曰：

初、四、五爻皆变者也。当其筮时，盖得☳☵《屯》卦，其营数为四十八（农按：即右图之9+8+8+6+9+8＝48）。自五十五减四十八余七。依法数之，至上爻而七尽，故上爻为宜变之爻。而上爻为"八"，乃不变之爻，是得《屯》

高氏所占《屯》卦营数

之"八"也，不得以《屯》之上六爻辞占之矣，遂变《屯》之"九"为"六"、"六"为"九"，则得䷏《豫》卦。《屯》卦上爻之"八"，亦即《豫》卦上爻之"八"，故曰"得贞《屯》、悔《豫》，皆八也"。贞者，本卦；悔者，之卦也。故以《屯》《豫》两卦卦辞合占之……非以余所言之"变卦法"，则此文"得贞《屯》、悔《豫》，皆八也"，终莫能解，可见余所言之"变卦法"非臆撰也。[1]

高氏所占《豫》卦营数

高氏字里行间对自己的发明非常得意，固学者之常态，不足为奇。然细按其说，大可商榷。问题即出在最关键的一句话："《屯》卦上爻之'八'，亦即《豫》卦上爻之'八'。"按高氏所说"变《屯》之'九'为'六'、'六'为'九'"，则得如左图所示之《豫》卦。然变卦不求变爻则罢，若亦求变爻，则依高氏法，实为《豫》六三；若不求变爻，则"《屯》卦上爻之'八'，亦即《豫》卦上爻之'八'"一句，又可谓毫无意义明矣。如按一般规律，三爻变，则占两卦《象》辞，那么左氏亦只须说"得《屯》之《豫》"即可，又何必增言"皆八"？凡此种种，必因某一变法失传，所以猜来猜去，终不能尽如人意。故

① 《周易古经今注》卷首《周易古经通说》第7篇《周易筮法新考·东周筮法之实征》，版本同前，第156页。

"成卦法"，众说几一致；"变卦法"，众说多不一。但毕竟也不是毫无规律，所以我以"准规律"称之。黄宗羲参稽众说，而又断以已意者，亦只是准规律而已。若再参以赵汝楳或近代各易学专家之说，则从成卦中求得一爻，或从成卦中求得其变卦，如何又以某爻或变卦结合种种因素解释，并不是茫无头绪之事。因为占筮本就有十分灵活的性质，占者唯有随机应变也。

为便于表达，我一直把占筮的全过程分成三个阶段：首先是问卦者之问，称"贞问"；其次是占筮者之"筮"，筮的过程，又包括成卦、成爻或根据变占而得出卦象和筮辞（即卦辞和爻辞）；最后是对所得的卦象和筮辞作出解释，即对贞问者作出合情合理之答复，是谓之"占"。

当然，筮辞中之"利建侯""利涉大川""吉""吝""凶"等实都属于"占"，但笔者之所谓"占"，与之稍有区别，笔者之所谓"占"，是对上述之"占"所以然的解释谨此说明。下章则专言《易》占。

第八章 《易》占

占筮者的学问全体现在这个"占"字上。

一、所谓"数往知来"

先举《左传》二例以观古人之占。《左传·昭公十二年》："南蒯之将叛也……枚筮之（不指其事，泛卜吉凶^①）。遇《坤》☷之《比》☵（《比》，《坤》六五爻变），曰：'黄裳元吉。'（《坤》六五爻辞^②）以为大吉也。示子服惠伯曰：'即欲有事，何如？'惠伯曰：'吾尝学此矣。忠信之事则可，不然必败。外强内温，忠也（《坎》险，故强；《坤》顺，故温。强而能温，所以为忠）；和以率贞，信也（水和而土安，正和、正信之本也），故曰："黄裳元吉。"黄，中之色也；裳，下之饰也；元，善之长也。中不忠，不得其色（言非黄）；下不共，不得其饰（不为

---

① 括号内为杜预原注，下同。农按：《襄公十八年》"以枚数阖"，杜注："枚，马也。""枚"即马箠，也就是马鞭。大概南蒯就用马鞭之类代替蓍草筮之。

② 农按：此即《启蒙》占法所谓"一爻变，则以本卦变爻辞占"之例。

裳）；事不善，不得其极（失中德）。外内倡和为忠（不相违也），率事以信为共（率犹行也），供养三德为善（三德，谓正直、刚克、柔克也），非此三者弗当（非忠、信、善，不当此卦）。且夫《易》，不可以占险，将何事也？且可饰乎？（"夫《易》"犹"此《易》"，谓"黄裳元吉"之卦，问其何事，欲令从下之饰）中美能黄，上美为元，下美则裳，参成可筮（参美尽备，吉可如筮），犹有阙也。筮虽吉，未也。'（"有阙"，谓不参成）"①

　　南蒯将叛，筮得"黄裳元吉"以为大吉，而惠伯结合贞问者的具体情况，认为"黄裳元吉"是中和之美，不能用于占凶险之事；且黄裳又是美饰，亦不能用于凶险之事。故而认为南蒯不能当此爻辞。惠伯之占否定了南蒯"大吉"之占，实以此反对南蒯欲叛之心。

　　又如《左传·襄公二十五年》：

　　　　齐棠公之妻，东郭偃之姊也。东郭偃臣崔武子。棠公死，偃御武子以吊焉，见棠姜而美之，使偃取之。偃曰："男女辨姓。今君出自丁，臣出自桓，不可。"武子筮之，遇《困》䷜之《大过》䷛，史皆曰："吉。"示陈文子，文子曰："夫从风（《坎》为中男，故曰"夫"，变而为《巽》，故曰"从风"），风陨，妻不可娶也（风能陨落物者，变而陨落，故曰"妻不可娶"）。且其繇曰：'困于石，据于蒺藜，入于其宫，不见其妻，凶。'（《困》六三爻辞）'困于石'，

---

① 事见《春秋左传正义》卷45，影印《十三经注疏》本，第361页。

往不济也（《坎》为险、为水，水之险者，石不可以动也）。'据于蒺藜'，所恃伤也（《坎》为险，《兑》为泽，泽之生物而险者蒺藜，恃之则伤）。'入于其宫，不见其妻，凶'，无所归也（《易》曰："非所困而困，名必辱；非所据而据，身必危。"既辱且危，死其将至，妻其可得见邪？今卜昏而遇此卦，六三失位无应，则丧其妻，失其所归也①）。"崔子曰："嫠也，何害？先夫当之矣。"遂取之。②

今按：《困》之《大过》，《困》卦六三爻变，故陈文子即依《困》卦六三爻辞占之，以为凶。其实即使以变卦《大过》九三爻辞"栋桡，凶"来占，也还是凶。而众史之皆曰"吉"者，无非欲讨好崔武子。当然一定要讨好，理由也找得出，即《困》卦卦辞有"亨，贞，大人吉，无咎"，引用一下也是很方便的。而崔武子本人更是出了奇兵，认为棠姜是个寡妇，一切凶象都已应在她的前夫身上，坚持娶了棠姜。

由《左传》这件事，很自然地使我想起《周易古筮考》记载的关于《四库全书》的总纂官纪昀的轶闻：纪昀年青时应乡举，老师为他卜卦，筮得《困》之六三，即"困于石，据于蒺藜，入于其宫，不见其妻，凶"。师以此卦为不吉，纪却说："吾尚未娶，何妻之可见！'不见其妻'者，莫之与偶也，恐中解元耳。'困于石'者，或第二名姓名有石字，或石旁也。"据说发榜之

① 农按：杜注所引"《易》曰"云云，为《系辞传》文。
② 事见《春秋左传正义》卷36，影印《十三经注疏》本，第281页。

后，纪昀果然位居第一，第二名则石姓也。而更有奇者，第三名姓米，盖因"米"字字形像蒺藜的形状，故曰"据于蒺藜"也[①]。

不论事之真伪，纪晓岚与春秋时的崔武子实有异曲同工之妙。一个以为娶寡妇，夫的凶都已应在前夫身上；一个以为己未娶，夫的凶还应不到自己身上。这或许也可以称为理论联系实际罢。

对于相同的卦象或其所系之辞作出不同的解释，不但是正常的现象，而且还有其必然的道理。因为书上记的是以往的经验，现在面对的是眼前的事情，且目的是要预卜（预知）未来之事。既然各人有各人的"眼前"，当然"未来"也不可能全然一致。因此"占"的结果也不可能完全相同。

本书绪论已引过《周礼·春官宗伯·占人》"凡卜筮既事，则系币以比其命；岁终，则计其占之中否"，说明岁终将归档的卜筮记录作出统计学的处理时，其命中率自是极重要的一项。这种分类处理，是为对事物作出规律性认识，以"数往"而"知来"。

《系辞传上》："是故蓍之德圆而神，卦之德方以知"，"神以知来，知以藏往"。这几句话，说明了《周易》这部书与筮占的关系。"卦之德方以知""知以藏往"，说的就是《周易》这部书。《周易》一书是由总结往事、经统计学处理而成的蕴含前人智慧的结晶。既已成书，就有一定（标准化）。故以"方"来形容，说明是相对静止的。"蓍之德圆而神""神以知来"，说的就是占筮这回事。占筮是很灵活的，首先，筮得之"数"不能

---

① 事见尚秉和：《周易古筮考》卷 4，1926 年刻本，第 25 页。

预定，全凭偶然，不论贞问之人还是占筮之人，都不能预先知道将得何卦何爻，而是筮而后得。然后"八卦以象告，爻彖以情言，刚柔杂居，而吉凶可见矣"（《系辞传下》），也就是经过筮之后，藏着的"往"出现了。这个"往"代表着前人的经验与智慧，占者即结合当时、当地、当事之人来分析、论断其吉凶休咎，从"往"而推知"来"。故以"圆"来象征，圆者有旋转流动之形，随遇平衡，言其灵活。

我看到"知以藏往"这句话，很自然地想到现代的电子计算机，《易》这部书是"数据存储"，《系辞传上》称"藏往"，也即预先"藏"（储存）在那里。筮就是输入数据信息（"数"）——以六、七、八、九四个数字组成的六位数——然后藏在那里的代表智慧的"往"就出现了。卦象、卦辞仅六十四，爻也仅三百八十四、爻辞三百八十六。但其实不止这些数，它可以化出很多。能化出多少呢？就是六、七、八、九四个数所能组成的六位数的数目，即 4 的 6 次方：4096。

如果我们再联系《说卦》所称的"数往者顺，知来者逆，是故《易》逆数也"这几句话，就会对占筮和《易》的认识更加深刻。卦的作用是"藏往"，占的目的是"知来"。凡是往事都是已知的，历数往事和分析往事自然比较顺当容易，故言"数往者顺"。而未来之事，就难以预知，也就是难以逆料。但也并不是不可能，那就是"数往而知来"，即通过占筮的方法而知"藏往"，再通过历数所藏之"往"，从中引出经验教训，总结出规律性认识以指导实践而指向未来。逆数往事而预知未来，故曰"《易》

逆数也"。逆数往事，犹返数往事，此"逆"训"返"；逆料来者，谓迎合未来，此"逆"训"迎"。故逆数之"逆"，实含二义，兼背出分训、并行分训而又同时合训也。

"数往"是手段，"知来"是目的，"数往"易，"知来"难，故逆料未来之分岐意见就多、就大，这是合乎情理的。不要说百发百中是绝对的困难，就是"其言曲而中"（《系辞传下》），也已经是非常的不容易。

清朝有个大学者叫毛奇龄，他的《春秋占筮书》极力推崇《周易》之占验，曾引一段故事说：

> 东汉永建三年，立大将军梁商女为贵人，筮之……得《坤》☷之《比》☶……当时解之者，但曰"元吉""正中"而已。其后进为后。顺帝崩，进为皇太后。以无子，立他妃子，临朝，即冲帝也。冲帝崩，质帝立，又临朝。及兄冀弑质帝，然后迎桓帝立之，而于是有兄冀擅权、宦官乱政之祸。今占之，则《坤》五，后也，之《比》而变刚，君也，临朝也，所谓"显比"者也（《比》九五："显比，王用三驱，失前禽"，"舍逆取顺"）。"三驱"，立三帝也；"失前禽"者，无子也，犹无前星也；"舍逆取顺"者，信宦官、杀忠良也。其最可异者，一推自《复》（推《易》法，凡一阳卦俱从《剥》《复》来），以震初之刚☳而易《比》五；一推自《剥》，以艮上之刚☶而易《比》五。震为长子，为兄；艮为门阙，为阍寺（俱见《说卦》），合兄冀与宦官，而皆

与九五有参易之象，因之有弑帝乱政之祸。向使汉之太史知此，则必唾而去之矣。[1]

毛氏以为筮得之卦爻是灵验的，只是占错了。但他似乎忘记了自己生在清朝，说的是东汉已经过去的事实。他把自己"数往"的正确，错觉为自己"知来"的灵验，并对《周易》"藏往"之智惊叹不已。难怪李镜池要说他："若毛氏在东汉为太史，恐怕也止于会说'元吉''正中'的话吧。无论如何，他绝想不到'三驱'即'立三帝'，'失前禽'即'无子'；他也绝想不到'舍逆取顺'一句《象传》的话（农按："舍逆取顺"为《比》九五《小象》之辞），可以合经文一样地有大意义，是'信宦官、杀忠良'的解法。"[2]但话得说回来，李说也过于简单。我以为按《左传》《国语》占法，一爻变，既占本卦爻辞"黄裳元吉"，亦当占变卦爻辞"王用三驱"云云。如果汉之太史，或毛奇龄生在汉为太史，而有董狐书"赵盾弑其君"的胆量，完全有可能将《比》卦九五爻的爻辞占上，并将《小象》"舍逆取顺"也抬出来一起参稽的，并不一定只会说"元吉""正中"的话而已。"知来"虽然不能像"数往"那么准确具体，但对于知内情的人，是可以大致推导出一个模糊的轮廓来的。李先生说："我们只能惊叹《周易》的神秘奥妙，却不愿责备汉太史之无知。"我却以为汉太史虽并非无知，但无胆而又欲巴结当时的大将军梁冀的谄媚之状是清晰

---

[1] ［清］毛奇龄：《春秋占筮书》卷3，载《景印文渊阁四库全书》第41册，第542页。
[2] 李镜池：《周易探源》，版本同前，第410页。

可见的。我们只要对照一下本章开头所引《左传》，南蒯将叛，筮得《坤》之《比》，惠伯是如何以占反对的，就可明白。

笔者在论《易》象时已说过，《易》象是象征，是客体的观念化，实则是一种死象。但象征，因观念占统治地位，远远溢出它的对应符号（如卦象）和对应比喻（如卦爻辞），因此读者可以触类引伸，从而获得超出符号形式的理性内容。此理性内容可还原为具体之象，使死象变为活象。"还原"，不是还已往之"原"，而是以智慧理性推知将产生的活象。这虽易生分歧，但也不是绝对的难以一致。下面我将以比较法来看各家占法之异同，以广读者之思路。

先举一卦卦辞为例，比较各家之说。

☶☷ 剥：不利有攸往。

郑玄曰："阴气侵阳，上至于五，万物零落，故谓之'剥'也。五阴一阳，小人极盛，君子不可有所之，故'不利有攸往'也。"

程颐曰："'剥'者，群阴长盛，消剥于阳之时，众小人剥丧于君子，故君子不利有所往，唯当巽（逊）言晦迹，随时消息，以免小人之害也。"

朱熹曰："'剥'，落也。五阴在下而方生，一阳在上而将尽，阴盛长而阳消落也。阴盛阳衰，小人壮而君子病。又内坤而外艮，有顺时而止之象，故占得之者，不可有所往也。"

吴澄曰："以卦体而言，则阴长已至于五，仅存一阳，再往，则并一阳消之矣，故不宜有往。以占者而言，则小人极盛之时，当顺时而止，不可以有所往也。"

熊良辅曰："'不利有攸往'，为上九君子谋也。然诸阴爻多凶，亦岂小人之利哉！君子于此时当顺时而止，以待'得舆'之日（农按：《剥》上九爻辞"君子得舆，小人剥庐"），小人当以贞自守，不宜进迫于君子，以自取'剥庐'之祸，是小人亦'不利有攸往'也。"①

可以看出，郑玄以下四家之说都是受到郑氏启发的，《剥》之卦象比较明显，都是就卦象而说"不利有攸往"之理，而且认为都是为君子着想的。只有熊氏似乎站在君子的立场警告小人："当以贞自守，不宜进迫于君子，以自取'剥庐'之祸，是小人亦'不宜有攸往'也。"但基本上仍是替君子向小人传言：不要做得太绝！

如果在众说的基础上，再结合《彖传》，则可说得更详细。如魏荔彤云：

《彖传》释卦名义曰："'剥'，剥也，柔变刚也。"《谦》《豫》二卦五阴乃错乎《小畜》《履》者也，至《剥》而更变为五阴剥阳，逐阳于极外，将不容有阳矣。所以"不利有攸往"，为君子谋也。言小人之势更甚于《否》矣，何又言"顺而止之"乎？"顺"者，顺乎气化之天时；而"止"

---

① 上引诸说并见[清]程廷祚：《大易择言》卷 13，载《景印文渊阁四库全书》第 52 册，第 672—673 页。

者，止于乐天安命、俭德避难，乃观卦象而用《易》之学也。君子知消长盈虚皆气化之自然，人生所值，则为吉凶祸福。天行不可强也。小人得志，亦有运会；君子安命，尚乎天行。当阴盛之际，不与小人争竞取咎，唯有全生远害，明哲保身而已，此君子"顺而止之"以处《剥》之道也。①

如再深入发掘，还可生转折之义。如从主爻着眼，则外卦三爻为艮体。艮，止也，以上爻一阳止群阴，故为通卦主爻，阴虽欲剥之而不能也。至上爻之"硕果不食"者，非不能食果，无能食尽阳气也，即无能食尽人心天理也②。朱熹曰："唯君子乃能覆盖小人，小人必赖君子以保其身。今小人欲剥君子，则君子亡而小人亦无所容其身，如自剥其庐也（农按：《剥》主爻上九爻辞有"小人剥庐"）。且看自古小人欲害君子，到害得尽后，国破家亡，其小人曾有存活得者否？"③

根据《系辞传下》"穷则变，变则通"的原则，我们还可推究下去：从《剥》初爻始，往上剥，至上剥尽，其爻数即日数，共六日，至第七日，下生一阳而成《复》卦，故曰"《剥》极为《复》"也。然《剥》不极、《复》不速，"七日来复"，何速哉！此圣人为小人诫之意也。"而天地气化，自然之反复来往，亦必至之气、必至之理耳。君子明乎此，时止时行；小人明乎此，

---

① 《大易通解》卷 5，《景印文渊阁四库全书》本，第 201—202 页。
② 《大易通解》卷 5，版本同前，第 206 页。
③ 转引自《大易择言》卷 13，《景印文渊阁四库全书》本，第 678 页。

亦可以少息其害正之念矣"①。

我们且不问"明哲保身"如何的变成苟且偷生,《剥》去《复》返的循环论如何的变成坐以待毙或阿Q的精神胜利法,对卦象、卦辞的这种理性分析,结合当时、当地、当事者的具体情况,是可以对贞问者作出一些有益的指导的。

《剥》卦卦象与卦辞均较明确易解,故历来分岐不大,各家说亦近似。下面再按《四库全书总目提要》所称易学之两大派(即象数与义理两大派)中选择四卦,为例释之,并按一般通行的本子,将《彖传》《象传》(包括《大象》《小象》)分系于各卦之卦爻辞一并释解。《提要》曰:"《左传》所记诸占,盖犹太卜之遗法。"笔者于上文已有述及,不再举例。又云:"汉儒言象数,去古未远也。"然汉儒之言象数,散见各书,难以取得全卦之完整释例。顾现代易学家中言汉学者无过尚秉和先生,于省吾称其"集象学之大成"(见《周易尚氏学》序),故从《周易尚氏学》选一卦,作为言象数之代表。以其为今人之著,由此而作为研讨汉儒象数之学的阶梯,亦甚宜之。《提要》称王弼"尽黜象数,而说以老、庄",故从王弼《周易注》中选一卦;又称王弼之学"一变而胡瑗、程子,始阐明儒理",故从《周易程氏传》中选择一卦;又称"再变而李光、杨万里,又参证史事",故从杨万里《诚斋易传》选择一卦,以明各家各派之不同占法。笔者之释仍以"农按"标之。

---

① 参见《大易通解》卷5,《景印文渊阁四库全书》本,第206页。

二、尚秉和《周易尚氏学》释例

《周易尚氏学》卷 10《遁》卦：

☷☰ 遁：亨。小利贞。

《遁》，月卦辟未，阴长阳消，小人道长，君子道消。"遁"者，退也。当阴盛之时，势须退避，否则其祸有不可胜言者矣，故曰"遁亨"。盖以行止论，洁身退隐，《否》所谓"俭德避难"也，无所谓亨；而以祸福论，防微虑远，不事王侯，高尚其事，优游事外，亨莫亨于是矣。故《传》曰"遁而亨"也。阳大阴小。"小利贞"者，谓宜贞定也。《传》曰"浸而长"，谓阴方长，长则消阳，故利于静，不利于动也。

《彖》曰："遁亨"，遁而亨也。刚当位而应，与时行也。"小利贞"，浸而长也。"遁"之时义大矣哉。

五当位，二有应，故曰"刚当位而应"。然而不能不遁者，时不可也，故曰"与时行"。遁太早则有过情之讥，如严光是也；太晚则不能遁，沉溺于小人之中而不能免，如刘歆是也。行而宜之之谓"义"，故夫子极叹时义之大。

《象》曰：天下有山，遁。君子以远小人，不恶而严。

凡卦皆合上下卦而立名。乾健艮止，皆无退义。然而"遁"者，以乾与艮先、后天皆居西北也；西北者，幽潜无用之地，

《太玄》谓曰"冥",冥者,明之藏也,故曰"遁"。乾为君子,远遁在外,故曰"远小人"。五应二,故曰"不恶"。然以有阻隔故,绝难为与,故曰"不恶而严"。盖外不与绝,内实远之也。[①]

农按:《遁》为十二辟卦之一。辟卦又称消息卦,亦称月卦,亦称候卦。尚氏以消息卦为"全《易》之本根,《太玄》之纲领",谓"清儒毛西河(奇龄)等,动以月卦属之汉人,此大误也。干宝《周礼注》引《归藏》云:'《复》子,《临》丑,《泰》寅,《大壮》卯,《夬》辰,《乾》巳,《姤》午,《遁》未,《否》申,《观》酉,《剥》戌,《坤》亥。'是月卦已见于二《易》"[②]。《遁》为月卦、辟卦而居未,故曰"《遁》月卦辟未"。二阴消阳,故曰"阴长阳消""当阴盛之时,势须退避"。又引《否》卦《象传》"俭德避难"、《蛊》卦上九爻辞"不事王侯,高尚其事",为其时须远离政治舞台作解,而明《象传》言"遁而亨"之义。"遁而亨"者,实则云"不遁凶"也。"小利贞"者,尚氏以为诫阴宜贞定,而不能"浸而长",因长则消阳。谓九五居阳位,故曰"五当位";六二居阴位,与九五为正应,故曰"二有应"。刚虽当位而应,而不能不遁者,时不可也。此反复解释"遁之时义大矣哉"之旨:时重于位也。时、位而外,尚有"度",同一遁也,太早、太晚均失其度。东汉初之严子陵则遁之太早,

---

① 详见《周易尚氏学》卷10,版本同前,第160—163页。下引各段均同。
② 见《周易尚氏学》卷首《总论·第十论消息卦之古》,版本同前,第8页。

似嫌矫情；刘歆遁之太晚，则终遭王莽之害。

　　尚氏以"乾与艮先后天皆居西北"来解释虽"乾健艮止，皆无退义"而终须"遁"的理由。按《先天图》，艮居西北，按《后天图》，乾居西北，乾与艮皆有居西北之位，故言"乾与艮先、后天皆居西北"也。西北虽为幽潜无用之地，却也是君子嘉遁之所，故《遁》☷卦内艮外乾，象君子远遁，以避小人之害也。"五应二"者，谓表面虽不示嫌恶，而实绝不与之为伍。"不恶而严"者，不与之正面冲突，而实与之界线分明，故曰："外不与绝，内实远之。"此内外非指卦之内外，而指思想行为之内外也——表面上不与之正面冲突，是为了避免无谓牺牲；内实与之界线分明，以坚守己之贞洁。

　　　　初六：遁尾，厉。勿用有攸往。
　　　　爻象初为尾，初往应四，则为同性之二所阻，危厉之道也，勿往则免矣。
　　　　《象》曰：遁尾之厉，不往何灾也？
　　　　艮为止，在艮宜静，勿用有攸往，则无灾矣。

　　农按：初爻为《遁》之尾，虽与四为应，而以其不当位（依尚氏"同性为敌"之说，则二为初之敌），又为敌所阻，危厉之道也。又初为艮体，艮为止，故勿往则无灾。

　　　　六二：执之用黄牛之革，莫之胜说。

艮为牛，《无妄》六三"或系之牛"是也。二居中，故曰"黄牛"。《易林·〈既济〉之〈艮〉》云"伺候牛羊"，《〈同人〉之〈无妄〉》云"负牛上山"，皆以艮为牛。艮为皮革。执，持也、止也。艮手为执，言二得中正，宜贞定自持，如牛革之固，莫能胜我而说去也。仍"小利贞"之旨也。"说""脱"同。

《象》曰：执用黄牛，固志也。

巽为志。牛革者至固之物，持志如此，贞定极矣，故曰"固志"。固则不动，不动则不消阳。

农按：尚氏解《无妄》六三爻辞"无妄之灾，或系之牛，行人之得，邑人之灾"，即以艮为牛、为邑、为火，震为行、为人，巽为绳、为盗，言"或系之牛"被行人牵去，居者反有偷盗之嫌，从而遭诘捕之祸也。"爻辞取象，神妙已极。乃自艮牛、艮火之象失传，自虞翻以来皆用卦变，致妙用全失"[1]。此爻以艮为牛，亦本之焦氏。"二居中，故曰'黄牛'"者，凡《易》中言"黄"，皆在中爻也，《坤》之五曰"黄裳"，《离》之二曰"黄离"，《噬嗑》之五曰"黄金"，《遁》之二曰"黄牛"，《鼎》之五曰"黄耳"，则"黄"之取义，其为中爻明矣[2]。《坤》卦《文言》曰："君子黄中通理。"亦以"黄""中"连用。艮为指，故尚

① 详见《周易尚氏学》卷7，版本同前，第130页。"艮为牛"，尚氏自注云："《象》失传，说详《焦氏易诂补遗》。"
② 说见《易经衷论》卷上，载《景印文渊阁四库全书》第44册，第609页。

氏言"艮手为执"。巽为志，二有应，然处消阳之时，当执志自持，不参与消阳。

九三：系遁，有疾，厉。畜臣妾，吉。

巽为绳，故曰"系"；艮止，故曰"系遁"，言系恋而不即遁也。巽为疾，三无应，往遇敌，故有疾厉，然下有重阴承顺于三。"畜臣妾"则吉，艮为臣妾也。巽疾象，详《履》卦《象传》注。艮臣象，亦本《易林》。《易林·〈夬〉之〈坎〉》云"君臣扰忧"，《坎》中爻艮、震，震为君，艮为臣，故曰"君臣扰忧"。又《〈兑〉之〈艮〉》云"臣围其君"，亦以艮为臣。盖艮为僮、为仆，故为妾，臣与仆古不分，故为臣。由是知《蹇》六二曰"王臣蹇蹇"，《小过》六二曰"遇其臣"，《易》原以艮为臣也。

《象》曰：系遁之厉，有疾惫也。"畜臣妾，吉"，不可大事也。

《广韵》："惫，羸困也。"陆绩云："大事，谓天下之政。潜遁之世，但可居家，畜养臣妾，不可治国之大事。"

农按：二至四互体巽，巽为绳，见《说卦》，故称"系遁"。九三无应，上九亦阳刚，尚氏以同性为敌，故曰"往遇敌"。"系恋而不即遁"者，九三处于阳刚遁退之时，反而与在下之二阴柔比而亲昵、牵连维系，故"不即遁"也。如此，巽即为疾。尚氏释《履》卦《象传》云："人知坎为病（见《说卦》），不知巽亦为病，故说疢象无有合者。岂知巽为陨落，当然亦为病。《易林·〈巽〉之〈鼎〉》云'病伤不治'，以《鼎》下巽为病；《〈兑〉之〈蛊〉》云'疮痍多病'，以《蛊》上艮为疮痍、下巽为病。由《易林》推之《易》，《遁》九三云'有疾厉'，《丰》六二云'往则疑疾'，《易》原以巽为疾病，故《易林》本之也。"[1]九三上无应，处遁之时，亲比在下之阴，遂遭维系牵连，能不病乎？然九三对其下承顺之重阴，虚与逶迤，以"臣妾畜之"的居高临下姿态与之周旋，庶几可以止其上进消阳而得吉也。这当然是一件十分吃力的事，故《小象》云"有疾惫也"。其最终不能成大事，而唯有家居，如汉丞相陈平之醇酒妇女，以等待时机而已。唯尚氏引陆绩云"大事，谓天下之政……"一句，考今本各书所引陆绩《易》注均无此语，独《周易集解》卷 7 引荀爽曰："大事，谓与五同任天下之政。潜遁之世，但可居家，畜养臣妾，不可治国之大事。"然则尚氏误以荀爽为陆绩，又脱漏其文矣。

九四：好遁，君子吉，小人否。

虞翻曰："《否》乾为好、为君子，阴称小人。"按四与初有应，"好遁"者，外不与小人绝，当祸患未形之时，从容而遁也。然知几其神，唯君子能之，若小人则系恋而不去也。故曰"君子吉，小人否"。

《象》曰：君子好遁，小人否也。

---

[1] 《周易尚氏学》卷 3，版本同前，第 71 页。

"否"，不也。小人不肯退，不退则凶咎至矣。

农按：九四已进入《否》体之乾。虞翻曰："《否》乾为好、为君子，阴称小人。动之初，故'君子吉'；阴在四多惧，故'小人否'。"[1]盖虞氏之意，《遁》初六、九四两爻皆失正，初、四易位，则初得正（得位），故为"君子吉"；四阳变阴，阴在四多惧，故为"小人凶"。虞氏卦变之说为尚氏所不取，而仅以初与四有应，谓四当乘此有应之时从容遁去，然此举唯高明之君子能之，若小人则反以为有恃无恐，不肯即遁，必致凶咎，故曰"君子吉，小人否"也。

九五：嘉遁，贞吉。

乾为嘉，五居中当位，下有应与，不必遁也，乃识微虑远，及此嘉时而遁焉，故曰"贞吉"。

《象》曰："嘉遁，贞吉"，以正志也。

五应在二，二互巽，巽为伏，故为心志。虞翻用卦变，谓四与初已易位，三已变成坎，上来之三，成坎为志。夫圣人观象系辞，其所用象，乃在三变之后，迂曲如此，使后学乌从测之哉？

农按：乾为嘉（乾四德，"亨"者嘉之会），五居中当位，

---

① 见《周易集解》卷7所引，《北京图书馆古籍珍本丛刊》本，第124页。

下应于二，使二能执志自持，则五绝无被消之患。九五于此之会，必须以刚中之德来处理与二之应，或暂示与之相合，因尚未至必遁之时。然虽未至必遁之时，却有必须遁退之理，乃于人不知不觉中遁退，故《象》曰："嘉遁贞吉，以正志也。""正志"者，面对现实，以遁之志为正也。此即《象传》所言"当位而应，与时行也"，故贞吉。

上九：肥遁，无不利。

《子夏传》释"肥"为饶裕，虞翻以乾盈为"肥"，皆非。《后汉·张衡传》注引《淮南·九师训》云"飞而能遁，吉孰大焉"，《易林·〈需〉之〈遁〉》云"去如飞鸿"，《〈节〉之〈遁〉》云"奋翅鼓翼"，王弼云"矰缴不能及"，并皆读为"飞"。朱芹引姚宽《西溪丛语》云："'肥'古作'蜚'，'蜚''蜚'同字。"是"肥"即"蜚"，"蜚"即"飞"也。盖上九居极上，高飞远引，无有阻隔，故"无不利"。而乾为行，故为飞，《乾》九五"飞龙在天"是也。

《象》曰："肥遁，无不利"，无所疑也。

上九逍遥世外，故无所疑。

农按：尚氏集众说训"肥"为"飞"，甚确。上九处一卦终极之地，最远于阴，与二阴无应、无比，处遁之时，自能飘然远引、飞速遁走。"疑"，古"碍"字。最远于阴，故无所碍。尚氏谓"高飞远引，无有阻隔"，似亦读"疑"为"碍"。"无不利"，正谓其无所碍，故尚氏曰"上九逍遥世外，无所疑也"，"无所疑"，即"无所碍"也。

三、王弼《周易注》释例

王弼《周易注》卷3《复》卦：

䷗复：亨。出入无疾，朋来无咎。反复其道，七日来复，利有攸往。

《彖》曰："复亨"，刚反动而以顺行，是以"出入无疾，朋来无咎"。"反复其道，七日来复"，天行也。"利有攸往"，刚长也。"复"，其见天地之心乎！

《象》曰：雷在地中，复。先王以至日闭关，商旅不行，后不省方。

入则为反，出则刚长，故"无疾"。"疾"犹病也。"朋"谓阳也。阳气始剥尽，至来复，时凡七日。以天之行反复不过七日，复之不可远也。往则小道消也。"复"者，反本之谓也，天地以本为心者也。凡动息则静，静非对动者也；语息则默，默非对语者也。然则天地虽大，富有万物，雷动风行，运化万变，寂然至无，是其本矣。故动息地中，乃天地之心见也。若其以有为心，则异类未获具存矣。

"方"，事也。冬至，阴之复也；夏至，阳之复也。故

为复则至于寂然大静。先王，则天地而行者也，动复则静，
行复则止，事复则无事也。①

农按：以上为王弼对《复》卦卦辞、《彖传》与《大象》的
注，我将其合并一起释之。《老子》曰"反者道之动"，故《剥》
尽则《复》来，阴极则阳生。"刚反动"之"反"，兼正反之"反"、
往返之"返"二义。《复》之卦象，虽已具一阳在下，但在王弼
心目中，实象征阳始返、将动而未动之时，即处于《剥》尽《复》
来之际也。何以表之？以一阳入来表之，故曰"入则为反"。"出
则刚长"，则谓刚得朋而往，则阳道复长、小人道消，又恢复正
常，无病无咎。王弼以为，天地以本为心，而"复"者，即为返
本，故"复"是天地之心的表现。但所谓"本"又是指什么呢？
王弼以为是寂然的"无"。所以一般都谓王弼解《易》，义涉虚
无，即《提要》所谓"说以老、庄"也。但我认为老子也好、王
弼也好，他们之用"无"字，实有其特殊之含义，也有其不得已
之处。为了说明这个"无"字的含义，不妨引用康德《纯粹理性
批判》讲到纯粹理性的二律背反中的第一种二律背反的话，或许
对读者理解"无"字有所帮助。第一种二律背反，大意谓：

正题：世界在时间上有始，在空间上有限。证明：如果世界
在时间上无始，那么我们就必须给无限的东西提出一个现时的限，
这话是说不通的。同时，假如世界在空间上无限，就必须认为是

---

① 详见《周易注》卷3，《景印文渊阁四库全书》本，第223—224页。下引各段均同。

一个无限的整体，但是我们并不能这样认识它。

反题：世界在时间上无始，在空间上无限，两方面都是无限的。证明：世界一定从无限久就已存在，否则便不能存在。假如我们认为它有始，便一定要设想前面还有一段没有东西存在的时间，但在这种时间里不可能出现任何东西的起源。这种起源的原因在任何时刻都不会存在[1]。

《老子》曰："天下万物生于有，有生于无。"则实在也是"先验逻辑"，是不得不如此的。我们可按康德的方法：如果有生于有，那么有前还是有，这样就没有一个终极，也就最终没有一个"本"。故若要推本寻源，则归根结底只能是"无"，除此别无他解。但"无"究竟指什么，老子和王弼都说不出所以然，只是借了这个"无"字来表示而已。故我以为，"天地以本为心者也"，"本"即是"无"，正合近代吾浙大学者马一浮诗"天地本无心"一语；而"动息地中，乃天地之心见也"，则正合鲁迅诗"于无声处听惊雷"一语——坤上震下，动息地中，正是此象。这可谓"重新开始"，故虽有惊雷，而尚无声。以马、鲁二诗句合而形容《复》象，是再恰当不过了。一阳始生至微，而发生万物必待诸阳之来，故王注曰"朋谓阳也"。若以君子克小人言之，亦必待其朋渐盛，则能协力以胜之。按"卦气"说，《复》卦在冬至。王弼以冬至为阴之复，夏至为阳之复。按《汉书·薛宣传》："及日至休吏"，"日至，吏以令休，所由来久"。颜师古注："冬、夏至之日，不省官事，故休吏。"既称

---

[1]　参见[德]康德著，蓝公武译：《纯粹理性批判》，商务印书馆1960年版，第333页。

"所由来久"，可知我国古代早有此法定假日。至此日寂然无为，不省官事，实质上是重新开始，正是无为而无不为的象征。"七日来复"，来复日或星期日，基督徒称礼拜日，是指下周的开始日，但也是上周的结束日。王弼以"无事"称《复》，正以止则复行、静则复动，有事生于无事，亦即有生于无之旨。此虽老氏之理，然我以为未尝与《易》理相乖。

初九：不远复，无祗悔，元吉。
《象》曰：不远之复，以修身也。
最处复初，始复者也。复之不速，遂至迷凶，不远而复，几悔而反，以此修身，患难远矣。错之于事，其殆庶几乎，故"元吉"也。

农按：此《复》卦之始，与《复》卦卦象之象征阳返未形、处于将动而未动也即《剥》尽《复》来之际者有别。故王曰"最处复初，始复者也"，即初刚一阳来复，处卦之初，复之最先者也。失而后有复，不失则何复之有？唯失之不远而复，则不至于悔（祗，至也）。《小象》即以修身论之，不远而复，象征人有过失，其过失之形还未显著，已自发觉而极快改过，故《系辞传下》有云："颜氏之子（指颜回），其殆庶几乎！有不善，未尝不知；知之，未尝复行也。《易》曰：'不远复，无祗悔，元吉。'"即以修身之道释"不远复"。王弼之"不远而复，几悔而反，以此修身，患难远矣"，即取其义。若以此道处理事务，也就差不多了，否则即"复之不速，遂至迷凶"。

　　六二：休复，吉。
　　《象》曰：休复之吉，以下仁也。
　　得位处中，最比于初，上无阳爻以疑其亲。阳为仁行，
在初之上而附顺之，"下仁"之谓也。既处中位，亲仁善邻，
复之休也。

　　农按：王注以"亲仁善邻，复之休也"解"休复"。以初阳
为仁，二比而亲附之为"下仁"。程颐全承王说，乃更进而言"复
者，复于礼也，复礼则为仁。初阳复，复于仁也"[1]，视"休复"
全同于儒家之"克己复礼为仁"。窃以为王弼解此爻与其解《复》
卦之总体意义有所乖离。《东坡易传》："退而休之，使复者得
信（伸），谓之'休复'。"[2]似更合王弼解《复》卦总体之义。
据《小象》辞，"仁"指初九，不成问题，唯"下"字，《易》凡
言"下"者，皆谓在其下也。如《屯》之初九"以贵下贱"、《咸》
卦之"男下女"等等。因此，"休"字应释为退休之休，即退于初
九之下。姚配中即云："阳发至二则阴伏，故休。阴休而阳复，
故吉。"[3]预示阳将一爻一爻上升，也就是一阳来复而渐长。

────────────

① 见《周易程氏传》卷 2，版本同前，第 802 页。
② ［北宋］苏轼：《东坡易传》卷 3，载《景印文渊阁四库全书》第 9 册，第 46 页。
③ 见《周易姚氏学》卷 7，《续修四库全书》本，第 545 页。

六三：频复，厉，无咎。

《象》曰：频复之厉，义无咎也。

"频"，频蹙之貌也。处下体之终，虽愈于上六之迷，已失复远矣，是以蹙也。蹙而求复，未至于迷，故虽危无咎也。复道宜速，蹙而乃复，义虽无咎，它来难保。

农按：王氏读"频"为"颦蹙"之"颦"。颦蹙，忧愁不乐之貌，谓三处下体之终，失复已远，是以有颦蹙之厉，显示忧愁不乐之象。然"祸兮福之所倚"，若能知忧即返，尚不至迷，故虽危无咎。然义虽无咎，如或复之不速，难免发生其他意外之事。

六四：中行独复。

《象》曰："中行独复"，以从道也。

四上下各有二阴而处厥中，履得其位，而应于初，独得所复，顺道而反，物莫之犯，故曰"中行独复"也。

农按：五阴之中，唯四有应于初。四行群阴之中，而独能自处复道，无过不及之病，而顺从阳道渐长之势。由其"从道"，故其余四阴心虽嫉妒，而只能眼巴巴地看着它，奈何它不得，这就是"物莫之犯"。不言吉凶者，盖物虽莫之犯，然"独"者，亦自有"孤"义，故其吉凶全凭其一己之力而善自为之了。

六五：敦复，无悔。

《象》曰："敦复，无悔"，中以自考也。

居厚而履中，居厚则无怨，履中则可以自考，虽不足以及休复之吉，守厚以复，悔可免也。

农按：王以"厚"释"敦"。由于其居厚而得中，乃得以笃实而客观的态度来审察自己的行动，故其虽于阳复之时而以柔居至尊之位，却能随时根据现实情况处理得宜。故王注以为虽不足以比"休复之吉"，但"守厚以复，悔可免也"。

上六：迷复，凶，有灾眚。用行师，终有大败，以其国君凶，至于十年不克征。

《象》曰：迷复之凶，反君道也。

最处复后，是迷者也。以迷求复，故曰"迷复"也。用之行师，难用有克也，终必大败。用之于国，则反乎君道也。大败乃复，量斯势也。虽复，十年修之，犹未能征也。

农按：王注谓"最处复后，是迷者也"，然未释所以为迷之理。老子曰："人之迷，其日固久。"上六距初阳最远而又居极外之地，茫然不知初九来复之势，既迷失自己的行动方向，又迷恋自己习用的阴柔手法，而对渐壮之初阳极为轻视。迷而不复，其凶可知。"灾"，天灾，自外来；"眚"，人祸，由己作。皆由不知初九来复之为君道也。盖初九，君也。《东坡易传》："不知初九之已复也，谓之迷复。"[1] 其说甚确，则所谓"反君道"，就是违反了阳复渐长

---

[1] 《东坡易传》卷3，《景印文渊阁四库全书》本，第46页。

之道，而犹迷不知返，必遭凶灾之败，自可无疑。

总观《复》卦王注，可见王弼之说《易》，虽黜象数而言义理，然未尝全弃象数；虽说以老、庄，亦未尝全弃孔、孟也。

四、程颐《周易程氏传》释例

《周易程氏传》卷1《履》卦：

▤ 兑下乾上

《履》，《序卦》："物畜然后有礼，故受之以《履》。"夫物之聚，则有大小之别、高下之等、美恶之分，是物畜然后有礼，履所以继畜也。履，礼也；礼，人之所履也。为卦天上泽下，天而在上，泽而处下，上下之分，尊卑之义，理之当也，礼之本也，常履之道也，故为《履》。履，践也，藉也。履物为践，履于物为藉。以柔藉刚，故为《履》也。不曰刚履柔，而曰柔履刚者，刚乘柔，常理不足道，故《易》中唯言柔乘刚，不言刚乘柔也。言履藉于刚，乃见卑顺悦应之义。[①]

农按：《周易程氏传》体例，每卦于卦象下先引《序卦》有关文字。然后说该卦名义，有似现在通行的所谓"前言"，《程传》于每卦都有这样一个前言。前言中，间或插入发凡起例之语。

---

① 详见《周易程氏传》卷1，版本同前，第749—753页。下引各段均同。

如本卦前言中"刚乘柔，常理不足道，故《易》中唯言柔乘刚，不言刚乘柔也"即是。

　　履虎尾，不咥人，亨。
　　履，人所履之道也。天在上而泽处下，以柔履藉于刚，上下各得其义，事之至顺、理之至当也。人之履行如此，虽履至危之地，亦无所害，故履虎尾而不见咥啮，所以能亨也。

农按：此程氏释卦辞。

　　《彖》曰：履，柔履刚也。说（悦）而应乎乾，是以"履虎尾，不咥人，亨"。刚中正履帝位而不疚光明也。
　　兑以阴柔履藉乾之阳刚，柔履刚也。兑以悦顺应乎乾刚而履藉之，下顺乎上，阴承乎阳，天下之至理也。所履如此，至顺至当，虽履虎尾亦不见伤害，以此履行，其亨可知。九五以阳刚中正，尊履帝位，苟无疚病，得履道之至善，光明者也。"疚"谓疵病，"夬履"是也。"光明"，德盛而辉光也。

农按：此程释《彖传》也。程氏是理学家，故其解极重一个"理"字，"履虎尾"而"不咥人"，亦只是所履得天下之至理而已。至于《彖传》"刚中正履帝位而不疚光明也"句，自来未得确解，我则以为是《彖传》用互体之确证。"疚"，害也。二、三、四互体为离，离为明，故曰"刚中正履帝位而不害光明"，旧因句读有误，"疢"字句绝，相沿成习，遂使《象传》言互卦之例由此而晦（说已详本书第四章"《易》象〔上〕"）。"夬履"之义详下九五爻。

《象》曰：上天下泽，履。君子以辨上下，定民志。

天在上，泽居下，上下之正理也。人之所履当如是，故取其象而为《履》。君子观《履》之象，以辨别上下之分，以定其民志。夫上下之分明，然后民志有定。民志定，然后可以言治；民志不定，天下不可得而治也。古之时，公、卿、大夫而下，位各称其德，终身居之，得其分也；位未称德，则君举而进之；士修其学，学至而君求之——皆非有预于己也。农、工、商、贾，勤其事而所享有限，故皆有定志，而天下之心可一。后世自庶、士至于公、卿，日志于尊荣；农、工、商、贾，日志于富侈——亿兆之心，交骛于利，天下纷然，如之何其可一也！欲其不乱，难矣，此由上下无定志也。君子观《履》之象，而分辨上下，使当其分，以定民之心志也。

农按：《程传》以为上下之分，尊卑之义，理之当也。故君子（以在位者言）欲定民志，务必使上下各当其位，各尽其职，也就是"分辨上下，使当其分"，这也就是治国之理。治国者，理国也，凡理必有所分，分而理之，举国上下分工而合作，则国可治。如各不当其分，纷然杂乱，上上下下日志于尊荣奢侈，则天下不可得而治矣。程氏虽以儒理释《易》，而"定民志"之说亦见于《管子》，此实儒、法相通者也。

初九：素履，往无咎。

《象》曰：素履之往，独行愿也。

履不处者，行之义。初处至下，素在下者也，而阳刚之才，可以上进，若安其卑下之素而往，则无咎矣。夫人不能自安于贫贱之素，则其进也，乃贪躁而动，求去乎贫贱耳，非欲有为也。既得其进，骄溢必矣，故往则有咎。贤者则安履其素，其处也乐，其进也将有为也，故得其进，则有为而无不善，乃守其素履者也。

安履其素而往者，非苟利也，独行其志愿耳。"独"，专也。若欲贵之心与行道之心交战于中，岂能履其素也！

农按：《程传》甚明融。"安履其素"，即我行我素也。须见得人脚下自有一条洁洁净净本分之内又合天理之路，措足可乐，只是人不肯依着行①。《礼记·中庸》："君子素其位而行，不愿乎其外。"朱熹曰："素犹见在也，言君子但因见在所居之位，而为其所当为，无慕乎其外之心也。"②皆是"素履"之义。"素"，夙也，本也。人但因现在所据之位，按本夙之愿，亦即按其夙志行事，只要合乎理，"值那一死"，即令是死，也是值得的，因为这是中心之愿的实现。故《小象》曰："素履之往，独行愿也。"

---

① 参见《周易像象述》卷2《履》卦，《景印文渊阁四库全书》本，第426页。
② [南宋]朱熹：《四书章句集注·中庸章句》，中华书局1983年版，第24页。

本来就是我行我素之事，是不问吉凶的，但也是无所归咎的——他只是做了他应该做的事而已。

九二：履道坦坦，幽人贞吉。

《象》曰："幽人贞吉"，中不自乱也。

九二居柔，宽裕得中，其所履，坦坦然平易之道也。虽所履得坦易之道，亦必幽静安恬之人处之，则能贞固而吉也。九二阳志上进，故有幽人之戒。

履道在于安静，其中恬正，则所履安裕，中若躁动，岂能安其所履？故必幽人，则能坚固而吉。盖其中心安静，不以利欲自乱也。

农按：九二以刚居柔而得中，最能从容践履："见得人脚下自有一条宽宽平平天理内道路，举步至安，只怕人不能安静去行"，盲目躁动，不由大道。好比一只苍蝇，不从开着的门飞去，却只是在关着的玻璃窗上乱撞急爬。他不知玻璃虽然透明，能见其所欲，却是不能获得其所欲的。人当此境，最须冷静，须是有不逐世味、幽闲贞静心肠，若于世情稍有一毫热闹心，心先自乱，必不能履坦坦之大道也[1]。故《象传》极戒以"中不自乱"，即不能以眼前的利欲乱了自己。

六三：眇能视，跛能履，履虎尾，咥人，凶。武人为

---

① 参见《周易像象述》卷 2《履》卦，《景印文渊阁四库全书》本，第 426－427 页。

于大君。

《象》曰："眇能视"，不足以有明也。"跛能履"，不足以与行也。咥人之凶，位不当也。"武人为于大君"，志刚也。

三以阴居阳，志欲刚而体本阴柔，安能坚其所履？故如盲眇之视，其见不明；跛躄之履，其行不远。才既不足，而又处不得中，履非其正，以柔而务刚，其履如此，是履于危地，故曰"履虎尾"。以不善履，履危地，必及祸患，故曰"咥人，凶"。"武人为于大君"，如武暴之人而居人上，肆其躁率而已，非能顺履而远到也。不中正而志刚，乃为群阳所与，是以刚躁蹈危而得凶也。

阴柔之人，其才不足，视不能明，行不能远，而乃务刚，所履如此，其能免于害乎？以柔居三，履非其正，所以致祸害，被咥而凶也。以武人为喻者，以其处阳，才弱而志刚也。志刚则妄动，所履不由其道，如武人而为大君也。

农按：六三以阴居阳，质柔而务刚，如人之志大才疏，无其才而居其位者也。"眇"，视差；"跛"，足残。"能"读为"而"。眇而视，跛而履，必致履虎尾而被虎所咥，因遭凶险之灾。此喻人之无其能而居其位，瞎干一通，其结果必败事而带来祸害。程氏读"能"如字，不当，然释义大致不差。唯解"武人为于大君"为"武人而为大君"或"武暴之人而居人上"，则大误。"为于大君"，效命于君也（如程说，则"于"字无用）。所谓"志刚"

者，本指六三质柔而务刚，因遭虎咥之凶，何以"志刚"又接"武人为于大君"之后？李光地曰："凡爻既断吉凶之后，而又加一辞者，皆发明占外之意，以反决其占也。"①所谓"反决其占"，即此后所加之辞，正可从反面决其占之当否。所谓"武人"者，质刚而又志刚者也，然于此之际，或能无畏而殉节以报知己，或以其性之刚烈而作无谓牺牲。此等行为，或可博得一些赞誉之声，即《程传》所谓"乃为群阳所与"者。然毕竟于事无补，由其位之不中不正，虽武人而亦无用"武"之地明矣。

九四：履虎尾，愬愬，终吉。

《象》曰："愬愬，终吉"，志行也。

九四阳刚而乾体，虽居四，刚胜者也。在近君多惧之地，无相得之义，五复刚决之过，故为"履虎尾"。"愬愬"，畏惧之貌，若能畏惧，则当终吉。盖九虽刚而志柔，四虽近而不处，故能兢慎畏惧，则终免于危而获吉也。

能愬愬畏惧，则终得其吉者，志在于行而不处也。去危则获吉矣。阳刚，能行者也；居柔，以顺自处者也。

农按：《系辞传》云"二多誉"，以二处中也；又云"四多惧，近也"，以位逼于君，故多惧也。《履》卦六三以柔暗之才，而其志刚猛，所以触祸。四以刚明之才，而其志恐惧，战战兢兢，

① 见《周易观象》卷3《履》卦，《景印文渊阁四库全书》本，第644页。

如临深渊，如履薄冰，所以免祸。天下之理，原是如此。九四亦是不中不正，履着虎尾，然以刚居柔，故能"愬愬畏惧"；又其志在于行而不处，其初虽不得即吉，而终则吉也①。程曰："凡爻之辞，关得失二端者，为法为戒，亦各随其才而设也。"②又曰："凡爻之辞，皆谓如是则可以如是。若已然，则时已变矣，尚何教诫乎？"③此与六三同为"履虎尾"，而吉凶迥然有别可见矣。

　　九五：夬履，贞厉。

　　《象》曰："夬履，贞厉"，位正当也。

　　"夬"，刚决也。五以阳刚乾体，居至尊之位，任其刚决而行者也。如此，则虽得正，犹危厉也。古之圣人，居天下之尊，明足以照，刚足以决，势足以专，然而未尝不尽天下之议，虽刍荛之微必取，乃其所以为圣也，履帝位而光明者也。若自任刚明，决行不顾，虽使得正，亦危道也，可固守乎？有刚明之才，苟专自任，犹为危道，况刚明不足者乎？《易》中云"贞厉"，义各不同，随卦可见。

　　戒"夬履"者，以其正当尊位也。居至尊之位，据能专之势，而自任刚决，不复畏惧，虽使得正，亦危道也。

　　农按：五处至尊之位，虽得正得中，而无应者。以其刚愎自

----

① 参见《周易集注》卷3《履》卦，《景印文渊阁四库全书》本，第118页。
② 见《周易程氏传》卷3《萃》卦，版本同前，第932页。
③ 同上，卷1《小畜》卦，第746页。

用，终至众叛亲离。故程曰："虽使得正，亦危道也。"

上九：视履考祥，其旋元吉。

《象》曰：元吉在上，大有庆也。

上处履之终，于其终，视其所履行，以考其善恶祸福，若其旋，则善且吉也。"旋"，谓周旋完备，无不至也。人之所履，考视其终，若终始周完无疚，善之至也，是以"元吉"。人之吉凶，系其所履善恶之多寡、吉凶之小大也。

上，履之终也。人之所履善而吉，至其终周旋无亏，乃大有福庆之人也。人之行，贵乎有终。

农按："视履"句绝，与"素履""夬履"同例。"视"者，回视而详审也。上九当履之终，前无所履，乃可回顾自己所走之路、所行之事，故有"视履"之象。视其履则可以考察其善恶，若考察结果皆中规中矩，履之至善者也，故谓之"视履考祥"，故不唯吉，而且大吉，"大庆"亦即是大吉。

总观《履》卦《程传》，我尚有说如下：

程以"履物为践，履于物为藉"，故以柔藉刚，亦称为"履"，甚至以"兑以阴柔履藉乾之阳"解《象传》之"柔履刚"，被履而亦称"履"，说甚迂曲，不可从也。

王弼曰："凡《彖》者，言乎一卦之所以为主也，成卦之体在六三也。'履虎尾'者，言其危也。三为《履》主，以柔履刚，履危者也。'履虎尾'而不见咥者，以其'说而应乎乾'也。乾，刚正之德者也。不以说行夫佞邪，而以说应乎乾，宜其履虎尾不见咥而亨。"①

《履》卦五阳而一阴，一阴为主。故以整卦而言，五刚均甘为一柔所履，是曰"柔履刚"。此何以故？悦而应乎乾也。此即以柔克刚之理。一阴而服五阳，并得五阳卫护，故虽履虎尾而犹能亨也。此以全卦言之。若以六三一爻言之又呈凶象，则程氏之言近之。又如，以整卦而言，九五以刚正履帝位而不害光明，自是好事；而以爻言，九五刚愎自用、众叛亲离，亦危道也。若将全卦各爻贯穿起来，则柔之胜刚更为明显。盖《履》卦崇尚谦卑和顺，宜柔不宜刚，所以六爻皆以柔而得吉，而居刚之三、五两爻，皆因不能用柔而致凶厉。

王与程相较，王注多哲学之意味；《程传》带伦理之色彩，而有庸俗社会学之倾向。王弼之不可及也如此。然《程传》明畅易晓，是其长也。

五、杨万里《诚斋易传》释例

《诚斋易传》卷14《震》卦：

䷲震：亨。震来虩虩，笑言哑哑，震惊百里，不丧匕鬯。

---

① 《周易注》卷1《履》卦，《景印文渊阁四库全书》本，第213页。

《彖》曰：震，亨。"震来虩虩"，恐致福也。"笑言哑哑"，后有则也。"震惊百里"，惊远而惧迩也。出可以守宗庙社稷，以为祭主也。

震所以亨者何也？动而惧，则亨也。惧非惶扰失守之谓也，惧而敬也。惟惧，故敬；惟敬，故无惧。无惧者，非不惧也，惧始乎来、终乎散也。当天下之大事震动而来也，吾虩虩然必为之恐惧而顾虑焉，必求其所以应之，使大事为无事焉。斯可以转祸为福、移惧为喜，而"笑言哑哑"矣。故震雷能惊百里，而不能失匕鬯于主祭之才；羑里能难文王，而不能伤文明于柔顺之圣。盖执匕鬯以祭者，一敬之外无余念，一鬯之外无余知。当是之时，白刃前临，猛虎后迫，皆莫之觉，故震雷惊百里，亦莫之闻。敬有所甚，惧有所忘也。能如是，天下可惧之大事，孰能惊之者？其出而主宗庙社稷，优为之矣，高祖当项籍、光武遇寻邑是已。震为长子，故言主祭；又震为雷，为动。曰"出"者，犹曰明天子出矣。《说卦》曰："帝出乎震。"刘备闻迅雷失匕箸，托也。舜之烈风雷雨弗迷，震之祭主不丧匕鬯，敬也。"出"字上脱"不丧匕鬯"四字。①

农按：郭京、程颐、诚斋均谓《象传》"出则可以守宗庙社稷"上脱"不丧匕鬯"四字，是也。诚斋认为"震"之威，既足

① 详见《诚斋易传》卷14，载《景印文渊阁四库全书》第14册，第667—669页。下引各段均同。

以破小人之胆，复可以震起并鼓动君子之气，肃其懈慢之意，而使之有敬慎之心，遂能于天下皆为震恐之时成其大事也。因此，"震"无疑是对于斯人有否能力担当天下之大事的一个明显的考验。故曰："震雷能惊百里，而不能失匕鬯于主祭之才。"所谓"主祭"，实喻能主天下者也。诚斋以史事参证，举周文王被囚羑里事（说已见上章，此不再述），其余则有汉高祖刘邦、汉光武帝刘秀、三国蜀帝刘备以及虞舜四例。前二例侧重显示"震来虩虩，笑言哑哑"。二例同类，今举一说之。"刘邦当项羽"，始以弱对强。据《史记·项羽本纪》载：项羽"行略定秦地，函谷关有兵守关，不得入。又闻沛公（刘邦）已破咸阳，项羽大怒，使当阳君等击关，项羽遂入……沛公左司马曹无伤使人言于项羽曰：'沛公欲王关中，使子婴为相，珍宝尽有之。'项羽大怒，曰：'旦日飨士卒，为击破沛公军！'"当时，两方实力悬殊，对刘邦来说，可谓形势险恶，面临灭亡之危，此"震"时也。而刘邦能于此时怀敬惧之心，亲赴鸿门宴会，于中乘机脱险，化险为夷。后又几经艰苦奋斗，终将项羽消灭，一统天下。此先"震来虩虩"、后"笑言哑哑"之例。后二例一正一反，侧重显示"震惊百里，不丧匕鬯"。刘备处汉末天下大乱之时，实力未雄，虽有大志，却敬惧韬晦，处"潜"之时也。不料忽被曹操识出英雄面目，时正与操同饮，惊而失箸，而巧又巧在其时正值雷声大作，刘邦急中生智，说自己失箸是由于经不起雷声的惊吓，把自己说成是个胆小鬼，故诚斋云"托"也。而舜之事，是指舜接受尧的考验之一——"尧使舜入山林，暴风雷雨，舜行不迷"（《史记·五帝本纪》），最后核定他能担当天下重任而为帝，故诚斋引《说卦》曰"帝出乎震"。

《象》曰：洊雷，震。君子以恐惧修省。

震者，雷也，一雷已威矣，况洊而重乎？天之雷，以惊夫不敬者也。不敬者犹惊，而况敬者乎？君子，敬者也；一雷已惊矣，而况洊雷乎？然君子非徒惊也，有功用焉。闻雷而恐惧，惊也。惊而已矣，过则舍之，徒惊也；君子则不然，恐惧以先之，修省以继之。修省者，恐惧之功用也。修其身，省其过，则恐无恐，惧无惧矣。

农按：此诚斋释《象传》，其义甚明，不烦再说。

初九：震来虩虩，后笑言哑哑，吉。

《象》曰："震来虩虩"，恐致福也。"笑言哑哑"，后有则也。

《象》辞已言之矣，爻、《象》二辞同，或者其一重出。"后有则"者，喜而不失节也。

农按：初九为卦主爻，体夫刚德，为卦之先。最先闻震而知惧，慎于始也，故震来反而致福。

六二：震来厉，亿丧贝，跻于九陵，勿逐，七日得。

《象》曰："震来厉"，乘刚也。

时有险易，则势有诎（屈）伸，故天下无常险，亦无常诎。险过则易，诎甚则伸。以六二之柔，乘初九之刚，险也；以六二之静，应初九之动，诎也。方震之始初，遇九之猛厉，勃然而动，骇然而来，何可当也！六二才与位俱柔，若不胜其愤，起而逐之，奚而不丧？惟能以柔避刚、以静驯动，远避而勿逐，俟之久而刚自衰，则吾无丧而有得矣。险者易，诎者伸，非有得乎？高祖避项而入汉中，光武避更始而出河北，得《震》六二之义矣。"厉"，猛也。"跻于九陵"，避之远也。"亿"（臆），度也。"贝"，其所有之资也。度其逐之，则丧其所有也。"七日"，久也。

农按：初九为震主，刚动而上奋之势，锐不可当，六二乘之，其危可知。故处六二之位，唯有及时退避。刘邦按约应王关中地，而项羽乃阴谋立沛公为汉王，王巴蜀、汉中，并曰："巴蜀亦关中地也。"而三分关中，王秦降将以拒塞汉王。项羽此时，以摧毁秦之主力而威震天下，不可一世，正处震主之位。于是刘邦就国汉中，所过辄烧栈道，示无东还意，以释项羽之疑。汉光武帝刘秀始与绿林、新市、平林诸军共破王莽师于昆阳，拥戴族兄玄为更始将军，不久立为天子，攻入洛阳，灭王莽，定都长安。刘秀始为司隶校尉，后行大司马事，持节北渡河，镇慰州郡。刘玄耽于酒色，群小杂进，不能成大气候，况当时天下，如赤眉军等皆拥众数十万，不为所统。刘秀虽不久即被封为萧王，但他到了一下长安后，即借口河北未平，不就萧王之位，径自返河北，并从此离贰于更始。后刘玄果为赤眉所破杀，刘秀则自河北定天下。故此例与刘邦事又略有区别，唯刘秀当时位虽在玄下，而声望过玄，有乘刚之嫌，且目睹玄非成大事之辈，故避而独行其是，其为避则同耳。

六三：震苏苏，震行无眚。

《象》曰："震苏苏"，位不当也。

不患无位，有位患也。非患位也，才俭于位之患也。六三以柔懦之才，逢震扰之世，居下卦之上，非位之不当乎？君子所以为六三惧也。"苏苏"，惧之至也。然则奈何？曰：行而去之可也。辞难避事，臣子之义乎？曰：是臣子之义也。不才云才，陨身，细也，陨国，细乎？吾才不称吾位，吾去之，天下独无才称其位者乎？鲍叔逊夷吾，子皮逊子产，去无才得有才，岂惟无灾眚乎？国之福，身之福也。蒍子冯不为令尹，蔡谟不拜司徒，可以无眚矣，抑可以为次矣。

农按：程颐曰："苏苏，神气缓散自失之状。"形容人受惊过度，吓得脚软骨酥不能站立而成软瘫之状。何以至此？位不当也。六三以柔居阳位，处于下震之终而又贴近上震之始，是惊魂未定而大惊又至，宜其骨酥脚软、六神无主矣。因此，处六三之位，唯有行离此位，方可免灾。鲍叔牙与管仲同处于齐国大乱之际，诸公子骨肉相残，以争君位，鲍叔牙所辅之公子小白（即后来的齐桓公）获胜，管仲所辅之公子纠被杀，管仲亦成俘虏。但鲍叔自知才能不及管仲，认为当时齐国之相非管仲莫能胜任，于是力荐管仲，让俘虏一变而成为齐相，并终使齐国称霸，九合诸侯，一匡天下。郑国处晋、楚二强国间，须左右应付，在夹缝中求生存，子皮自知才能不及子产，遂以国政让子产，使郑反挟两大国以自强。此即诚斋所谓"吾才不称吾位，吾去之"，天下自然有"才称其位者"来任之。至于蒍子冯不为令尹，蔡谟不为司徒，则自认力不能胜，因去而免訾，但终不能荐贤以任其事矣。由此观之，前两例为上，后两例为次。

九四：震遂泥。

《象》曰："震遂泥"，未光也。

九四以一阳之孤，陷四阴之内，处至阴之位，百炼化为绕指，一齐咻于众楚矣。以此居震扰之世，安能致远而不泥、光大而有济乎？刘向、恭、显杂处汉朝；珣瑜、伾、文并居唐位是矣。

农按：胡炳文曰："初与四，皆震之所以为震者。然震之用在下，四溺于阴柔之中，故震之亨在初而不在四。"[1]陆德明《经典释文》："荀本'遂'作'队'。"[2]"队"即古"坠"字。"震坠泥"者，指甫震即坠入泥中，无声无息。形容上卦震主为四阴

---

① [元]胡炳文：《周易本义通释》卷12，载《景印文渊阁四库全书》第24册，第432页。
② [唐]陆德明：《经典释文》卷2，载《景印文渊阁四库全书》第182册，第391页。

柔所包围而无由振作，故曰"未光"。

六五：震往来厉，亿无丧有事。

《象》曰："震往来厉"，危行也。其事在中，大无丧也。

六五，震之君也，当震动之世，为正位之君，宜其愤起奋发，拨乱反正，以大有为于天下也。今戒之曰：毋进而往，往则为上六之震极，是往亦危也；毋退而来，来则乘九四之至刚，是来亦危也。必也深思焉，长虑焉，亿之于心，度其得中，而无丧其所有焉，斯足矣。然则天下纷纷，何时定乎？曰：治人者，必自治；料敌者，必料己。五固震之君也，六则阴柔而无阳刚之才者也。当动之时，无动之才，与其动而丧吾之所有，不若静而不丧吾之所有，其周平王、晋元帝之事乎？

农按：六五以柔爻居君位，而处震之时，往来皆危，处于进退两难境地，唯有深思熟虑，不求有功，但求无过而已。以其质柔，无大作为之能力也。此犹清白旧家子弟，未能弘大祖业，唯有小心翼翼，恭俭治家，不堕先声，于愿足矣。周幽王荒淫，被犬戎杀于骊山之下。平王继位，不敢再居丰镐旧京，迁都雒邑，以避戎寇，此为东周之始。晋元帝于愍帝遇害后，即位于建康，偏安江左，此为东晋之始。史称元帝"恭俭之德虽充，雄武之量不足"，故诚斋皆举以为证也。

上六：震索索，视矍矍，征凶。震不于其躬，于其邻，无咎，婚媾有言。

《象》曰："震索索"，中未得也。虽凶无咎，畏邻戒也。

立弱子于千仞之上，而观人与虎斗于其下，其气岂不索然而尽，其视岂不矍然而愕乎？《震》之上六似之。六以柔怯之质，居震惧之极，下临五爻之动，其索然矍然宜也。然圣人一则以惊，一则以安。曰"征凶"，言往则凶，惊之之辞也；曰"无咎"，言不往则无咎，安之之辞也。奚而往则凶？往则犯九四之刚。奚而不往则无咎？我躬远于刚，而我之邻六三实当之也。然圣人虽安之，而终再以三警之曰：汝虽无咎，而邻之"苏苏"，亦不可不畏不戒也。天下之祸，莫大乎于其邻，而于其身次也。何也？身者必防，邻者必玩也。虞受晋宝以灭虢，不知乃所以自灭；楚听秦赂以伐齐，不知乃所以自伐：玩故也。江亡而秦穆惧，吴亡而晋国吊，其知所谓虽无咎而畏邻戒者欤？《震》之六爻，一言以蔽之，曰"君子以恐惧修省"。"婚媾有言"，亦谓邻也。"中未得"，谓惧而不自得也。三与上应曰"邻"。说者以五为邻。五，君也，非邻也。

农按："矍矍"，惊视貌；"索索"，哆嗦貌。上处震极，似一柔懦小人，远离震中，胆小怕事。一有风吹草动，就会吓得浑身哆嗦，两眼发愣，六神无主，不知如何是好，即《象传》所谓"中未得也"。如此之辈，一旦有何行动，非唯不敢，更将坏事，故又曰"征凶"。好在目前震尚未落在其躬，而在其邻，不免又暗自庆幸。与这样的人结亲，连亲家都要吃亏的。诚斋因引史事参证：春秋时，晋以宝马、宝璧借道于虞以伐虢，虞之大夫宫之奇谏虞君以虞之与虢，如唇之与齿，唇亡则齿寒，虢亡则虞继之亦亡。虞君畏晋之强，而又贪晋之赂，竟借道予晋。后果如宫之奇言，虞亦遂为晋所灭。"楚听秦赂以伐齐"，即指秦使张仪以割还楚国商於地六百里为饵，赚楚怀王与齐绝交事，此不赘述。上两事，均不畏邻戒之患也。至于"江亡而秦穆惧，吴亡而晋国吊"，是指秦穆公于江[①]亡时预感到楚国的威胁，晋国因吴亡而预感到越国的强大，则是从正面说明畏邻戒之例。

总之《震》卦之主要意义在于临大事而能知惧，非徒能惧而已，而是恐惧修省，敬慎从事，最后临事不惧，逢凶化吉。

综观诚斋之传，大旨本程氏，参证史事，多从政治学之角度，有时比较生硬牵强，所以有人评其书："足以耸文士之观瞻，而不足以服穷经士之心。"吴澄作跋，亦有微词。但《四库总目提要》认为圣人作《易》，本以吉凶悔吝示人事之所从，舍人事而谈天道，正后儒说《易》之病，因此，未可以"引史证经"病万里也[②]。

六、综合占法释例

上述各家各派，均系就本卦本爻释而为占，即都是就本而言，未能涉及错、综、卦变、变卦、变爻而作全面透彻的分解。

---

① 农按：江国于楚穆王三年为楚所灭。杜预曰：江在汝南安阳县。
② 参见《诚斋易传》卷首《提要》，《景印文渊阁四库全书》本，第513页。

贞问者若逢筮得某卦某爻，占者或三言两语道尽，不能使贞问者得到多方面的启示。或筮得之辞与贞者牛头不对马嘴，如贞问者为一妇人，而筮得《困》卦六三："困于石，据于蒺藜。入于其宫，不见其妻，凶。"则除非贞问者为一同性恋者，而于其中承担男性角色，否则光凭此爻即无以为占——她本是妇人，怎么会"不见其妻"？天下事往往无巧不巧，冤家狭路相逢，自是常有之事，筮占当然会出现这种情况。因此占筮者必须如身在多岔路口，能从容择道而行，而不必夺路而走，甚或自我逼入死角。也就是说如果占筮者不想以迷信骗人或吓人，则当有将各家各派综合为占的能力，以对贞问者的咨询作出详尽而细致的分析，提供多种思路，以选择比较合情合理的解决方案。为此笔者选择《需》卦为例，综合各家各派，结合错、综、卦变、变爻等将该卦卦象、筮辞、《彖传》《象传》，从象、数、理各个角度作较为详尽的解析。

　　　　▤▤▤乾下坎上
　　需：有孚，光亨，贞吉。利涉大川。

　　农按：闻之本师姜亮夫先生：解放前尝遇马一浮于四川，见马老将《周易》与《老》《庄》一起参看。先生说："《易》以阳为用，以阴为根；《老子》以阴为用，以阳为根。"马老极赏此论。马老亦说："《易》讲变化，《老》《庄》讲守成。"先生二十年前这番话，印象极深，至今弥觉新鲜。盖《易》以阳动而成其用，然无有无阴之阳。如草木之生长蔚然可观，然皆由其不可见之根为其生生之源。我于是而晓然明白魏荔彤之以《需》根于坤之说。魏荔彤云："《需》以水天合而成卦。水者，天地初生之五行也。天一生水，地六成之，天地始生之物，仍是刚柔始交，难生之义。"① 尚秉和云："卦辞皆指九五，五上下皆阴，故'有孚'。"谓《需》五实居坤中，坤即为大川。"自坤水象失传，不知五所涉者为坤水、为大川，必以坎为大川。于是《易》之'利涉大川'，无一得解者"②。坤为大川，上下皆孚，故曰"有功"。

"需"者，顺水之性也。若滔滔洪水，怀山襄陵，是逆水之性而不能需所当需，未有不急躁妄动而失其据者；再如仰望云汉，急盼时雨之降，虽古圣有《桑林》之祷，《礼》有"雩祭"之文，也不过是表示虔诚、致敬尽礼，终究将待阴阳之自和，而后云行雨施，润泽万物，岂能强迫不受任何指挥的老天下雨乎？故曰"需有孚"。需归一于孚，正是兢业小心，守静御动。诚一之衷既孚于有素，天人之应必协于当机，需之正义也。不言"元亨"而言"光亨"何也？元亨者，自然之道。光者，积久方至之象。笃实之久，乃有光辉，孟子亦云充实而后才有光辉。在上位之圣人，非一日之积德即能光被四表也；无位之君子，非一日之修身即能发潜德之幽光也。居于平素，既得一以为守；涉于险者，自获攸

---

① 见《大易通解》卷2《需》卦，《景印文渊阁四库全书》本，第77页。本节释例颇参魏说，后不复注。

② 见《周易尚氏学》卷2《需》卦，版本同前，第50页。

往之利——"利涉大川"何疑乎？

《彖》曰：需，须也，险在前也。刚健而不陷，其义不困穷矣。"需，有孚，光亨，贞吉"，位乎天位，以正中也。"利涉大川"，往有功也。

农按：《彖传》以"需，须也"解卦名。《尔雅·释诂》："须，待也。""需"之为言"待"也，故曰"需，须也"。因此，《需》的基本卦义即为等待。为什么要等待？险在前也。因为上卦是坎，坎为险。《彖传》释卦名义，首以"险在前"为言，于卦辞已稍有异同，这是为占者申明当"需"之理数。《需》之综卦为《讼》，不需则讼。《需》之错卦为《晋》。"晋"，进也。《杂卦》曰："《需》，不进也。"故不进而待为"需"。《需》卦守静御动，待而似勿用，正所以为用也。待则不陷于险中，故不困穷。大凡事之遽难得理者，正为艰难险阻在目前，急躁苟且，断不能侥幸而成。见小失大，欲速则不达，故必待其时以观其变。"然待必实有也。实有道德，可以俟时；实有经纶，可以俟势。如无有而待，妄而已矣"①。《需》之待，何以能观其变、审其机而后履险如夷，险不成险，而成光亨之效？以刚健而不陷也。人见需而迟滞，似陷溺而不振作；不知刚则不以私意侥幸而冒险，健则不以疑虑犹豫而失机。不动则已，动则出险而有

---

① ［明］陈祖念：《易用》卷1《需》卦，载《景印文渊阁四库全书》第35册，第11页。

功。此刚健不陷之道，即有孚而利贞之义也。刚健不陷于险似言乾体，而反重九五之一爻何也？乾体者，阳德之备乎内者；坎用者，阳德之应乎外者也。德不可见，乾之内也；位乃能睹，坎之外也。从阴阳的角度看，乾之背后有个坤，能养刚健；坎之背后有个离，光明能济坎险。故《需》虽阳卦，而实根于坤明矣。

《象》曰：云上于天，需。君子以饮食宴乐。

农按：坎为云，故曰"云上于天"。二至四互体兑，兑为口，故曰"饮食"；兑又为悦，故曰"宴乐"——此所以以饮食宴乐取象也。乾为君子，则又为君子之饮食宴乐，自与小人之专以口腹之欲为乐者有本质之不同。故饮食宴乐者，非逸佚纵恣也。须待之义何取于饮食宴乐？取其从容而不迫也。事有从容不迫而过于饮食宴乐者乎？君子有所待，唯有从容不迫而待，即使内心甚急，外亦必示之以从容也。再进而言之，连内心都不应急，急而无用，谓之空着急。从容而外，别无他法也。《象传》言"云上于天"，若大旱望雨，必瞻云霓，云上于天，雨将至矣。正为须者慰其悬悬之心，亦示须者知其时之将至，正见其不必更有所为，唯饮食宴乐，从容等待而已。君子乐天知命，空着急无所用也。且饮食宴乐，固非仅指在位者而言，即穷而在下者，如孔子之"饭疏食、饮水，曲肱而枕之，乐亦在其中矣"，颜回的"一箪食、一瓢饮，在陋巷，人不堪其忧，回也不改其乐"，也只是从容地在等待机会而已。机会只能等待，很难创造。平日虽也有人说创造机会的话，但须知所谓创造机会，亦必先有可以创造机会之机会也。饮食宴乐，尚有养义，非徒养身，实喻修身，即《文言》"君子进德修业，欲及时也"之意。需所以时止而止，将必有时行而行；时静而静，将必有时动而动。进德修业，从容等候，机会一到，大有作为。不进不修，空等空待，时机已到，抬举不起，悔之晚矣。当然，道以时中为准，古往今来欲有作为，而终生无机会者多矣，亦只能委之于时而已。

总之，《需》卦即就常占之人而言，利贞以需时，守静而待动，与"君子居易俟命"近，而去"小人行险以徼幸"远矣。

初九：需于郊，利用恒，无咎。

《象》曰："需于郊"，不犯难行也。"利用恒，无咎"，未失常也。

农按：初九阳变阴为《井》之初六，《井》之初六阴变阳为《需》。《井》初六："井泥不食，旧井无禽。"王弼注："井泥而不可食，则是久井不见渫治者也。久井不见渫治，禽所不向，而况人乎？"正须急淘汰其泥以滋其养也。《需》下体乾变为巽，与《恒》下体同，《恒》初六："浚恒，贞凶，无攸利。"《孟子·万章》"深浚井"，亦以治井言也。故曰"利用恒，无咎"。《井》变为《需》，需以养物，"利用恒，无咎"，亦谓宜速勤其功，以养乾体也。

邑外谓之"郊"，见《尔雅·释地》。郝氏《义疏》："《说文》云：'距国百里为郊。'此据王畿千里而言，设百里之国，则十里为郊矣。郊有远近，以国为差。"①"国"，即现在的所谓都市。《虞氏逸象》："乾为野。"惠栋曰："与郊同义。"故尚秉和曰："乾为郊。"②"郊"视都市之大小为差。要之，离都市最近之野曰"郊"。直至现代，仍称处于城市与农村之间的地区曰"郊区"。郊者，离闹市最近，而不处于闹市，为须待最理想之地。欲入市，动而即入；市有祸乱，又惹不到它。"郊"处于最有利、最机动灵活的需位，甚得《需》之精义者也。初九，重阳在上，应"潜"而不应动。井恒须浚，浚治所以为养作准备，此属于一般常识，初九常德未失，故须之于郊，不犯难行时待机而动，故曰"无咎"。

今引焦延寿《易林·〈井〉之〈需〉》以为本爻之赞："大夫祈父，无地不涉。为吾相土，莫如韩乐。可以居止，长安富有。"农按：祈父即圻父，亦即畿父，职掌封畿甲兵。司马也。韩乐为之相遍京畿各地，在《井》之《需》，自以"郊"为最佳之地。故曰"可以居止，长安富有"。

九二：需于沙，小有言，终吉。

《象》曰："需于沙"，衍在中也。虽"小有言"，以吉终也。

农按：九二阳变阴为《既济》之六二，《既济》六二变阳为

① [清]郝懿行：《尔雅义疏》卷9《释地·五方》，《皇清经解》本，第12页。
② 见《周易尚氏学》卷2《需》卦，版本同前，第51页。

《需》。《既济》六二："妇丧其茀，勿逐，七日得。""茀"，妇人首饰。或曰：茀，车蔽也。妇人乘车不露见，车之前后设障以自蔽谓之"茀"。"勿逐"者，言不必急于采取行动将失去的首饰或车帷找回来，过不了七天，自能得之。若急于追寻，即有轻举妄动之羞，正为变《需》不应急动也。在《需》本爻以阳变阴为《既济》，乾体变离，不能刚健而有忧惧之心，幸其离明，即智能明察，而以阴柔之退，济其阳刚之进，则"需于沙"而中立于不夷不险之间，"不陷"之义，晓然洞悉；亦必能仍全其阳，刚健不陷，出险能济，不致困穷也。"言"，非为言语之言，而为断占术语，"有言"，读为"有愆"，即"有谴"。"小有言，终吉"，犹《蛊》九三之"小有悔，无大咎"之类（说已详本书第三章第四节《〈易经〉断占术语解》）。故"终吉"者，亦"七日得"之义也。变爻彼此参看，其理数方备，筮之久，自得之。

今引《易林·〈既济〉之〈需〉》为本爻之赞："乘龙光土，先暗后明。燎猎大得，太师以昌。"农按：先暗后明，小有言，终吉也；光明而健，则燎猎而大获也。

九三：需于泥，致寇至。

《象》曰："需于泥"，灾在外也。自我致寇，敬慎不败也。

农按：九三阳变阴为《节》之六三，《节》六三以阴变阳为《需》。《节》六三："不节若，则嗟若，无咎。"兑变乾而之

《需》，柔金变刚金，泽竭之象，故应节，不节则有"嗟若"之占，"无咎"者，无所咎也。《需》本爻以阳变阴为《节》，阴柔而具悦德，又邻于险，失其高爽之据，次于下湿之险，"需于泥"之象也。孔氏《正义》："泥者，水旁之地。泥溺之处，逼近于难。"总之，九三动而成兑，兑体上缺，傍乎润泽，自决其堤防，则犯难矣。决口受水，开门揖盗也，"致盗"之至必矣。《象》言"灾在外也"，"外"指外卦坎体，九三居乾体之终，距险最近，但已尚在内，而六四居外，故虽已"需于泥"矣，灾外震邻，而不切肤，也就是说，灾害尚没有加于自己头上。既然寇致自我，亦可自我而去，果能敬慎以守"有孚"之戒，徐待"光亨"之吉，则仍不至于覆败凶咎耳。

今引《易林·〈节〉之〈需〉》为本爻之赞："鹊巢鸠城，上下不亲。内外乖畔，子走失愿。"农按：鹊巢而为鸠城，致寇至之象，警之之辞也。

以上内卦三爻，阳刚之体，德初变巽，以巽顺为不犯难，利用恒常，初需之时，正宜从容暇豫，以退为进也。二变离，以明为健，虽无勇者之不惧，而有智者之不惑。唯守乎贞孚而仁全，则智勇俱优矣。三变兑，以健为悦，有以悦为进之象；兑又为口，或以言语争胜，而思济险者，尚口乃穷，所以寇至。不言凶咎，以敬慎为守，改悔而免之也。

六四：需于血，出自穴。

《象》曰："需于血"，顺以听也。

农按：六四以阴变阳为《夬》之九四。《夬》四以阳变阴为《需》。《夬》九四："臀无肤，其行次且。牵羊悔亡，闻言不信。"以阳变阴，需于险中，阴柔不决，"次且"而疑阻，"牵羊"而难进，以其居于阴位也，由其位之不当，欲行还止，想进而滞。欲得其行，首在正位，以《需》为《夬》，得其正矣。《需》本爻以阴变阳为《夬》，刚健不陷之德既有孚矣，虽"需于血"，杂乎阴险之中，而自出穴，已入群阳之类，终归于不陷，"出谷迁乔"之义也。亦不言凶咎，需之得宜耳。《象传》言"顺以听也"，"顺"者，阴德也，听乎五阳之命，以为不陷而出险也。《说卦》：坎"为血卦""为隐伏"。"隐伏"者，穴象也。《夬》四"臀无肤"，亦血之象。《夬》四"闻言不信"，阳变阴，无所信从；《需》四顺听，阴而从阳，"听"之义也。二爻相参，其义愈明。吴桂森曰："四则入险矣。内三爻见险犹是境上涵养，到得在险中实实身受，要在血脉内下功夫、讨条理，丝丝线线，都是自家身子内事。故《象》'需于血'，其需之道，只有个'顺以听'。"[1]案"顺以听"亦有不同说法，上文云"阴而从阳，'听'之义也"，是指六四从九五。徐志锐说："须待至于六四这个爻位已进入了上卦的坎体，坎体的六四又以柔居阴位与下卦乾体的初九为正应。初九本想上进应六四，因其知险才未动，在下须待已很久了。现在，当看到六四允许自己前进时，便知涉险的时机已到，

---

[1] 见《周易像象述》卷2《需》卦，《景印文渊阁四库全书》本，第412页。

顺而听命以上往，如此则坎险可济了。"① 这是指初九从六四。

尚秉和先生认为"血"为"洫"之借字，"洫"即沟洫，亦坎象，"诸家以坎有血象，便作需于血，不辞之甚矣"。尚氏又云："兑为穴。《易林·〈乾〉之〈咸〉》云'反得丹穴'，《〈豫〉之〈兑〉》云'秋蛇向穴'。皆以兑为穴，言四之所处，前临沟洫，故曰需于洫；而居兑穴之上，故曰出自穴。"② 以为诸家以坎为血，故于"出"义不合也。亦可参考。

今引《易林·〈夬〉之〈需〉》为本爻之赞："薄为蕃皮，劲风吹却。欲上不得，复归其宅。"农按：蕃皮凭借风力在空中扬了一下，终究无力自致青云，仍复归其宅。喻尚未能出险，仍需于旧地也。

九五：需于酒食，贞吉。

《象》曰："酒食，贞吉"，以中正也。

农按：九五阳变阴为《泰》之六五。《泰》六五以阴变阳为《需》。《泰》六五："帝乙归妹，以祉元吉。"阴变阳，以从阳而济阳，故"元吉"也。《需》本爻以阳变阴为《泰》。能持盈保泰于既泰之后，由于能有孚利贞于致泰之前也。未泰而求泰，既泰而终不敢自以为泰，饮食以需，即《大象》所谓"饮食宴乐"、守贞以为吉也，亦即《象》辞之"贞吉"也。此所以位乎天位，

① 见《周易大传新注》卷1《需》卦，版本同前，第50页。
② 见《周易尚氏学》卷2《需》卦，版本同前，第52—53页。

以正中之德，立刚健之体，为本卦之主爻焉。马其昶言："《易》凡言'贞吉'，皆积累而吉；'贞凶'，皆积累而凶。盖主运数言则曰'吉'曰'凶'；主人事言则曰'贞吉''贞凶'。《下系》'吉凶者，贞胜者也'，即为此发例。"[①]指《系辞传下》所言"贞胜"，即贞固积久而后胜；此爻所言"贞吉"，即贞固积久而后吉。饮食宴乐，乃为"需"之最高境界，笔者试以汉丞相陈平之事证之。

据《史记·吕太后本纪》，汉高祖刘邦死后，吕后称制，号令皆出于吕后。"议欲立诸吕为王，问右丞相王陵。王陵曰：'高帝刑白马，盟曰：非刘氏而王，天下共击之。今王吕氏，非约也。'太后不悦。问左丞相陈平、绛侯周勃，勃等对曰：'高帝定天下，王子弟；今太后称制，王昆弟诸吕，无所不可。'太后喜。罢朝，王陵让陈平、绛侯曰：'始与高帝喋血盟，诸君不在邪？今高帝崩，太后女主，欲王吕氏，诸君从欲阿意背约，何面目见高帝地下？'陈平、绛侯曰：'于今面折廷争，臣不如君；夫全社稷，定刘氏之后，君亦不如臣。'王陵无以应之。"当高祖新崩时，吕后曾与审食其谋曰："诸将与帝为编户民，今北面为臣，此常怏怏，今乃事少主。非尽族是，天下不安。"（《高祖本纪》）吕后为了实现自己专权的目的，是原想把这批功臣尽诛九族的，后以郦将军谋而免于难。故吕太后立诸吕为王，陈平伪听之，此出于时势之所必然，而亦待机之所必行也。作为陈平，在当时的

---

① 马其昶：《重定周易费氏学》卷1《需》卦，载《续修四库全书》第40册，第379页。

大臣中是最有威望、最有智慧，也因此而最受吕后所监视的人物。如一旦发现其有除诸吕之本愿，即有杀身之祸。故陈平于此之际，只能从容待时，从"不犯难行"到"需于酒食"，显示出他的"需"功。《史记·陈丞相世家》：吕嬃（吕后妹）"数谗曰：'陈平为相非治事，日饮醇酒，戏妇女。'陈平闻，日益甚。吕太后闻之，私独喜。面质吕嬃于陈平曰：'鄙语曰：儿妇人口不可用。顾君与我何如耳？无畏吕嬃之谗也。'"陈平以酒食宴乐麻痹吕后，吕后果为他蒙蔽，更当面数落吕嬃以示拉拢。及吕后崩，平与周勃卒诛诸吕，立孝文帝，陈平本谋也。按之《需》卦，则陈平实当九五之位，最能得"需"之精义，观其平居深念，未尝须臾忘社稷之忧，亦一终食间贞吉不忘仁也。

今引《易林·〈泰〉之〈需〉》为本爻之赞："四牡兼用，君子所服，南征述职，与福同德。"农按："四牡兼用"犹四阳并进，四阳并进，协力出险，《需》之九五，是其时矣。

上六：入于穴，有不速之客三人来，敬之终吉。

《象》曰："不速之客来，敬之终吉"，虽不当位，未大失也。

农按：上六阴变阳为《小畜》之上九。《小畜》之上九以阳变阴为《需》。《小畜》上九："既雨既处，尚德载。妇贞厉。月几望，君子征凶。"《小畜》以一柔而畜五刚，当畜之时，密云不雨，至上九而畜道已成，故"既雨既处"，德积能载矣。但止此已阴盈为患。“妇厉”，“月望”，皆阴盛极之象。再前一步，则所畜之阳刚解体，渗入对立面，畜道亦随之涣散。阳德之君子于此转折之际，自当疑之又疑，若贸然采取行动，则征斯凶矣。《需》本爻以阴变阳为《小畜》，阴虽盛极险极，入于穴中，然变阳则阳必应，“不速之客三人来”，正思济险以拯阴于穴耳。“敬之”与阳合德，“终吉”无疑。九三之阳，上正应也。然下卦乾体以二为主，初三附之，来则阳类俱来，上必恭敬而俱应之。上虽不当《需》卦主位，然处需极当变，三阳齐上，主客相与，此看似久要之道，实则为上六不得不接受的现实，故不可不相交以敬礼。《小畜》为“密云不雨”，至上九而“既雨既处”。合之《需》象，“云上于天”，需其自雨。是二卦皆以雨喻阴，勉《小畜》之阴，敦促其厚德；戒《需》之阴，勿失敬慎。处处为阴着想，实则无非为阳着想也。

需极而变，内卦三阳变阴，外卦坎体变离，《需》遂变为《晋》。“晋”，进也。至此，需道毕矣，又将踏上新的征途。

今引《易林·〈小畜〉之〈需〉》以为本爻之赞：“故室旧庐，稍蔽绂组。不如新巢，可以乐居。”农按：“绂组”是系印的组绶。房屋旧了，系印的绶带也因用得太久而将坏了。等待了这么久，终于要升官，有更高级的府第可供居住了。

上文已言：内卦三爻见险，犹是涵养功夫，四则入险，实实身受。已在险中，所以必须能出。凡险原不足陷人，只怕人自穴于险中。如《孟子》所云“安其危而利其灾”，处险而不为险所穴，是则出之道也。五则正位乎天位者，称“需于酒食”，是醉以酒、饱以德者也，养道以五而成。上六亦险体，曰"入于穴"。四要出矣，何以六又要入？盖若去险以为出，终无出法，就险中不陷于险，方是真出。班超有"不入虎穴，焉得虎子"之壮语。上之"入穴"，所谓穴不能囿，以入为出者也。入穴则无心于去患，必有自致之吉机[1]。笔者以柳宗元《段太尉逸事状》[2]为例说之：

段秀实时为泾州刺史。大功臣汾阳王郭子仪的儿子郭晞为尚书，领行营节度使，寓军邠州，放纵士卒暴虐百姓，肆意掳掠，将老百姓的锅盆碗盏砸破堆弃道上，动辄殴人，折断人手足，甚至撞杀孕妇。邠州节度使白孝德因为怕汾阳王的缘故，忧愁而不敢言。段秀实自泾州将此情况告白孝德，责备白孝德胆小怕事，并言在白的管辖地区发生这样暴虐百姓的事，不但有负天子，且将酿成大乱。孝德请教。段言只要白任命他为军中执法官——都虞候，他自有办法制止这种暴虐行为，白孝德如其所请。接下去请读柳子厚的原文：

既署一月，晞军士十七人入市取酒，又以刃刺酒翁，坏酿器，酒流沟中。太尉列卒取十七人，皆断头注槊上，植市门外。晞一营大噪，尽甲（全副武装）。孝德震恐，召太尉曰："将奈何？"太尉曰："无伤也，请辞于军。"孝德使数十人从太尉，太尉尽辞去。解佩刀，选老躄者一人持马，至晞门下。甲者出，太尉笑且入曰："杀一老卒，何甲也？

---

[1] 说详《周易像象述》卷2《需》卦，《景印文渊阁四库全书》本，第412页。

[2] 文见[唐]柳宗元：《柳宗元集》卷8，中华书局1979年版，第175—179页。

吾戴吾头来矣。"甲者愕。因谕曰："尚书固负若属耶?副元帅(即郭子仪)固负若属耶?奈何欲以乱败郭氏?为白尚书,出听我言。"晞出见太尉,太尉曰："副元帅勋塞天地,当务始终。今尚书恣卒为暴,暴且乱,乱天子边,欲谁归罪?罪且及副元帅。今邠人恶子弟以货窜名军籍中,杀害人,如是不止,几日不大乱?大乱由尚书出,人皆曰尚书倚副元帅不戢士。然则郭氏功名,其与存者几何?"言未毕,晞再拜曰:"公幸教晞以道,恩甚大,愿奉军以从。"顾叱左右曰:"皆解甲散还火伍(府兵十人为火,火伍即指队伍)中,敢哗者死!"太尉曰:"吾未晡食,请假设草具。"既食,曰:"吾疾作,愿留宿门下。"命持马者:"去,旦日来。"遂卧军中。晞不解衣,戒候卒击柝卫太尉。旦,俱至孝德所,谢不能,请改过。邠州由是无祸。

　　段秀实太尉能入能出,出入自如,非凡胆识,待机而发。极威之后,继之以羸弱驽骀,以徒手、矍老人对全副武装、杀气正盛的兵卒,宛如冷水当头淋下,一点火气都冒不出来,深得以柔克刚、以静制动之道。看他慢条斯理,从容吃饭,吃后,索性留宿军中,看似最险之境,实处于最安全之地,又是善于保护自己的最佳范例。以《需》卦拟之,四居险之下,则言出;上居险之上,则言入。一出一入,皆为妙境。入而不出,出而不入,险而险者也。入而出,出而入,则险非险也。由于段太尉果断而机智的行动,抓住机会,则郭晞、白孝德,还有未出现的郭子仪,都成为爻辞所说的"不速之客"以拯太尉出险，实则太尉自有以致之也。皆乾易之坦途矣，于是而有新境。

需，养也；需，不进也；需，待机而动也。凡三释，《需》卦庶几无剩义矣。

掌握了筮的专门技术，综合各家各派，象数、义理、史事一起参稽，融会而贯通之，就能较有说服力地对贞问者作出答复，或对贞问者欲知之未来作出一定程度的预测。

第九章　亢卑斋实占例选

　　《系辞传》曰："是故君子所居而安者，《易》之序也；所乐而玩者，爻之辞也。是故君子居则观其象而玩其辞，动则观其变而玩其占。"笔者研究占筮之学，虽然始终着眼于一个"玩"字，但对"玩"字的理解，却有个由浅入深的过程。始则完全当作一种娱乐活动，觉得很有趣味，因此，人家玩扑克，我玩我的《易》，人家看电视，我玩我的占筮。有时几个熟人凑在一起，人问我占，都是青年人，且多数为没有结婚的单身汉，问的多是觅友恋爱之事。有一次，某青年朋友贞问，居然筮得《大过》九五，其爻辞云："枯杨生华，老妇得其士夫，无咎无誉。"使在场诸人笑得前仰后合，那位朋友也不禁跟着傻笑。我还补充两句：据王弼注云："华不可久，士夫诚可丑。"我看没有什么可丑的。当时就是这样闹着玩，随占随忘。殊不知此人过不了一年，居然真的与一位比他年长十二岁，又有两个小孩的中年妇女结婚，大家觉得他这一行动不可理解（当时远不如现在这样开通），我自然也吃惊不小，因为我立刻想到当时开玩笑时占的卦。事后，我问他怎么做成这件事，他说是命运——"不是你占的卦吗？"他又说，他们两人感情的确很好，但一谈到结婚，他着实进行了一番思想斗争，想来想去觉得不好听，后来想到我占的卦，才坚决认命了。看来他是找借口在认命，我的占不过是助他下决心而已。

随着学业的稍进、年华的流逝、阅历的增加，我逐渐体会到这个"玩"字意义深远，蕴含丰富。它不但是指对对象的熟练把握，而且还是自我身心的寄托。当然，"玩"并不悖于娱乐性，中国历史上的一些达官失意、志士失职，往往寄情书画，曰"自娱"，或曰"玩弄笔墨"。可"玩""娱"谈何容易！因为他们实质上在追求一个天人合一的境界，非有高深的修养与精湛的技巧，是不能达到的。又如"玩弄于股掌之上"，没有高出对象绝对优势的力量，能玩弄吗？又如"玩世不恭"，没有几经沧桑的阅历，何能玩世？总之，"玩"之主体者，必须有极丰富之想象力、绝对优势之制服力与超乎寻常的熟练技巧。《易》独取"玩"字，是颇有深意的。

兹选笔者往日为人筮占数例，并作详略不同的解释。

（1）青年商某，某厂钳工，我友也。原与某纺织厂挡车工李某相爱。后李某通过关系调离挡车工职位，并调入某公司坐办公室。开始两人仍保持亲密关系，但不到一月，商发现李对他逐渐冷淡，并经常借口有事不赴约会。商疑惑不解。某日，商邀李，又遭拒绝。商某闷闷不乐，买了张电影票去看电影，不意发现李与另一男子在前数排并坐说笑。商于是愤然离开影院。后通过某公司熟人，获悉李已与同办公室的杨某谈上了。商一气之下，就去李家，李母待其如同昔日，李也无讨厌他的表示，承认那天她与杨某同看电影，是商打电话邀她的前一天已答应了人家，反说商小器量。时已至晚饭时，不开饭，亦不说留饭，商于是告辞，亦不见说"吃了饭再走"的话。商即至我家，将上述情况详告，求我为占。

我即为筮之，得《姤》之《遁》，即《姤》卦九二爻变，成《遁》卦六二。遂以《姤》九二爻辞占之，并参以变卦《遁》六二爻辞。我即于纸上写出《姤》九二爻辞："包有鱼，无咎，不利宾。"商高中毕业，不懂卦象，却看得懂"包有鱼"三字，大为高兴，说道："我是抲黄鱼①的能手，这条鱼我包了。"我说，你不要高兴，这条鱼虽然代表她，但不是你抲的黄鱼，请你先听我分析，我们再共同讨论。

《姤》在十二辟卦中为消卦，一阴往消阳，故卦辞曰："女壮，勿用取女。"李某工作条件改善，有"女壮"之象。李某亦曾几次来过我家，与我家人谈起商对她很好，并且心地善良，肯做家务，且她每次夜班，只要商有空，必在厂门口等候，然后送她回家。但她也嫌商说话粗鲁，不三不四。举例说，有一次大家一起吃甘蔗，有许多青年男女在场，商一面大嚼，一面大声说："我顶喜欢吃甘蔗，不过甘蔗吃了小便多。"在场的人大笑，李某不舒服。又有一次商在李家吃饭，饭桌上除李家人外，还有客人。李母为照顾客人方便，甫就座后，提出与商换个座位，商一面起立，一面说："狸猫换太子。"（商绍兴人，《狸猫换太子》

---

① 农按：南方人谓工人业余打短工赚外快为"抲黄鱼"。

例(1)所占《姤》卦营数

为一出越剧剧名）弄得大家忍俊不禁，又不好意思大笑，李也大不舒服。不过认为他心地好，而自己又是挡车工，算了。李外貌出众，又爱好文学。一调入某公司，立即有数人一起追求她。杨某其一也。

"鱼"在《易》中为阴物，如《剥》六五"贯鱼"，王弼注曰："贯鱼，谓此众阴也，骈头相次，似贯鱼也。"[1] 蔡渊于《姤》九二曰："鱼者，阴物也，谓初也。"[2] 项安世曰："《姤》之三爻皆称'包'。凡称'包'者，皆以阳包阴也。《蒙》之'包蒙'，《泰》之'包荒'，《否》之'包承''包羞''包桑'，义亦同此。"[3] 二刚包初，又比于初，初虽与四为正应，但处《姤》之时，二居于有利地位，所谓"近水楼台先得月"也。九四以远隔重阳，虽为正应，倒反成为宾客，而使九二得以控制初六，反客为主。再看初六本身态度，初六爻辞有"系于金柅，贞吉"，马融曰："柅在车下，所以止轮。"[4] 二以上均能互体成乾，乾为金，金，阳刚之物。"柅"者，犹今之所谓刹车，则"系于金柅"谓初已系于阳刚之二，又被制动，不能上往应四。如再参以变爻《遁》六二：

① 见《周易》卷3，《四部丛刊初编》本，第4页。
② [南宋]蔡渊：《周易卦爻经传训解》卷下，载《景印文渊阁四库全书》第18册，第71页。
③ [南宋]项安世：《周易玩辞》卷9，载《景印文渊阁四库全书》第14册，第349页。
④ 见《周易正义》卷5，影印《十三经注疏》本，第45页。

"执之用黄牛之革，莫之胜说。""说"读为"脱"。本卦变爻是"包有鱼"，变卦变爻是"执之用黄牛之革"，初六哪里还逃脱得了！何况它本身又自愿为金柅所系，故商某确然已处于"宾"位，没有指望了。

我即据占法，又结合赵汝楳所提出的"身""位""时""事"等具体情况，告诉小商，以我断占，你与李之事必吹无疑。商似亦有所预感，但还没有全部死心，并云不知杨某是何等样人，竟轻而易举地夺走己之所爱。我说，九二并非定指杨某，你不是说有好多人在追她吗？约一年后，小商来告诉我，李已与本公司任助理工程师的一黄姓大学毕业生结婚，果如我所占。并说，如果没有我当时为他占了一卦，他心里肯定还要难受得多。

（此卦1987年4月占）

（2）文革期间，外地某大学徐副教授来杭州奔母丧。徐先生是我念中学时的老师，顺便临舍与我商量一事：他系里教师造反派头头要他参加教师造反派组织，他吓得不知如何是好，正好收到母亲病危急电而至杭。现母丧已毕，回去非答复不行。我大惑不解："先生怎么没有被揪出关牛棚？"（当时副教授不如现在之滥，按说差不多都可戴上反动学术权威的帽子）他说：他家三代工人，他本人历史清白，教的又是数学，平日与学生关系不错，没有被揪，自己也觉庆幸。我说："既然如此，你当逍遥派不行吗？"他说："不行。我们那儿不许当逍遥派，认为逍遥派最可恶，因为最不关心国家大事，所以从现在起，一定得参加一个组织。"但依他心里是两边都不想参加，现在看来做不到。我说：
"天下事真是无奇不有，我们这里的造反派决不会要一位高资参
加他们的组织，你真是受到莫大的抬举。"他说："你废话少说，
快给出个主意！我一生胆小怕事，临事发慌，回去却得立即表态，
故来找你商量。"我问："哪一边势力大？"他说："造反派大
得多。"我又问："你若不参加，造反派会将你揪出来吗？"他
说说不准。又问："你参加了教师造反组，保守派会来揪你吗？"
他说："肯定不会。不过还是占一卦，看看老天爷意见如何。"

　　我即为筮之，得《随》之《兑》，即《随》卦六二爻变，成
《兑》卦九二。《随》六二："系小子，失丈夫。"《象》曰：
"'系小子'，弗兼与也。"我先释《随》卦卦义："《随》：
元亨，利贞，无咎。"《彖》曰："随，刚来而下柔，动而说（悦）。
随，大亨贞无咎，而天下随时。随时之义大矣哉！"王弼重点注
释"随时"之义："随之所施，唯在于时也。时异而不随，《否》
之道也。故'随时之义大矣哉'。"[①]我
受王注启发，即为占云：《随》，"随
时"也。"刚来而下柔"，君子随小人
也。唯"随"不同于"从"——"从"
者在后，有后之名；"随"者混于众，
不先不后，"从"有形而"随"无形也。
"随"更不同于"遁"——"遁"者逃

八七七八六七

例（2）所占《随》卦营数

---

① 见《周易》卷2，《四部丛刊初编》本，第7页。

避，"随"者同尘；"遁"有迹而"随"无迹也。总之，处"随"之时，以无形迹、无名为妙。如有人先举起"红宝书"，举国上下遂不约而同一起手举红宝书，此最大之"随"象也，又有何人而敢不随之乎！程颐曰："君子之道，为众所随，与己随于人，及临事择所随，皆随也。"① 六二"系小子，失丈夫"，即临事择所随也。试观六二爻位：初阳在下而近，五阳正应而远。随者，随遇而安。不及待远之君子，即系于近之小人。院本小说所谓"情知不是伴，事急且相随"是矣。苏轼《东坡易传》亦云："二之从五也甚难，初处其邻，而四当其道。""'小子'，初也；'丈夫'，五也，'兼与'必两失"②。今举古事以证之：

《韩非子·说林上》：

　　纣为长夜之饮，欢以失日，问其左右，尽不知也，乃使人问箕子。箕子谓其徒曰："为天下主，而一国皆失日，天下其危矣。一国皆不知，而我独知之，吾其危矣。"辞以醉而不知。③

所谓"长夜之饮"，是中国古代最上层统治者的一种享乐方式，即把建筑物的进光处全部遮掩，然后张灯就事，人为地造成一个

① 见《周易程氏传》卷2，版本同前，第784页。
② ［北宋］苏轼：《东坡易传》卷2，载《景印文渊阁四库全书》第9册，第35页。
③ ［先秦］韩非：《韩非子》卷7，《四部丛刊初编》本，第9页。"欢"，本作"懽"，顾广圻谓"懽（惧）当作懽（欢）"，于义为优，兹从改。

永远不会天亮的长夜，在里面饮酒作乐，极尽腐化之能事。"失日"者，因长夜之饮过长，到最后结束时，不知已过去几日，所以说失去时日，好比连今天几月几号都不知道。箕子是知道的，但他认为这时候只能随大流，所以也推说自己醉了，不知道。他为了不突出自己，只能混在这一群人里头，把"君子""丈夫"的面目掩盖起来。

再举一反面之例。《后汉书·韩康传》：

> 韩康字伯休，一名恬休，京兆霸陵人，家世著姓。常采药名山，卖于长安市，口不二价，三十余年。时有女子从康买药，康守价不移，女子怒曰："公是韩伯休那？乃不二价乎？"康叹曰："我本欲避名，今小女子皆知有我，何用药为！"乃遁入霸陵山中。①

韩康混迹卖药为生的普通人中，应该像一般的卖药者与买主讨价还价才对。但他不知"随"道，口不二价，是为君子之行，反使他声名由此突出，这就叫"兼与"，因此也就达不到避名的目的，不能随在大流里边，只能逃之夭夭了。所以《象》曰："'系小子'，弗兼与也。"

现在再来参看《随》六二之变爻《兑》卦九二："孚兑，吉，悔亡。"《象》曰："孚兑之吉，信志也。"程颐曰："心之所

---

① [南朝·宋]范晔：《后汉书》卷83，中华书局1965年版，第2770—2771页。

存为志。二，刚实居中，孚信存于中也。志存诚信，岂至说（悦）小人而自失乎？是以吉也。"①九二居中，但处六三《兑》主之下，六三虽时以柔悦引动九二，但只要九二志存诚信，就不至于悦小人而自失操守。

我占毕，对徐先生说："看来你得参加造反组了，不过你是为了避免被揪斗而已。不管哪一边，只有几个人最讨厌，大多数人都只是'随'罢了。"过不多久，徐先生来信告诉我，他的担心完全多余，回校以后，根本没有人再提起那回事，看来人家当时只是随口说了一句，弄得他紧张。他现在是逍遥派，看来逍遥派还是被允许的。不过，他仍然说我占的卦很有意思。

今先生已作古，回首前事，不禁凄然。

（此卦1968年某月占）

（3）某校工科研究生王某，一心想出国。不知怎么的，他竟然也对《周易》有兴趣，并且信占卜，就出国之事，求我占一卦。筮得的也是《随》卦六二："系小子，失丈夫。"我熟悉他的同学吴某，并知他本人为了出国，先是拼命学英语，不深入研究其本专业，但又不敢全然放弃。自己写信去美国名大学联系，未获成效。后来不知怎么一来认识了一位德国教授，又拼命学德语。结果是专业没学好，英文没学好，德语没学好，出国也不成。现既然筮得《随》六二"系小子，失丈夫"，我就从《象传》着手，

① 见《周易程氏传》卷4，版本同前，第999页。

对他讲"弗兼与也"的道理。我对他说："你既然一心想出国，何必又考研究生！既然考取研究生，就得学到真本领。须知人的精力总有限，'兼与'多数要失败，你现在实际上变成了真正的'小子'，已经失了'丈夫'气。这不是我随便说，我的根据是《易林》，你刚刚不是见到《随》六二爻变吗？那么我给你看《易林·〈随〉之〈兑〉》。我当即打开焦氏《易林》，找到《〈随〉之〈兑〉》，指给他看其上所载之语："两心不同，或欲西东。明论终始，莫适所从。""兼与"是可以使一个人好像变成两个意见不协调的人的。

（此卦1988年4月占）

（4）经友人介绍，有俞某夫妇为其应届高中毕业生儿子是否参与高考求我占卦。我甚感诧异，我说这应该由你们的儿子决定，不能由占卜决定，而身为父母者，更应为儿子拿定主意，我的占卦不过是个"玩意儿"，切莫当真。俞某笑着说道："是我们儿子不想考，说只要看看对面周家两个儿子——大儿子、大媳妇都是大学毕业生，家里不要说彩电，连个冰箱也没有，一个月中倒有半个月在爹娘家里揩揩油。小儿子初中毕业就去学烹调，现在已是个有级别的厨师，娶了个饭店服务员，家中彩电、冰箱、音响设备一应俱全，还不时送点补品来孝敬父母。"我问："你们儿子成绩怎么样？""十名以内。"我为之嗟叹。因为之筮，得《损》之《大畜》，即《损》卦六三爻变，成《大畜》九三。遂就《损》六三爻辞占之。《损》六三："三人行则损一人，一人

行则得其友。"《象》曰："一人行，
三则疑也。"筮得之辞似乎与贞者之问
风马牛不相及，但占者还是可以从"损
益"的角度来分析问题。

例（4）所占《损》卦营数

　　《损》者，三阴三阳之卦，根据李
挺之《六十四卦相生图》，是由《泰》
卦而来。"泰"者，天地之正也。唯至
正者，能够大通。"一阴一阳之谓道"，
《泰》正是阴阳交而万物通的象征。所谓"三人行"，即是指《泰》
未变《损》之前下体三阳一齐上进。夫性静而止，情动而流。止
以为畜，畜厚则流。及其既流，不待其长，随应而变，往而得《损》
者，亦固然之势矣。也就是说，进至盛极，则应转向减损，故言
"损一人"，即示九三这个刚爻应当损而变为柔爻。"一人行"
又指九三自动作出牺牲，从乾体损去之后，上行去增益坤体。"得
其友"是指九三与坤体的上六相易由《泰》☷☰变成《损》☶☱。这
样上体由坤而成艮，下体由乾而成兑，上下二体皆由纯阴纯阳而
变成阴阳合体。但同是"一人行"，其利害关系有各种不同情况。
如《恒》☳☴，是初往而变四，由初之"潜"，一跃而成上卦之震
主，虽弄得"田无禽"，而却能名闻天下。又如《既济》☵☲，是
二往而变五，中未失去，而又得尊位。上举数卦都说不上有何损
失，唯有《损》卦三往而变上，高而无位，极而不返（即说起来
很好听，却无实利；说不定毕了业还被分配到离家很远的地方），
为宾于阴，而疏远于阳，是往而损，是真损也。但道在忧时，三

于此际，当怀刚处进，心无惮往，独任而不辞。三上行后，整个卦爻的关系就将发生良性变化。从六爻言，初九应六四，九二应六五，六三应上九，均成中和。从上下两体言，艮为少男，兑为少女，亦构成对立统一关系。因此，《系辞传》有云："天地缊缊，万物化醇。男女构精，万物化生。《易》曰：'三人行则损一人，一人行则得其友。'言致一也。"对于九三之一损予以极高的评价。

兹再参稽变爻爻辞《大畜》九三："良马逐，利艰贞。曰闲舆卫，利有攸往。"乾为良马，畜极则通，三阳并驾，有良马逐之势。然而并不是畜道至此已成，如以积畜才德与养贤而论，远未到达出仕致用之时，必须经历艰难守志，每日操练舆卫之事，这样一个艰苦的锻炼过程，将真正的本领学到手，方能成为国家的栋梁。

从眼前而论，读书似乎是吃亏了，是"损"，甚至是一种牺牲。但古代哲人老子说过：天下事，"或益之而损，或损之而益"。磨刀，作为刀来说，正以其肌体的直接损耗而获得锋利；人类正以其精力与体力的损耗而获得知识与物质的积累。现代，是知识与科学得到无上尊重的时代。虽然目前我国尚难做到这一点，但这是必然的发展方向，这是我所绝对坚信的。在一定意义上讲，现代化的实质就是知识化、科学化。未来属于目前甘愿作出牺牲而孜孜不倦地跟上时代步伐前进的人，而不会属于只获取眼前的暴利而不愿作出任何牺牲的人，因为后者不相信尚有未来。我对《损》卦卦象表示极大的兴趣。到一定的时候，眼前看来似乎受损的知识者，不再是宾，更不再是"外"，而是真正的国之栋梁。

我在详细地解释以后，对俞氏夫妇说，一定要叫你的儿子去考大学，不要怕吃亏，吃亏了也不能懊悔。然后我指指《损》卦卦象的上九爻（它是从《泰》的九三往的），说："将来你们的儿子有可能在这个位置，受到最高的尊重。"（参看《损》上九爻辞）

俞氏夫妇虽不能完全懂得我的意思，却非常相信知识一定有用，也非常希望他儿子能继续升学。后来他们特地叫儿子来我处一次，小俞被我说服，参加考试，结果被全国重点大学某工学院录取。

（此卦1988年5月占）

（5）有友生戚某，一日求我占卦。我说问何事，他说无特殊事，只是想卜卜运气如何。戚现任某中学教员，酷爱书法篆刻，甚而至于入迷，时来请教。我即为筮之，得《小畜》，下三爻皆变。按黄宗羲《易学象数论》所引丰南禺占法，内卦三爻皆变，则以三决之；并依黄宗羲言，再结合卦辞与变爻爻辞一起参稽。

《小畜》九三："舆说（脱）辐，夫妻反目。"《象》曰："'夫妻反目'，不能正室也。"

我见九三爻辞，即问："怎么？夫妻吵架了？"他说："一直吵，不是现在才开始。只是现在越来越凶，竟将我的宣纸撕碎，石章掷地，两人差一点打起来。你给我说说道理就行。"我即为占之如下：

《小畜·象传》曰："柔得位而上下应之，曰'小畜'。"《小畜》虽只六四一柔，而此一柔地位不同寻常，它是本卦之主爻，决不会在阳刚面前示弱。就九三与六四的爻位关系言，一刚一柔相比而处，犹如夫妻。中国古代封建社会，男尊女卑，女性

例（5）所占《小畜》营数

七
七
八
九
九
九

须守"三从"之义——"未嫁从父，既嫁从夫，夫死从子"（《仪礼·丧服》子夏传），民间至今尚有"嫁鸡随鸡、嫁狗随狗"的俗语。现代中国提倡夫妻平等，和睦相处。其实只要稍稍有一点社会学知识的人，就会发现，这实在只是善良的愿望，或尚须经几代人的努力去实现的理想。在现时中国，夫妻非但不能在家庭中同时确立平等地位，有时甚至会因要求平等而使家庭关系处于不稳定状态，乃至濒临破裂境地。笔者反对男尊女卑，然经数十年之观察、研究与体验，终于信奉《红楼梦》中林黛玉所提出的理论："不是东风压倒西风，就是西风压倒东风。"这是现时中国家庭稳定的必备条件。如一方未能将对方压倒，即在夫妻关系中取得绝对优势的地位，互不伏贴，则将争吵不休，永远处于不稳定的状态。当然，所谓"压倒"，决不是强压而倒，而是一方甘心情愿的处于卑位，且不自以为卑，而犹以为乐。比如有的家庭，女的既漂亮又能干，治家有方，使丈夫崇拜得了不得，凡事百依百顺，甘受如奴隶之使唤，甚至大庭广众或宾朋之前遭其训斥而犹自傻笑以对。这种人可能被人视为无丈夫气，殊不知他自觉幸福得很。若有人不小心多嘴，说他一句："你怎么那么窝囊？"他会立刻反击："你不知她那温柔劲！"反搞得你只有妒忌的份儿。又比如有的家庭，男的事业心强，且有一定的成就，有名位、有利益，为女方所崇拜，心甘情愿为之服务，自动处于卑位，包揽一切家务，以牺牲自己为乐，因此并不感到自己是在牺牲。间或有时见丈夫埋头某一事业，丝毫不尽家庭义务，或丈夫埋头写作，对一旁的妻子不理不睬，会感到有所不满，甚至暗里伤心，但一旦丈夫以其事业上之成就获得殊荣，或得到巨大经济效益，此种心情即可得到补偿，其心理也获得平衡。笔者之所谓稳定，并非所谓美满。笔者实无缘见到一个美而满的家庭。凡稳定的家庭，从旁观之，往往觉得其中一方吃亏，而却能相安无事。相反，凡两方各不吃亏者，总是处于不稳定状态。如两强相遇，或则各管各，家庭如同客店；或则火山爆发，连现状都不能维持。

　　以《小畜》所处之位观之，六四为卦主，虽属柔爻，但傲视一切；而九三则处于"终日乾乾，夕惕若"之位，即尚在努力奋斗、犹未取得成就之时。因此六四虽与之比，却不相亲；而九三刚爻，亦不示弱、不相让。又《小畜》九三爻变，则二至四互体成震，震为车。"舆"，车之所以任载者也，与轮合而方能成车。今三与四虽同在互体震，然一为外卦之下，一为内卦之上，不亲不和，舆与轮相离之象，故谓之"舆说辐"，则车不成车矣。车不得，不可行，散聚之理亦然，故夫妻反目矣。九三爻变为六三，则卦成《中孚》䷼，《中孚》兑下巽上，为悦而止，自是吉象。然变爻六三与其上相比之六四，都为柔而不中。俞琰曰："六三与六四，两阴相并而成匹。"[①] 故《中孚》六三："得敌，或鼓或

---

① [南宋]俞琰：《周易集说》卷10，载《景印文渊阁四库全书》第21册，第95页。

罢，或泣或歌。"与二至四互体震，震，动也；外卦为巽，巽，止也——亦与两相为敌之义合，正加强了"鼓，动也；罢，止也"的不协调气氛。一要动，一要止；一哭泣，一唱歌——这正是夫妻反目的形象写照。

现再回到《小畜》本卦，九三《象传》："'夫妻反目'，不能正室也。"就是说，"夫妻反目"的责任应由九三来负，是它不能"正室"所致。程颐曰："'反目'谓怒目相视，不顺其夫而反制之也。"又曰："未有夫不失道而妻能制之者也。故'说辐''反目'，三自为也。"①

戚某不明白他有什么过错，为什么夫妻反目应由他负责。按照他的逻辑：他既没有到外面寻欢作乐，又从不和妻子顶撞，他专心致志追求艺术，妻子应该支持才对，为什么却反对得这般厉害？我说："你这是一厢情愿。第一，她根本就不相信你会成功；第二，你没有给家庭带来任何利益，反而花钱去买笔、墨、纸、石等高价之物，使家庭支出增加，带来直接的损失；第三，你一头钻进你的书法篆刻里，万事不闻不问，把她冷落一边，不见得比外面寻欢作乐好出多少。"戚某说："看来要离婚。"我说："这取决于你是否能给家庭带来利益；或者使你妻子觉得她的地位比你的书法篆刻重要。我现在劝你暂时放一放，要知道建立一个家庭不容易啊！"

听了我的发挥，戚某来时的愤然之气消失，却继之以消极的

---

① 见《周易程氏传》卷1，版本同前，第746页。

态度，凄然离去。

由于戚某依然故我，家庭关系始终处于紧张状态。只有一次，因偶然的机会，一外国旅游者购去他一幅字，得到八十元，他妻子态度明显有所好转。后来却再也卖不出第二幅。两年以后，戚某与其妻终于离婚。而戚某离婚后，倒反不再搞他的书法艺术。天下事可谓无奇不有，此其一也。

（此卦1985年3月占）

（6）有大学毕业生丁某、王某，临行前来告别。丁某、王某为同窗好友，这次又分配至同一外地。因就告别机会，求我为占一卦，作为临别赠言。我即为筮之，得《坎》卦，六爻皆不变，即以《坎》卦卦辞占之。《坎》卦辞："习坎，有孚维心，亨。行有尚。"坎，险也，而且是重险，为何又能亨？这不得不先引《彖传》加以解释，并以《象传》加深印象。

《彖》曰："水，流而不盈；行，险而不失其信。'维心亨'，乃以刚中也。'行有尚'，往有功也。天险，不可升也。地险，山川丘陵也。王公设险以守其国。'险'之时用大矣哉！"

《象》曰："水洊至，习坎。君子以常德行，习教事。"

《坎》是八经卦自相重叠的八个卦之一。《易》之体例，其余各卦均

例(6)所占《坎》卦营数

先言卦名，只有《坎》卦，还在前面加了一个"习"字。故有不少专家指出，可能在"习坎"二字之前脱去一个作为卦名的"坎"字。《说卦》："坎为水。"又"坎，陷也"，陷入水中，自是险事。从坎之三画而言，是一刚陷入二阴之中，故曰险。六画言之，两坎相重，则是险上加险，故曰"重险也"。处于重险之中，唯有决心在险中翻滚，习于险境，然后方能履险如夷，无往而不亨也。坎中一阳，从表面看，或从坏处着想，则是一刚陷入二阴，有"陷"之象，实质是乾来坤中，天地生生之妙，都从此孕藏。这一阳透入阴中，乾坤于此而交。从弱者言，一陷而灭。

　　然从乾刚言之，如冲锋陷阵之"陷"，有此一"陷"，方转坤之阖，而为乾之辟，万化之门，于此而开。然若堕落而不能出，流溺而不能返，也是这一"陷"，所谓"一失足成千古恨"，失足即"陷"也。即如猛将之陷阵，可以收廓清之功，亦易有覆亡之患。故功成名就者在于此，堕坑落陷者亦在此。凡人要有作为，时时在在都有险，人生道路实是一险途，躲也躲不开，避也避不及。故险上加个"习"，习而又习，虽在险途，而犹有个放手松身之地。"水，流而不盈；行，险而不失其信"二句，举水体以象心体，释"有孚"二字。"有孚"者，至实可信之谓。坎为水，坎水谓大江大河之水，故为险。水是流动的，有来有泻，不至于盈满，故曰"流而不盈"。水有它的"信"，不致失信而乱造险。江河之水滔滔流泻，迂回曲折，最后归于大海。它准确无误，随你历尽千山万壑，必不失其常然之性。但水不能盈满，满则溢。凡水之兴波作浪、横决为祸，皆壅而盈溢使然也，而水之不失信者自在。人心亦有定体，常流行而不横决，此心之常也。唯心体有常，随你历尽千难万险，亦不失其常然之性。但"人心险于山川"（《庄子·列御寇》），"此中最是难测地"（《世说新语·雅量》），又是论心之变幻无方、深不可测，然皆陷溺使然也，而心之不失信者亦自在。因人心本来有一定之中，随环境而时时调节，而操与不操，存乎其人。《象传》曰"刚中"，也即指二、五两爻刚而得中，能陷入险而又出乎险，言其时能以其坚刚随环境调节而不失中。其各居上下二体之中位，又象征两颗刚毅之心紧紧团结在一起，协力济险而达通途——亨。"'行有尚'，往有功也"，是说处于坎险之时，崇尚有所作为，唯有所作为，才能出险致功，不然将一生陷溺，永无出头之日。乾来而陷入坤柔之中，能行而透出坤柔之外，此所谓"有功"也。因此，不要怕险，而要习险、用险，"天险"可用，"地险"可用，人心之险亦可用，因为都有一个"常"在里头。

一至再至谓之"洊"，至"原泉混混"（《孟子·离娄下》），过往来续，无有间断。此虽为水之性，却显示了人应一生奋斗不息之象。

这是两人同贞，不贞问具体之事，又不是预卜吉凶，且两人的前途也不会完全一样，故只随卦起义，泛泛而论，以作临别赠言。

（此卦1986年8月占）

（7）早晨，公园是锻炼身体的好地方，以各种项目自由地组合。有太极拳、舞剑、少林拳、老年迪斯科等。在组合前大都互不相识，后来因常在一起锻炼而攀谈，有的还成了朋友。锻炼者以青年人与退休职工为多。一次，我在公园茶室中偶然见到同打太极拳的一对老年男女，遂与之攀谈。此两人经常一起推手，休息时互相交谈，甚是相得。我一直以为是一对夫妇，及与之交谈，始知为同一里弄居民，因住处相近，退休后，每晨同来公园学太极拳。又知两人均丧偶：男陆某，三年前妻子去世，无子女；女沈某，三十岁时即守寡，有二子一女，独力抚养，均已成人并建立小家庭，与小儿子及儿媳一起生活。我见陆某属意于沈，沈亦有相应之意。数月后，又一次见到二位于茶室。交谈之际，终于知道二人情投意合，唯沈某子女甚是反对，沈某亦自觉已守寡到这步田地，何必老来"出丑"，且又违拗子女之意！但其心里毕竟矛盾痛苦不堪，因为两人感情已经相当深了。沈某乃称陆某为命中注定的冤家，要是不碰上他，日子也很太平，现在多了一事，弄得不得安宁。说到命中注定，我即说：我虽不会算命，却能卜卦。二人听了高兴万分，即随至我家，求为一卜。我即依古人不筮而占之例（不过在他们面前还是装了一下样子），即以《节》卦上六爻"苦节，贞凶，悔亡"占之。

　　"节"者，节制而不使过之之谓，即到一定程度而止。"节制""节约""节俭""节操"，都有"止"的意思。但"节"不光训"止"，且是"有限而止"，即王申子所谓"节者，约其过以归于中也"①。《节》☲，兑下坎上。兑为悦，坎为险。凡人

①　［元］王申子：《大易缉说》卷8，载《景印文渊阁四库全书》第24册，第249、250页。

所悦之事，最易过而不节以至于凶。例如食、色，人之大欲，亦大悦也——人最易贪食而致病，亦最易嗜欲而伤身；名与利，亦人之所悦也——悦之太过，追逐于迷途而不知返，亦且毁名而失节。凡此，皆常理易知者，故《节》卦独以"亨。苦节不可贞"为卦辞，此盖有深意矣。"节"虽亨，然节之太过而失中，则为"苦节"，苦节则不可矣。上六，"节"之极也，故特再于爻辞中强调"苦节，贞凶，悔亡"。我对沈某说：你甘心守"节"二十余年，把三个孩子拉扯大，这是你的成绩，所以"亨"，但毕竟是苦事，所以是"苦节"。如今你既已有意中人，而你对孩子的责任也已尽，如再"节"，则为"节"之极，就要痛苦不堪，比你甘心守着三个孩子过时，心理上更要苦得多。到了"节"之极，就会化为"凶"，所以上六爻中说"苦节，贞凶"。但为什么后面还有"悔亡"两字？"悔"指的是麻烦事，譬如你子女不高兴之类。你继续"苦节"，这种麻烦自然没有，所以说"悔亡"。但"悔亡"不是"凶亡"，只是你承担了苦的"凶"，才使悔"亡"。对于你俩，应该不怕"悔"，而该去掉这个"苦节"带来的"凶"。你俩的事受法律保护，子女是无权干涉的。陆、沈二位说，法律他们懂，只是怕伤了子女的感情，后果不会好。但听了我的卦，他们会商量怎么解决麻烦事。

　　约一个月后，陆某一人来我处，说还是想不出最妥当的办法。要求我再占一卦问问老天爷的主意。这次我真筮了，得《屯》之《既济》，即《屯》卦六三爻变，成《既济》九三。遂就本卦变爻爻辞占之。

例(7)所占《屯》卦营数

《屯》六三："即鹿无虞，惟入于林中。君子几，不如舍，往吝。"

"虞"，虞人，掌山林苑囿之官。六三以柔居刚位，既不能安于"屯"之艰，又不顾客观条件而去涉险济难；既不足以自济，又没有应援，犹即鹿而无虞人也。如同打猎，想猎取鹿，而又没有向导——虞人带路。入山林打猎，如无虞人带路，则不仅空无所获，且将陷入林莽之中。君子见机而动，于此之际，则不如舍而勿逐，"往"则徒取吝穷而已。

　　我把这个意思解释给陆某听，陆某大失所望，说道："看来没有希望了？"我说不一定，从《屯》变《既济》，似乎是成功的象征。现在不妨再参稽，《既济》九三爻辞有"高宗伐鬼方，三年克之"，《象》曰："'三年克之'，惫也。""你的事如殷高宗伐鬼方，三年方克，吃力得很。"陆某说已经两年多，再过几个月就三年。我说："三年表示时间长，不一定就三年。现在问题是要带路人，你的'虞人'在哪儿？比方说你有没有既和你关系很好又和沈某子女关系很好的朋友？或者她的子女希望你做些什么事？这都属于'虞人'之类的。"陆某说这样的朋友寻不出，倒是曾听沈某谈及，她大儿子说过：陆老头原夫妻俩，老工人，工资都不低，一辈子省吃俭用，又没小孩，积的钱不会少。忆及此，陆某好像受到什么启发，兴冲冲的回去了。

此后的发展过程不赘述，反正半年以后陆某、沈某结了婚。陆某的确有点积蓄，而身为继父，在结婚前先给沈的三位子女分了家，每人分得二千五百元。只有沈的小儿子不肯接受，他说这是我们的卖娘钱，还是陆的买儿钱。沈某说："我给代管着。"

我也没想到，这回钱成了"虞人"。所以到底是钱灵，还是占卦灵，倒弄得人稀里糊涂搞不清。也有人说，这是个骗局。可是我知道陆、沈靠退休工资过日子，两人守着一台十四吋黑白电视机，生活过得挺和睦，太极拳也练得更起劲了。

（此卦1987年5月占）

（8）亲戚金某，女，六十余岁，一日为其七十岁丈夫前来求我算卦。她诉说老头子开春来有些"变死（家乡方言称老人脾气变得很坏为"变死"），一天到晚骂人，并将钱藏来藏去。孙女从幼儿园回来叫他爷爷，他没听见，反而说孙女回家来连叫都不叫他了，都是大人教的，可以生半天的气。我为筮之，得《睽》之《归妹》，即《睽》卦上九爻变，成《归妹》上六。遂以本卦变爻爻辞占之，并参以变卦爻辞。

《睽》上九："睽孤，见豕负涂，载鬼一车。先张之弧，后说（脱）之弧，匪寇，婚媾。往遇雨则吉。"《象》曰："遇雨之吉，群疑亡也。"

先释"睽"义。"睽"者，"乖"也。

九八七八七七

例(8)所占《睽》卦营数

《彖传》曰："《睽》，火动而上，泽动而下。二女同居，其志不同行。……天地睽而其事同也，男女睽而其志通也，万物睽而其事类也。'睽'之时义大矣哉！"《睽》☲☱兑下离上，兑为泽，离为火。火炎上，泽流下，不相交通而乖违，故谓之"睽"。又上下二体均为阴性之卦，同而不和，譬犹二女同室，将来各各嫁人，所归不同，故虽同居，而其志其归则异也。

按天下之"睽"，实有三类：一者，体乖而用不合，"火在水上"是也；二者，体不乖而用不合，"二女同居"是也——此两者皆睽而不咸、格而不贯，貌合实离，无相成之道；三者，乖而能合，反而相成，"天地事同"，"男女志通"，其体睽也，而其用则咸矣①。

今筮得《睽》上九，上居卦之终，睽之极也；阳刚居上，刚之极也；在离之上，明之极也。故程颐曰："睽极，则拂戾而难合；刚极，则躁暴而不祥；明极，则过察而多疑。上九有六三之正应，实不孤，而其才性如此，自睽孤也。如人虽有亲党，而多自疑猜，妄生乖离，虽处骨肉亲党之间，而常孤独也。上之与三，虽为正应，然居睽极，无所不疑。"②疑心生鬼，此正是老年人神经衰弱、幻觉丛生的生理、心理现象。有人做了伤天害理之事，亦可产生心理重负，疑惧多端。如《左传》载：春秋时齐襄公之妹文姜为鲁桓公夫人，桓公十九年，鲁桓公与夫人同至齐国友好

① 参见钱锺书：《管锥编》第1册《周易正义·九睽》，版本同前，第26页。按钱说实本于《睽》卦《象传》。
② 见《周易程氏传》卷3，版本同前，第893页。

访问，齐襄公私通鲁夫人文姜，事为桓公发觉，谴责文姜。文姜以告齐襄，齐襄于桓公临行前将其灌醉，然后命力士彭生抱桓公上车，即在上车之际，致桓公重伤，桓公旋即死于车中。齐襄随后又将彭生杀死以塞其责。至鲁庄公八年，齐襄猎于贝丘，"见大豕，从者曰：'公子彭生也。'公怒曰：'彭生敢见！'射之，豕人立而啼。公惧，队（坠）于车，伤足丧屦"（《左传·庄公八年》）。而莎士比亚名剧《哈姆雷特》中的篡位国王，亦有"难堪的重负啊"这样的自白。故《睽》卦上九爻辞"见豕负涂，载鬼一车。先张之弧，后说之弧，匪寇，婚媾"，正是上九"睽孤"疑心重重、幻觉丛生之生动写照：见豕，见鬼；欲射，细视之又无，复又把弓放下。故程颐曰："其见三如豕之污秽，而又背负泥涂，见其可恶之甚也。既恶之甚，则猜成其罪恶，如见载鬼满一车也。鬼本无形，而见载之一车，言其以无为有，妄之极也。"①至于"匪寇，婚媾"云者，即此等人，在头脑清醒时，亦能知六三实非寇而为亲也。

再参以《归妹》☳上六爻辞："女承筐无实，士刲羊无血，无攸利。"本卦上六与六三为正应，三既非正，九四复承二阴，是女盛阳虚之象也。上六之女如不能得极刚以主之，便无夫妇之终。夫妇之道不终，自然是"无攸利"了。故吴桂森曰："《归妹》，女之终也，难在有终。"②又《象》曰："上六无实，承虚筐也。"古者家庭内小型的俎豆祭祀如菹歜之类，皆后夫人主之。

① 见《周易程氏传》卷3，版本同前，第893—894页。
② 见《周易像象述》卷7，《景印文渊阁四库全书》本，第574页。

上六承事筐篚而无其实，遂使宗庙不能奉祭，不可谓非女之失职也。故《睽》之上九虽暴躁多疑，《归妹》上六亦有虚筐无实之咎。《睽》上九"往遇雨则吉"，谓遇阴来柔之则吉矣。王弼曰："雨者，阴阳交和而不偏亢者也。"①《睽》之六三于上九虽为正应，然不得位，遂与九有乖睽之象，此《睽》卦之所以成也。"往遇雨则吉"者，两端而有待之辞也：不遇雨则凶，《睽》之六三也；遇雨则吉，《归妹》之上六也。然则上九之所待，非变卦之上六而何？宋胡瑗曰："雨者，阳气上腾，阴能固止之，则相蒸薄而为雨。"②《归妹》上六之阴，虽自《睽》上九变来，两爻参并，正阴阳一体、夫妇有终之道也。此与钱氏所说"乖而能合""男女志通"适相符契。

我在将所占内容作一番通俗解释后，对金某说："你想贞问的事，看起来是你老伴的，其实也和你有些关系。你老伴近来脾气变差，也没有什么大不了的，他或许有点重男轻女的旧观念，心里更喜欢孙子（《睽》六三以阴爻而处阳位，女孙之象也），现又感觉到家庭氛围的某些变化，从而心生烦躁，情绪爆发。当然这也是老年人血气既衰后的生理、心理反应，并非太不正常的现象。你一方面要体谅他、关心他，像从前一样顺着他些，多和他说说话；另一方面也要让孙女多和爷爷玩耍、亲近，接送孙女也尽量叫上老伴一起。此外，你还须适当注意调理他的身体，预防轻度老年痴呆，或则请教中医，为他配点滋阴药物以调护之。"

① 见《周易》卷5，《四部丛刊初编》本，第11页。
② [北宋]胡瑗：《周易口义》卷10，载《景印文渊阁四库全书》第8册，第440页。

盖《睽》上九"睽孤"，既表示刚极多虑、自孤其群，也是虚阳上亢之象，亟需滋阴。金某近年专意于照顾孙女，对年老气衰、反应又渐形迟钝的老伴的确稍怠于照料。故"承筐无实"，诫女德"有终"也；"遇雨之吉"，诫以柔顺伏刚亢也。

数月后，金某告诉我，其老伴服用了西洋参等滋阴补品，又得自己悉心调理，近来已脾气好多了。

（此卦1987年12月占）

（9）我友高级会计师耿某，未到退休年龄，即有某集体单位动员其从原单位提前退休，并欲以双倍的月薪聘其任职。耿某心为之动，而其妻坚决反对。耿某犹豫未定，一日来访，言谈之间，求我为占一卦，以卜吉凶。我即为筮之，得《艮》卦，六爻皆不变，即以《艮》卦卦辞占之。

《艮》："艮其背，不获其身；行其庭，不见其人，无咎。"
王弼注："'艮其背'，目无患也。'不获其身'，所止在后，故不得其身也。'行其庭，不见其人'，相背故也。'无咎'，凡物对面而不相通，否之道也。《艮》者，止而不相交通之卦也。各止而不相与，何得无咎，唯不相见乃可也。施止于背，不隔物欲，得其所止也。背者，无见之物。无见则自然静止，静止而无见，则'不获其身'矣。相背者虽近而不相见，故'行其庭，

例(9)所占《艮》卦营数

（右侧营数：七八八八七八，左侧营数：八八七八八八）

不见其人'也。夫施止不于无见、令物自然而止，而强止之，则奸邪并兴，近而不相得，则凶。其得'无咎'，'艮其背，不获其身；行其庭，不见其人'故也。"①

按王弼为文，句各为义，文质并茂，非独析理之精而已。唯此节层层重叠繁复，而细寻其义，实"无见则自然静止"一语为最要。何能无见？施止于背。施止于背，则不隔物欲，而得其所止。实则阴袭《老子》"不见可欲，使民心不乱"之旨而已。孔颖达则明言不讳，以闭塞视听为静心止欲之先务。《正义》："'艮'，止也，静止之义。此是象山之卦，其以'艮'为名，施之于人，则是止物之情，防其动欲，故谓之止。'艮其背'者，此明施止之所也。施止得所，则其道易成；施止不得其所，则其功难成。故老子曰'不见可欲，使心不乱'也。'背'者，无见之物也。夫无见，则自然静止。夫欲防止之法，宜防其未兆（《老子》曰"其未兆易谋"）。既兆而止，则伤物情。故施止于无见之所，则不隔物欲，得其所止也。若施之于面，则对面而不相通，强止其情，则奸邪并兴，而有凶咎。"②此亦王氏以老氏释《易》之例，孔疏王注，自难违而避之。然老氏之意实未与《易经》之意相忤也。

止欲而取"背"，可有两种不同情况。一为不见，不见则心自不动不乱，本就以背对之了，而非已见之后再背转身去或闭起眼睛强忍之也；二为洞察其不可欲，必视其背。因物之可欲，常在其面，若洞察其背，非唯不可欲，甚且可怖可憎。《老子》：

① 见《周易》卷5，《四部丛刊初编》本，第12—13页。
② 见《周易正义》卷5，影印《十三经注疏》本，第50页。

"知其白，守其黑。"白者，面也；黑者，背也——亦教人察"背"。《庄子》："吾闻之，好面誉人者，亦好背而毁之。"杜甫诗《莫相疑行》："晚将末契托年少，当面输心背面笑。"其最使人觉悟猛省者，则《红楼梦》中描述贾瑞所照之"风月宝鉴"，正则美女，背则骷髅是也。

若耿某者，已见可欲，心稍动矣。若此时再背过身去或闭起眼睛，虽言不见，而实知其可欲，则是强止其情，适足兴邪。好在尚处犹疑之中，而其妻所言反对理由，正是深察"背"面之语。背者，后果也，意谓后果不佳。

我问耿某，其妻之语是否有理？他说当然有理！高薪聘你，有时会叫你将不法的账做成合法的账，一经查出，会计即要负责。我丝毫不懂会计业务，听不懂他的话，但知其妻反对理由充足，正由能洞察其"背"。由"艮"之两义相连观之，耿某之不宜受聘明矣。耿得此占，亦随即打消提前退休之念。

（此卦1988年3月占）

（10）有三位毕业四五年的女大学生，均已婚，并有子女。一日同来我处，闲谈之际，均称婚姻不美满，家庭不幸福。又异口同声称自己瞎了眼睛，找到如此变心丈夫，现在才识真面目，要不是为了小孩，离婚拉倒。随后相互撺掇，要我为她们共占一卦，看看为啥命运如此相同？并问：婚姻到底是不是爱情的坟墓？我问她们各自的夫妻感情究竟坏到何等地步，则回答的全是家庭琐事，还有兴趣爱好不协调等等。且据我所知，这三位女性的丈夫亦各称自己的妻子为泼妇，也说自己瞎了眼睛。我即为筮之，仍得《艮》卦，六爻皆不变。遂以《艮》卦卦辞占之。

　　先看《艮》卦卦象。《艮》☶，艮下艮上（卦辞已见上例）。艮为山，卦辞"艮其背"云云与山何涉？我以为山之为物，见面而不见背者也。"艮其背"云者，即所谓"知人知面不知心"也。又俗云"人心隔肚皮""隔心如隔山"，虽只隔了一层皮肉，恰如隔了一座山。此种现象，尤以热恋中的男女为甚。"堕入情网者，其智慧等同疯子"，类此之语，莎士比亚剧中人物说得最多。法国文豪维克多·雨果亦谓爱情："这是件不可理解的事：这种感情愈是盲目，就愈加顽固。越是没有理智，就越是坚固。"结婚以爱情为前提，但在现实中，这种爱情不一定都是建立在合理的基础之上。所以在婚姻生活这一漫长的人生旅程中，是否真正同对方和谐生活，往往和爱情是两回事。也就是说，爱情有时导致错误的判断，使人犯错误，这倒是应当注意的。爱情何以会导致错误判断？正如人能见山之面，而不能见山之背；只见其人面之可欲，而不见其人背之可嫌也。凡人皆有两面，或一背一面。通俗言之，可将"面"视为优点，"背"视为缺点。在情人面前，往往将"背"掩盖；而"情人眼里出西施"（适用于双方，不独男性然），又往往将对方之"面"夸大。此之谓"艮其背"。如此则终不能得情人之全面目，故"不获其人"。因此之故，到结婚后，恋人变成夫妻，装饰性就悄然隐去，人之"面"与"背"全方位暴露，于是，始之琴瑟调和，曾几何时，松了弦线走了音。其实对方并不一定有什么变化，而是你看到了他（她）的背面，或他（她）将背面转向了你。

说到这里，我指指柜子上靠墙放着的一只仿古瓷瓶说："这只瓶好看吗？"大家都说太美了。接着我将瓷瓶转了一百八十度，瓷瓶上立即出现一个大缺口，三人不约而同地"啊"了一声，原来是个破瓶子。我说，瓶子没有变，你们感到美的时候，缺口已经在了，只是你们没有看到而已。

至于结婚是否是爱情的坟墓，这个问题似乎很时髦，历久而弥新，可惜我不能作出肯定的回答。《汉书·礼乐志》："夫妇之道苦。"（苦，脆也）白居易诗《简简吟》："大都好物不坚牢，彩云易散琉璃脆。"因为积极的爱和幻想的爱相比，是一件艰苦和使人生畏的事情。幻想的爱渴望使人感到迅速满意的效果，确乎能达到甚至连生命也不顾的地步，只是如《老子》所云"飘风不终朝，骤雨不终日"，以其太强太猛而难以持久，它只像舞台上一样，让大家看了夸奖。至于积极的爱，正如俄国作家陀斯妥耶夫斯基所说："那是一种工作和耐心，对于有的人，也许是生命之全书。"

（此卦1988年4月占）

《周易》古经白文

（据《四部丛刊初编》本校定）

上经

《乾》

☰ 乾下乾上

乾：元亨，利贞。

初九：潜龙勿用。

九二：见龙在田，利见大人。

九三：君子终日乾乾，夕惕若，厉，无咎。

九四：或跃在渊，无咎。

九五：飞龙在天，利见大人。

上九：亢龙有悔。

用九：见群龙无首，吉。

《彖》曰：大哉乾元，万物资始，乃统天。云行雨施，品物流形。大明终始，六位时成。时乘六龙以御天。乾道变化，各正性命。保合大和，乃利贞。首出庶物，万国咸宁。

《象》曰：天行健，君子以自强不息。"潜龙勿用"，阳在下也。"见龙在田"，德施普也。"终日乾乾"，反复道也。"或跃在渊"，进无咎也。"飞龙在天"，大人造也。"亢龙有悔"，盈不可久也。"用九"，天德不可为首也。

《坤》

☷☷ 坤下坤上

坤：元亨，利牝马之贞。君子有攸往，先迷，后得主，利。西南得朋，东北丧朋。安，贞吉。

《彖》曰：至哉坤元，万物资生，乃顺承天。坤厚载物，德合无疆。含弘光大，品物咸亨。牝马地类，行地无疆，柔顺利贞。君子攸行，先迷失道，后顺得常。"西南得朋"，乃与类行。"东北丧朋"，乃终有庆。安贞之吉，应地无疆。

《象》曰：地势坤，君子以厚德载物。

初六：履霜，坚冰至。

《象》曰："履霜，坚冰"，阴始凝也。驯致其道，至坚冰也。

六二：直方大，不习，无不利。

《象》曰：六二之动，直以方也。"不习，无不利"，地道光也。

六三：含章可贞。或从王事，无成，有终。

《象》曰："含章可贞"，以时发也。"或从王事"，知光大也。

六四：括囊，无咎，无誉。

《象》曰："括囊，无咎"，慎不害也。

六五：黄裳，元吉。

《象》曰："黄裳，元吉"，文在中也。

上六：龙战于野，其血玄黄。

《象》曰："龙战于野"，其道穷也。

用六：利永贞。

《象》曰：用六永贞，以大终也。

《屯》

震下坎上

屯：元亨，利贞。勿用有攸往。利建侯。

《彖》曰：屯，刚柔始交而难生。动乎险中，大亨贞。雷雨之动满盈，天造草昧，宜建侯而不宁。

《象》曰：云雷，屯。君子以经纶。

初九：磐桓，利居贞，利建侯。

《象》曰：虽磐桓，志行正也。以贵下贱，大得民也。

六二：屯如邅如，乘马班如，匪寇，婚媾。女子贞不字，十年乃字。

《象》曰：六二之难，乘刚也。"十年乃字"，反常也。

六三：即鹿无虞，惟入于林中。君子几，不如舍，往吝。

《象》曰："即鹿无虞"，以从禽也。君子舍之，往吝穷也。

六四：乘马班如，求婚媾。往吉，无不利。

《象》曰：求而往，明也。

九五：屯其膏。小，贞吉；大，贞凶。

《象》曰："屯其膏"，施未光也。

上六：乘马班如，泣血涟如。

《象》曰："泣血涟如"，何可长也？

《蒙》

☷ 坎下艮上

蒙：亨。匪我求童蒙，童蒙求我。初筮告，再三渎，渎则不告，利贞。

《彖》曰：蒙，山下有险，险而止，蒙。蒙亨，以亨行，时中也。"匪我求童蒙，童蒙求我"，志应也。"初筮告"，以刚中也。"再三渎，渎则不告"，渎蒙也。蒙以养正，圣功也。

《象》曰：山下出泉，蒙。君子以果行育德。

初六：发蒙，利用刑人，用说桎梏，以往吝。

《象》曰："利用刑人"，以正法也。

九二：包蒙，吉。纳妇，吉。子克家。

《象》曰："子克家"，刚柔接也。

六三：勿用取女，见金夫，不有躬，无攸利。

《象》曰："勿用取女"，行不顺也。

六四：困蒙，吝。

《象》曰：困蒙之吝，独远实也。

六五：童蒙，吉。

《象》曰：童蒙之吉，顺以巽也。

上九：击蒙，不利为寇，利御寇。

《象》曰：利用御寇，上下顺也。

《需》

䷄ 乾下坎上

需：有孚，光亨，贞吉。利涉大川。

《彖》曰：需，须也，险在前也。刚健而不陷，其义不困穷矣。需有孚，光亨，贞吉，位乎天位，以正中也。"利涉大川"，往有功也。

《象》曰：云上于天，需。君子以饮食宴乐。

初九：需于郊，利用恒，无咎。

《象》曰："需于郊"，不犯难行也。"利用恒，无咎"，未失常也。

九二：需于沙，小有言，终吉。

《象》曰："需于沙"，衍在中也。虽"小有言"，以吉终也。

九三：需于泥，致寇至。

《象》曰："需于泥"，灾在外也。自我致寇，敬慎不败也。

六四：需于血，出自穴。

《象》曰："需于血"，顺以听也。

九五：需于酒食，贞吉。

《象》曰："酒食，贞吉"，以中正也。

上六：入于穴，有不速之客三人来，敬之终吉。

《象》曰：不速之客来，敬之终吉，虽不当位，未大失也。

《讼》

䷅ 坎下乾上

讼：有孚，窒惕。中吉，终凶。利见大人，不利涉大川。

《彖》曰：讼，上刚下险，险而健，讼。讼有孚，窒惕，中吉，刚来而得中也。"终凶"，讼不可成也。"利见大人"，尚中正也。"不利涉大川"，入于渊也。

《象》曰：天与水违行，讼，君子以作事谋始。

初六：不永所事，小有言，终吉。

《象》曰："不永所事"，讼不可长也。虽"小有言"，其辩明也。

九二：不克讼，归而逋。其邑人三百户，无眚。

《象》曰：不克讼，归逋，窜也。自下讼上，患至掇也。

六三：食旧德，贞厉，终吉。或从王事，无成。

《象》曰："食旧德"，从上吉也。

九四：不克讼，复即命，渝安，贞吉。

《象》曰："复即命，渝安"，贞不失也。

九五：讼，元吉。

《象》曰："讼，元吉"，以中正也。

上九：或锡之鞶带，终朝三褫之。

《象》曰：以讼受服，亦不足敬也。

《师》

坎下坤上

师：贞。丈人吉，无咎。

《彖》曰：师，众也。贞，正也。能以众正，可以王矣。刚中而应，行险而顺，以此毒天下，而民从之，吉，又何咎矣？

《象》曰：地中有水，师。君子以容民畜众。

初六：师出以律，否臧，凶。

《象》曰："师出以律"，失律凶也。

九二：在师中，吉，无咎。王三锡命。

《象》曰："在师中，吉"，承天宠也。"王三锡命"，怀万邦也。

六三：师或舆尸，凶。

《象》曰："师或舆尸"，大无功也。

六四：师左次，无咎。

《象》曰："左次，无咎"，未失常也。

六五：田有禽，利执言，无咎。长子帅师，弟子舆尸，贞凶。

《象》曰："长子帅师"，以中行也。"弟子舆尸"，使不当也。

上六：大君有命，开国承家，小人勿用。

《象》曰："大君有命"，以正功也。"小人勿用"，必乱邦也。

《比》

坤下坎上

比：吉，原筮，元永贞，无咎。不宁方来，后夫凶。

《象》曰：比，吉也；比，辅也，下顺从也。"原筮，元永贞，无咎"，以刚中也。"不宁方来"，上下应也。"后夫凶"，其道穷也。

《象》曰：地上有水，比。先王以建万国、亲诸侯。

初六：有孚比之，无咎。有孚盈缶，终来有它，吉。

《象》曰：比之初六，"有它"，吉也。

六二：比之自内，贞吉。

《象》曰："比之自内"，不自失也。

六三：比之匪人。

《象》曰："比之匪人"，不亦伤乎？

六四：外比之，贞吉。

《象》曰：外比于贤，以从上也。

九五：显比，王用三驱，失前禽。邑人不诫，吉。

《象》曰：显比之吉，位正中也。舍逆取顺，失前禽也。"邑人不诫"，上使中也。

上六：比之无首，凶。

《象》曰："比之无首"，无所终也。

《小畜》

乾下巽上

小畜：亨。密云不雨，自我西郊。

《象》曰：小畜，柔得位而上下应之，曰小畜。健而巽，刚中而志行，乃亨。"密云不雨"，尚往也。"自我西郊"，施未行也。

《象》曰：风行天上，小畜。君子以懿文德。

初九：复自道，何其咎？吉。

《象》曰："复自道"，其义吉也。

九二：牵复，吉。

《象》曰：牵复在中，亦不自失也。

九三：舆说辐，夫妻反目。

《象》曰："夫妻反目"，不能正室也。

六四：有孚，血去惕出，无咎。

《象》曰："有孚""惕出"，上合志也。

九五：有孚，挛如，富以其邻。

《象》曰："有孚，挛如"，不独富也。

上九：既雨既处，尚德载。妇贞厉。月几望，君子征凶。

《象》曰："既雨既处"，德积载也。"君子征凶"，有所疑也。

《履》

兑下乾上

履虎尾，不咥人，亨。

《彖》曰：履，柔履刚也。说而应乎乾，是以"履虎尾，不咥人，亨"。刚中正履帝位而不疚光明也。

《象》曰：上天下泽，履，君子以辩上下，定民志。

初九：素履，往无咎。

《象》曰：素履之往，独行愿也。

九二：履道坦坦，幽人贞吉。

《象》曰："幽人贞吉"，中不自乱也。

六三：眇能视，跛能履，履虎尾，咥人，凶。武人为于大君。

《象》曰："眇能视"，不足以有明也。"跛能履"，不足以与行也。咥人之凶，位不当也。"武人为于大君"，志刚也。

九四：履虎尾，愬愬，终吉。

《象》曰："愬愬，终吉"，志行也。

九五：夬履，贞厉。

《象》曰："夬履，贞厉"，位正当也。

上九：视履考祥，其旋元吉。

《象》曰：元吉在上，大有庆也。

《泰》

☰ 乾下坤上

泰：小往大来，吉，亨。

《彖》曰："泰，小往大来，吉，亨"，则是天地交而万物通也，上下交而其志同也。内阳而外阴，内健而外顺，内君子而外小人，君子道长，小人道消也。

《象》曰：天地交，泰，后以财成。天地之道，辅相天地之宜，以左右民。

初九：拔茅茹以其汇，征吉。

《象》曰："拔茅""征吉"，志在外也。

九二：包荒，用冯河，不遐遗。朋亡，得尚于中行。

《象》曰："包荒""得尚于中行"，以光大也。

九三：无平不陂，无往不复，艰贞，无咎。勿恤其孚，于食有福。

《象》曰："无往不复"，天地际也。

六四：翩翩，不富以其邻，不戒以孚。

《象》曰："翩翩，不富"，皆失实也。"不戒以孚"，中心愿也。

六五：帝乙归妹，以祉，元吉。

《象》曰："以祉元吉"，中以行愿也。

上六：城复于隍，勿用师。自邑告命，贞吝。

《象》曰："城复于隍"，其命乱也。

《否》

坤下乾上

否之匪人，不利君子贞，大往小来。

《彖》曰："否之匪人，不利君子贞，大往小来"，则是天地不交而万物不通也，上下不交而天下无邦也。内阴而外阳，内柔而外刚，内小人而外君子，小人道长，君子道消也。

《象》曰：天地不交，否。君子以俭德辟难，不可荣以禄。

初六：拔茅茹以其汇，贞吉，亨。

《象》曰："拔茅""贞吉"，志在君也。

六二：包承，小人吉，大人否，亨。

《象》曰："大人否，亨"，不乱群也。

六三：包羞。

《象》曰："包羞"，位不当也。

九四：有命，无咎，畴离祉。

《象》曰："有命，无咎"，志行也。

九五：休否，大人吉。其亡其亡，系于苞桑。

《象》曰：大人之吉，位正当也。

上九：倾否，先否后喜。

《象》曰：否终则倾，何可长也？

《同人》

䷌ 离下乾上

同人于野，亨。利涉大川，利君子贞。

《彖》曰：同人，柔得位得中而应乎乾，曰同人。《同人》曰："同人于野，亨，利涉大川。"乾行也。文明以健，中正而应，君子正也。唯君子为能通天下之志。

《象》曰：天与火，同人。君子以类族辨物。

初九：同人于门，无咎。

《象》曰：出门同人，又谁咎也？

六二：同人于宗，吝。

《象》曰："同人于宗"，吝道也。

九三：伏戎于莽，升其高陵，三岁不兴。

《象》曰："伏戎于莽"，敌刚也。"三岁不兴"，安行也。

九四：乘其墉，弗克攻，吉

《象》曰："乘其墉"，义弗克也。其吉，则困而反则也。

九五：同人先号咷而后笑，大师克相遇。

《象》曰：同人之先，以中直也。大师相遇，言相克也。

上九：同人于郊，无悔。

《象》曰："同人于郊"，志未得也。

《大有》

䷍ 乾下离上

大有：元亨。

《彖》曰：大有，柔得尊位，大中而上下应之，曰大有。其德刚健而文明，应乎天而时行，是以元亨。

《象》曰：火在天上，大有。君子以遏恶扬善，顺天休命。

初九：无交害，匪咎。艰则无咎。

《象》曰：大有初九，无交害也。

九二：大车以载，有攸往，无咎。

《象》曰："大车以载"，积中不败也。

九三：公用亨于天子，小人弗克。

《象》曰："公用亨于天子"，小人害也。

九四：匪其彭，无咎。

《象》曰："匪其彭，无咎"，明辨晳也。

六五：厥孚交如，威如，吉。

《象》曰："厥孚交如"，信以发志也。威如之吉，易而无备也。

上九：自天祐之，吉，无不利。

《象》曰：大有上吉，自天祐也。

《谦》

☷☶ 艮下坤上

谦：亨。君子有终。

《彖》曰：谦亨，天道下济而光明，地道卑而上行。天道亏盈而益谦，地道变盈而流谦，鬼神害盈而福谦，人道恶盈而好谦。谦，尊而光，卑而不可逾，君子之终也。

《象》曰：地中有山，谦。君子以裒多益寡，称物平施。

初六：谦谦君子，用涉大川，吉。

《象》曰："谦谦君子"，卑以自牧也。

六二：鸣谦，贞吉。

《象》曰："鸣谦，贞吉"，中心得也。

九三：劳谦君子，有终，吉。

《象》曰："劳谦君子"，万民服也。

六四：无不利，㧑谦。

《象》曰："无不利，㧑谦"，不违则也。

六五：不富以其邻，利用侵伐，无不利。

《象》曰："利用侵伐"，征不服也。

上六：鸣谦，利用行师征邑国。

《象》曰："鸣谦"，志未得也。可用行师征邑国也。

《豫》

☷☳ 坤下震上

豫：利建侯、行师。

《彖》曰：豫，刚应而志行，顺以动，豫。豫顺以动，故天地如之，而况建侯、行师乎？天地以顺动，故日月不过，而四时不忒。圣人以顺动，则刑罚清而民服。"豫"之时义大矣哉！

《象》曰：雷出地奋，豫。先王以作乐崇德，殷荐之上帝，以配祖考。

初六：鸣豫，凶。

《象》曰：初六"鸣豫"，志穷，凶也。

六二：介于石，不终日，贞吉。

《象》曰："不终日，贞吉"，以中正也。

六三：盱豫，悔；迟，有悔。

《象》曰："盱豫""有悔"，位不当也。

九四：由豫，大有得，勿疑，朋盍簪。

《象》曰："由豫，大有得"，志大行也。

六五：贞疾，恒不死。

《象》曰：六五"贞疾"，乘刚也。"恒不死"，中未亡也。

上六：冥豫，成有渝，无咎。

《象》曰："冥豫"在上，何可长也？

《随》

震下兑上

随：元亨，利贞，无咎。

《彖》曰：随，刚来而下柔，动而说，随。大亨贞无咎，而天下随时。"随时"之义大矣哉！

《象》曰：泽中有雷，随。君子以向晦入宴息。

初九：官有渝，贞吉，出门交有功。

《象》曰："官有渝"，从正吉也。"出门交有功"，不失也。

六二：系小子，失丈夫。

《象》曰："系小子"，弗兼与也。

六三：系丈夫，失小子。随有求，得。利居贞。

《象》曰："系丈夫"，志舍下也。

九四：随有获，贞凶。有孚在道，以明，何咎？

《象》曰："随有获"，其义凶也。"有孚在道"，明功也。

九五：孚于嘉，吉。

《象》曰："孚于嘉，吉"，位正中也。

上六：拘系之，乃从维之，王用亨于西山。

《象》曰："拘系之"，上穷也。

《蛊》

䷑ 巽下艮上

蛊：元亨，利涉大川。先甲三日，后甲三日。

《彖》曰：蛊，刚上而柔下，巽而止，蛊。蛊，元亨而天下治也。"利涉大川"，往有事也。"先甲三日，后甲三日"，终则有始，天行也。

《象》曰：山下有风，蛊。君子以振民育德。

初六：干父之蛊，有子，考无咎。厉，终吉。

《象》曰："干父之蛊"，意承考也。

九二：干母之蛊，不可贞。

《象》曰："干母之蛊"，得中道也。

九三：干父之蛊，小有悔，无大咎。

《象》曰："干父之蛊"，终无咎也。

六四：裕父之蛊，往见吝。

《象》曰："裕父之蛊"，往未得也。

六五：干父之蛊，用誉。

《象》曰："干父""用誉"，承以德也。

上九：不事王侯，高尚其事。

《象》曰："不事王侯"，志可则也。

《临》

☷ 兑下坤上

临：元亨，利贞。至于八月，有凶。

《彖》曰：临，刚浸而长，说而顺，刚中而应。大亨以正，天之道也。"至于八月，有凶"，消不久也。

《象》曰：泽上有地，临。君子以教思无穷，容保民无疆。

初九：咸临，贞吉。

《象》曰："咸临，贞吉"，志行正也。

九二：咸临，吉，无不利。

《象》曰："咸临，吉，无不利"，未顺命也。

六三：甘临，无攸利。既忧之，无咎。

《象》曰："甘临"，位不当也。"既忧之"，咎不长也。

六四：至临，无咎。

《象》曰："至临，无咎"，位当也。

六五：知临，大君之宜，吉。

《象》曰："大君之宜"，行中之谓也。

上六：敦临，吉，无咎。

《象》曰：敦临之吉，志在内也。

《观》

☷☴ 坤下巽上

观：盥而不荐，有孚颙若。

《彖》曰：大观在上，顺而巽，中正以观天下，观。"盥而不荐，有孚颙若"，下观而化也。观天之神道，而四时不忒。圣人以神道设教，而天下服矣。

《象》曰：风行地上，观。先王以省方观民设教。

初六：童观，小人无咎，君子吝。

《象》曰：初六"童观"，小人道也。

六二：窥观，利女贞。

《象》曰："窥观""女贞"，亦可丑也。

六三：观我生，进退。

《象》曰："观我生，进退"，未失道也。

六四：观国之光，利用宾于王。

《象》曰："观国之光"，尚宾也。

九五：观我生，君子无咎。

《象》曰："观我生"，观民也。

上九：观其生，君子无咎。

《象》曰："观其生"，志未平也。

《噬嗑》

☳☲ 震下离上

噬嗑：亨。利用狱。

《彖》曰：颐中有物曰噬嗑。噬嗑而亨，刚柔分，动而明，雷电合而章。柔得中而上行，虽不当位，利用狱也。

《象》曰：雷电，噬嗑。先王以明罚敕法。

初九：屦校灭趾，无咎。

《象》曰："屦校灭趾"，不行也。

六二：噬肤灭鼻，无咎。

《象》曰："噬肤灭鼻"，乘刚也。

六三：噬腊肉，遇毒，小吝，无咎。

《象》曰："遇毒"，位不当也。

九四：噬干胏，得金矢。利艰贞，吉。

《象》曰："利艰贞，吉"，未光也。

六五：噬干肉，得黄金。贞厉，无咎。

《象》曰："贞厉，无咎"，得当也。

上九：何校灭耳，凶。

《象》曰："何校灭耳"，聪不明也。

《贲》

离下艮上

贲：亨。小利有攸往。

《彖》曰：贲亨，柔来而文刚，故亨。分刚上而文柔，故小利有攸往，天文也。文明以止，人文也。观乎天文，以察时变。观乎人文，以化成天下。

《象》曰：山下有火，贲。君子以明庶政，无敢折狱。

初九：贲其趾，舍车而徒。

《象》曰："舍车而徒"，义弗乘也。

六二：贲其须。

《象》曰："贲其须"，与上兴也。

九三：贲如濡如，永贞吉。

《象》曰：永贞之吉，终莫之陵也。

六四：贲如皤如，白马翰如，匪寇，婚媾。

《象》曰：六四，当位疑也。"匪寇，婚媾"，终无尤也。

六五：贲于丘园，束帛戋戋，吝，终吉。

《象》曰：六五之吉，有喜也。

上九：白贲，无咎。

《象》曰："白贲，无咎"，上得志也。

《剥》

坤下艮上

剥：不利有攸往。

《彖》曰：剥，剥也，柔变刚也。"不利有攸往"，小人长也。顺而止之，观象也。君子尚消息盈虚，天行也。

《象》曰：山附于地，剥。上以厚下安宅。

初六：剥床以足，蔑贞凶。

《象》曰："剥床以足"，以灭下也。

六二：剥床以辨，蔑贞凶。

《象》曰："剥床以辨"，未有与也。

六三：剥之，无咎。

《象》曰："剥之，无咎"，失上下也。

六四：剥床以肤，凶。

《象》曰："剥床以肤"，切近灾也。

六五：贯鱼以宫人宠，无不利。

《象》曰："以宫人宠"，终无尤也。

上九：硕果不食，君子得舆，小人剥庐。

《象》曰："君子得舆"，民所载也。"小人剥庐"，终不可用也。

《复》

☷☳ 震下坤上

复：亨。出入无疾，朋来无咎。反复其道，七日来复，利有攸往。

《彖》曰：复亨，刚反动而以顺行，是以"出入无疾，朋来无咎"。"反复其道，七日来复"，天行也。"利有攸往"，刚长也。"复"，其见天地之心乎！

《象》曰：雷在地中，复。先王以至日闭关，商旅不行，后不省方。

初九：不远复，无祗悔，元吉。

《象》曰：不远之复，以修身也。

六二：休复，吉。

《象》曰：休复之吉，以下仁也。

六三：频复，厉，无咎。

《象》曰：频复之厉，义无咎也。

六四：中行独复。

《象》曰："中行独复"，以从道也。

六五：敦复，无悔。

《象》曰："敦复，无悔"，中以自考也。

上六：迷复，凶，有灾眚。用行师，终有大败，以其国君凶，至于十年不克征。

《象》曰：迷复之凶，反君道也。

《无妄》

震下乾上

无妄：元亨，利贞。其匪正有眚，不利有攸往。

《象》曰：无妄，刚自外来而为主于内，动而健，刚中而应，大亨以正，天之命也。"其匪正有眚，不利有攸往"，无妄之往，何之矣？天命不祐，行矣哉！

《象》曰：天下雷行，物与无妄。先王以茂对时育万物。

初九：无妄，往吉。

《象》曰：无妄之往，得志也。

六二：不耕获，不菑畬，则利有攸往。

《象》曰："不耕获"，未富也。

六三：无妄之灾，或系之牛，行人之得，邑人之灾。

《象》曰：行人得牛，邑人灾也。

九四：可贞，无咎。

《象》曰："可贞，无咎"，固有之也。

九五：无妄之疾，勿药有喜。

《象》曰：无妄之药，不可试也。

上九：无妄，行有眚，无攸利。

《象》曰：无妄之行，穷之灾也。

《大畜》

☶ 乾下艮上

大畜：利贞。不家食，吉。利涉大川。

《彖》曰：大畜，刚健笃实，辉光日新其德。刚上而尚贤，能止健，大正也。"不家食，吉"，养贤也。"利涉大川"，应乎天也。

《象》曰：天在山中，大畜。君子以多识前贤往行，以畜其德。

初九：有厉，利已。

《象》曰："有厉，利已"，不犯灾也。

九二：舆说輹。

《象》曰："舆说輹"，中无尤也。

九三：良马逐，利艰贞。曰闲舆卫，利有攸往。

《象》曰："利有攸往"，上合志也。

六四：童牛之牿，元吉。

《象》曰：六四元吉，有喜也。

六五：豮豕之牙，吉。

《象》曰：六五之吉，有庆也。

上九：何天之衢，亨。

《象》曰："何天之衢"，道大行也。

《颐》

震下艮上

颐：贞吉。观颐，自求口实。

《彖》曰：颐贞吉，养正则吉也。"观颐"，观其所养也。"自求口实"，观其自养也。天地养万物，圣人养贤，以及万民，"颐"之时大矣哉！

《象》曰：山下有雷，颐。君子以慎言语，节饮食。

初九：舍尔灵龟，观我朵颐，凶。

《象》曰："观我朵颐"，亦不足贵也。

六二：颠颐拂经于丘，颐。征凶。

《象》曰：六二征凶，行失类也。

六三：拂颐，贞凶。十年勿用，无攸利。

《象》曰："十年勿用"，道大悖也。

六四：颠颐，吉。虎视眈眈，其欲逐逐，无咎。

《象》曰：颠颐之吉，上施光也。

六五：拂经，居贞，吉。不可涉大川。

《象》曰：居贞之吉，顺以从上也。

上九：由颐，厉吉。利涉大川。

《象》曰："由颐，厉吉"，大有庆也。

《大过》

☰ 巽下兑上

大过：栋桡，利有攸往，亨。

《彖》曰：大过，大者过也。"栋桡"，本末弱也。刚过而中，巽而说行，"利有攸往"，乃亨。"大过"之时大矣哉！

《象》曰：泽灭木，大过。君子以独立不惧，遁世无闷。

初六：藉用白茅，无咎。

《象》曰："藉用白茅"，柔在下也。

九二：枯杨生稊，老夫得其女妻，无不利。

《象》曰："老夫""女妻"，过以相与也。

九三：栋桡，凶。

《象》曰：栋桡之凶，不可以有辅也。

九四：栋隆，吉。有它，吝。

《象》曰：栋隆之吉，不桡乎下也。

九五：枯杨生华，老妇得其士夫，无咎无誉。

《象》曰："枯杨生华"，何可久也？"老妇""士夫"，亦可丑也。

上六：过涉灭顶，凶，无咎。

《象》曰：过涉之凶，不可咎也。

《坎》

☵ 坎下坎上

习坎，有孚维心，亨。行有尚。

《彖》曰："习坎"，重险也。水，流而不盈；行，险而不失其信。"维心，亨"，乃以刚中也。"行有尚"，往有功也。天险，不可升也。地险，山川丘陵也。王公设险以守其国。"险"之时用大矣哉！

《象》曰：水洊至，习坎。君子以常德行，习教事。

初六：习坎，入于坎，窞，凶。

《象》曰："习坎"，入坎，失道，凶也。

九二：坎有险，求小得。

《象》曰："求小得"，未出中也。

六三：来之坎坎，险且枕。入于坎，窞，勿用。

《象》曰："来之坎坎"，终无功也。

六四：樽酒，簋贰，用缶，纳约自牖，终无咎。

《象》曰："樽酒，簋贰"，刚柔际也。

九五：坎不盈，祗既平，无咎。

《象》曰："坎不盈"，中未大也。

上六：系用徽缰，寘于丛棘，三岁不得，凶。

《象》曰：上六失道，凶三岁也。

《离》

䷝ 离下离上

离：利贞，亨。畜牝牛吉。

《象》曰：离，丽也。日月丽乎天，百谷草木丽乎土，重明以丽乎正，乃化成天下。柔丽乎中正，故亨，是以"畜牝牛吉"也。

《象》曰：明两作，离。大人以继明照于四方。

初九：履错然，敬之无咎。

《象》曰：履错之敬，以辟咎也。

六二：黄离，元吉。

《象》曰："黄离，元吉"，得中道也。

九三：日昃之离，不鼓缶而歌，则大耋之嗟，凶。

《象》曰："日昃之离"，何可久也？

九四：突如其来如，焚如，死如，弃如。

《象》曰："突如其来如"，无所容也。

六五：出涕沱若，戚嗟若，吉。

《象》曰：六五之吉，离王公也。

上九：王用出征，有嘉折首，获匪其丑，无咎。

《象》曰："王用出征"，以正邦也。

下经

《咸》

☶ 艮下兑上

咸：亨。利贞。取女吉。

《彖》曰：咸，感也。柔上而刚下，二气感应以相与。止而说，男下女，是以"亨，利贞，取女吉"也。天地感而万物化生，圣人感人心而天下和平。观其所感，而天地万物之情可见矣。

《象》曰：山上有泽，咸。君子以虚受人。

初六：咸其拇。

《象》曰："咸其拇"，志在外也。

六二：咸其腓，凶。居吉。

《象》曰：虽"凶，居吉"，顺不害也。

九三：咸其股，执其随，往吝。

《象》曰："咸其股"，亦不处也。志在随人，所执下也。

九四：贞吉，悔亡。憧憧往来，朋从尔思。

《象》曰："贞吉，悔亡"，未感害也。"憧憧往来"，未光大也。

九五：咸其脢，无悔。

《象》曰："咸其脢"，志末也。

上六：咸其辅颊舌。

《象》曰："咸其辅颊舌"，滕口说也。

《恒》

䷟ 巽下震上

恒：亨。无咎，利贞。利有攸往。

《彖》曰：恒，久也。刚上而柔下。雷风相与，巽而动，刚柔皆应，恒。恒亨，"无咎，利贞"，久于其道也。天地之道，恒久而不已也。"利有攸往"，终则有始也。日月得天而能久照，四时变化而能久成，圣人久于其道而天下化成。观其所恒，而天地万物之情可见矣。

《象》曰：雷风，恒。君子以立，不易方。

初六：浚恒，贞凶，无攸利。

《象》曰：浚恒之凶，始求深也。

九二：悔亡。

《象》曰：九二悔亡，能久中也。

九三：不恒其德，或承之羞，贞吝。

《象》曰："不恒其德"，无所容也。

九四：田无禽。

《象》曰：久非其位，安得禽也？

六五：恒其德，贞。妇人吉，夫子凶。

《象》曰：妇人贞吉，从一而终也。夫子制义，从妇凶也。

上六：振恒，凶。

《象》曰：振恒在上，大无功也。

《遁》

䷠ 艮下乾上

遁：亨。小利贞。

《彖》曰：遁亨，遁而亨也。刚当位而应，与时行也。"小利贞"，浸而长也。"遁"之时义大矣哉！

《象》曰：天下有山，遁。君子以远小人，不恶而严。

初六：遁尾，厉。勿用有攸往。

《象》曰：遁尾之厉，不往何灾也？

六二：执之用黄牛之革，莫之胜说。

《象》曰：执用黄牛，固志也。

九三：系遁，有疾，厉。畜臣妾，吉。

《象》曰：系遁之厉，有疾惫也。"畜臣妾，吉"，不可大事也。

九四：好遁，君子吉，小人否。

《象》曰：君子好遁，小人否也。

九五：嘉遁，贞吉。

《象》曰："嘉遁，贞吉"，以正志也。

上九：肥遁，无不利。

《象》曰："肥遁，无不利"，无所疑也。

《大壮》

☳ 乾下震上

大壮：利贞。

《彖》曰：大壮，大者壮也。刚以动，故壮。大壮利贞，大者正也。正大，而天地之情可见矣。

《象》曰：雷在天上，大壮。君子以非礼弗履。

初九：壮于趾，征凶，有孚。

《象》曰："壮于趾"，其孚穷也。

九二：贞吉。

《象》曰：九二贞吉，以中也。

九三：小人用壮，君子用罔，贞厉。羝羊触藩，羸其角。

《象》曰："小人用壮"，君子罔也。

九四：贞吉，悔亡。藩决不羸，壮于大舆之輹。

《象》曰："藩决不羸"，尚往也。

六五：丧羊于易，无悔。

《象》曰："丧羊于易"，位不当也。

上六：羝羊触藩，不能退，不能遂，无攸利。艰则吉。

《象》曰："不能退，不能遂"，不详也。"艰则吉"，咎不长也。

《晋》

☷☲ 坤下离上

晋：康侯用锡马蕃庶，昼日三接。

《彖》曰：晋，进也。明出地上，顺而丽乎大明，柔进而上行，是以"康侯用锡马蕃庶，昼日三接"也。

《象》曰：明出地上，晋。君子以自昭明德。

初六：晋如摧如，贞吉。罔孚，裕无咎。

《象》曰："晋如摧如"，独行正也。"裕无咎"，未受命也。

六二：晋如愁如，贞吉。受兹介福，于其王母。

《象》曰："受兹介福"，以中正也。

六三：众允，悔亡。

《象》曰：众允之志，上行也。

九四：晋如鼫鼠，贞厉。

《象》曰："鼫鼠，贞厉"，位不当也。

六五：悔亡，失得，勿恤。往吉，无不利。

《象》曰："失得，勿恤"，往有庆也。

上九：晋其角，维用伐邑，厉吉，无咎，贞吝。

《象》曰："维用伐邑"，道未光也。

《明夷》

☷☲ 离下坤上

明夷：利艰贞。

《彖》曰：明入地中，明夷。内文明而外柔顺，以蒙大难，文王以之。"利艰贞"，晦其明也。内难而能正其志，箕子以之。

《象》曰：明入地中，明夷。君子以莅众，用晦而明。

初九：明夷于飞，垂其翼。君子于行，三日不食，有攸往，主人有言。

《象》曰："君子于行"，义不食也。

六二：明夷，夷于左股，用拯马壮，吉。

《象》曰：六二之吉，顺以则也。

九三：明夷，于南狩，得其大首，不可疾，贞。

《象》曰：南狩之志，乃大得也。

六四：入于左腹，获明夷之心，于出门庭。

《象》曰："入于左腹"，获心意也。

六五：箕子之明夷，利贞。

《象》曰：箕子之贞，明不可息也。

上六：不明，晦。初登于天，后入于地。

《象》曰："初登于天"，照四国也。"后入于地"，失则也。

《家人》

☴☲ 离下巽上

家人：利女贞。

《彖》曰：家人，女正位乎内，男正位乎外。男女正，天地之大义也。家人有严君焉，父母之谓也。父父，子子，兄兄，弟弟，夫夫，妇妇，而家道正。正家而天下定矣。

《象》曰：风自火出，家人。君子以言有物而行有恒。

初九：闲有家，悔亡。

《象》曰："闲有家"，志未变也。

六二：无攸遂，在中馈，贞吉。

《象》曰：六二之吉，顺以巽也。

九三：家人嗃嗃，悔，厉，吉。妇子嘻嘻，终吝。

《象》曰："家人嗃嗃"，未失也。"妇子嘻嘻"，失家节也。

六四：富家，大吉。

《象》曰："富家，大吉"，顺在位也。

九五：王假有家，勿恤，吉。

《象》曰："王假有家"，交相爱也。

上九：有孚威如，终吉。

《象》曰：威如之吉，反身之谓也。

《暌》

兑下离上

暌：小事吉。

《彖》曰：暌，火动而上，泽动而下。二女同居，其志不同行。说而丽乎明，柔进而上行，得中而应乎刚，是以"小事吉"。

天地睽而其事同也，男女睽而其志通也，万物睽而其事类也。"睽"之时用大矣哉！

《象》曰：上火下泽，睽。君子以同而异。

初九：悔亡。丧马勿逐，自复。见恶人，无咎。

《象》曰："见恶人"，以辟咎也。

九二：遇主于巷，无咎。

《象》曰："遇主于巷"，未失道也。

六三：见舆曳，其牛掣，其人天且劓。无初，有终。

《象》曰："见舆曳"，位不当也。"无初有终"，遇刚也。

九四：睽孤，遇元夫，交孚，厉，无咎。

《象》曰："交孚""无咎"，志行也。

六五：悔亡。厥宗噬肤，往何咎？

《象》曰："厥宗噬肤"，往有庆也。

上九：睽孤，见豕负涂，载鬼一车。先张之弧，后说之弧，匪寇，婚媾。往遇雨则吉。

《象》曰：遇雨之吉，群疑亡也。

《蹇》

艮下坎上

蹇：利西南，不利东北。利见大人。贞吉。

《象》曰：蹇，难也，险在前也。见险而能止，知矣哉！蹇利西南，往得中也。"不利东北"，其道穷也。"利见大人"，往有功也。当位贞吉，以正邦也。"蹇"之时用大矣哉！

《象》曰：山上有水，蹇。君子以反身修德。

初六：往蹇来誉。

《象》曰："往蹇来誉"，宜待也。

六二：王臣蹇蹇，匪躬之故。

《象》曰："王臣蹇蹇"，终无尤也。

九三：往蹇来反。

《象》曰："往蹇来反"，内喜之也。

六四：往蹇来连。

《象》曰："往蹇来连"，当位实也。

九五：大蹇朋来。

《象》曰："大蹇朋来"，以中节也。

上六：往蹇来硕，吉，利见大人。

《象》曰："往蹇来硕"，志在内也。"利见大人"，以从贵也。

《解》

坎下震上

解：利西南。无所往，其来复，吉。有攸往，夙吉。

《彖》曰：解，险以动，动而免乎险，解。解利西南，往得众也。"其来复，吉"，乃得中也。"有攸往，夙吉"，往有功也。天地解而雷雨作，雷雨作而百果草木皆甲坼。"解"之时大矣哉！

《象》曰：雷雨作，解。君子以赦过宥罪。

初六：无咎。

《象》曰：刚柔之际，义无咎也。

九二：田获三狐，得黄矢，贞吉。

《象》曰：九二贞吉，得中道也。

六三：负且乘，致寇至，贞吝。

《象》曰："负且乘"，亦可丑也。自我致戎，又谁咎也？

九四：解而拇，朋至斯孚。

《象》曰："解而拇"，未当位也。

六五：君子维有解，吉。有孚于小人。

《象》曰："君子""有解"，小人退也。

上六：公用射隼于高墉之上，获之，无不利。

《象》曰："公用射隼"，以解悖也。

《损》

䷨ 兑下艮上

损：有孚，元吉，无咎，可贞，利有攸往。曷之用？二簋可用享。

《彖》曰：损，损下益上，其道上行。损而"有孚，元吉，无咎，可贞，利有攸往。曷之用？二簋可用享"。二簋应有时：损刚益柔有时。损益盈虚，与时偕行。

《象》曰：山下有泽，损。君子以惩忿窒欲。

初九：已事遄往，无咎。酌损之。

《象》曰："已事遄往"，尚合志也。

九二：利贞。征凶，弗损，益之。

《象》曰：九二利贞，中以为志也。

六三：三人行则损一人，一人行则得其友。

《象》曰：一人行，三则疑也。

六四：损其疾，使遄有喜，无咎。

《象》曰："损其疾"，亦可喜也。

六五：或益之十朋之龟，弗克违，元吉。

《象》曰：六五元吉，自上祐也。

上九：弗损，益之，无咎，贞吉，利有攸往。得臣无家。

《象》曰："弗损，益之"，大得志也。

《益》

震下巽上

益：利有攸往，利涉大川。

《彖》曰：益，损上益下，民说无疆。自上下下，其道大光。"利有攸往"，中正有庆。"利涉大川"，木道乃行。益动而巽，日进无疆。天施地生，其益无方。凡"益"之道，与时偕行。

《象》曰：风雷，益。君子以见善则迁，有过则改。

初九：利用为大作，元吉，无咎。

《象》曰："元吉，无咎"，下不厚事也。

六二：或益之十朋之龟，弗克违，永贞吉。王用享于帝，吉。

《象》曰："或益之"，自外来也。

六三：益之用凶事，无咎。有孚中行，告公用圭。

《象》曰：益用凶事，固有之也。

六四：中行，告公，从，利用为依迁国。

《象》曰："告公，从"，以益志也。

九五：有孚惠心，勿问，元吉。有孚，惠我德。

《象》曰："有孚惠心"，勿问之矣。"惠我德"，大得志也。

上九：莫益之，或击之，立心勿恒，凶。

《象》曰："莫益之"，偏辞也。"或击之"，自外来也。

《夬》

乾下兑上

夬：扬于王庭，孚号，有厉。告自邑，不利即戎，利有攸往。

《彖》曰：夬，决也，刚决柔也。健而说，决而和。"扬于王庭"，柔乘五刚也。"孚号，有厉"，其危乃光也。"告自邑，不利即戎"，所尚乃穷也。"利有攸往"，刚长乃终也。

《象》曰：泽上于天，夬。君子以施禄及下，居德则忌。

初九：壮于前趾，往不胜，为咎。

《象》曰：不胜而往，咎也。

九二：惕号，莫夜有戎，勿恤。

《象》曰："有戎，勿恤"，得中道也。

九三：壮于頄，有凶。君子夬夬独行，遇雨若濡，有愠，无咎。

《象》曰："君子夬夬"，终无咎也。

九四：臀无肤，其行次且。牵羊悔亡，闻言不信。

《象》曰："其行次且"，位不当也。"闻言不信"，聪不明也。

九五：苋陆夬夬，中行无咎。

《象》曰："中行无咎"，中未光也。

上六：无号，终有凶。

《象》曰：无号之凶，终不可长也。

《姤》

≡≡≡ 巽下乾上

姤：女壮，勿用取女。

《彖》曰：姤，遇也，柔遇刚也。"勿用取女"，不可与长也。天地相遇，品物咸章也。刚遇中正，天下大行也。"姤"之时义大矣哉！

《象》曰：天下有风，姤。后以施命诰四方。

初六：系于金柅，贞吉。有攸往，见凶，羸豕孚，蹢躅。

《象》曰："系于金柅"，柔道牵也。

九二：包有鱼，无咎，不利宾。

《象》曰："包有鱼"，义不及宾也。

九三：臀无肤，其行次且，厉，无大咎。

《象》曰："其行次且"，行未牵也。

九四：包无鱼，起凶。

《象》曰：无鱼之凶，远民也。

九五：以杞包瓜，含章，有陨自天。

《象》曰：九五含章，中正也。"有陨自天"，志不舍命也。

上九：姤其角，吝，无咎。

《象》曰："姤其角"，上穷吝也。

《萃》

坤下兑上

萃：亨。王假有庙，利见大人，亨，利贞。用大牲吉，利有攸往。

《彖》曰：萃，聚也。顺以说，刚中而应，故聚也。"王假有庙"，致孝享也。"利见大人，亨"，聚以正也。"用大牲吉，利有攸往"，顺天命也。观其所聚，而天地万物之情可见矣。

《象》曰：泽上于地，萃。君子以除戎器，戒不虞。

初六：有孚不终，乃乱乃萃。若号，一握为笑。勿恤，往无咎。

《象》曰："乃乱乃萃"，其志乱也。

六二：引吉，无咎，孚乃利用禴。

《象》曰："引吉，无咎"，中未变也。

六三：萃如嗟如，无攸利。往无咎，小吝。

《象》曰："往无咎"，上巽也。

九四：大吉，无咎。

《象》曰："大吉，无咎"，位不当也。

九五：萃有位，无咎。匪孚，元永贞，悔亡。

《象》曰："萃有位"，志未光也。

上六：赍咨涕洟，无咎。

《象》曰："赍咨涕洟"，未安上也。

《升》

巽下坤上

升：元亨。用见大人，勿恤。南征吉。

《彖》曰：柔以时升，巽而顺，刚中而应，是以大亨。"用见大人，勿恤"，有庆也。"南征吉"，志行也。

《象》曰：地中生木，升。君子以顺德，积小以高大。

初六：允升，大吉。

《象》曰："允升，大吉"，上合志也。

九二：孚，乃利用禴，无咎。

《象》曰：九二之孚，有喜也。

九三：升虚邑。

《象》曰："升虚邑"，无所疑也。

六四：王用亨于岐山，吉，无咎。

《象》曰："王用亨于岐山"，顺事也。

六五：贞吉，升阶。

《象》曰："贞吉，升阶"，大得志也。

上六：冥升，利于不息之贞。

《象》曰：冥升在上，消不富也。

《困》

坎下兑上

困：亨。贞，大人吉，无咎。有言不信。

《彖》曰：困，刚掩也。险以说，困而不失其所亨，其唯君子乎！"贞，大人吉"，以刚中也。"有言不信"，尚口乃穷也。

《象》曰：泽无水，困。君子以致命遂志。

初六：臀困于株木，入于幽谷，三岁不觌。

《象》曰："入于幽谷"，幽不明也。

九二：困于酒食，朱绂方来，利用享祀。征凶，无咎。

《象》曰："困于酒食"，中有庆也。

六三：困于石，据于蒺藜，入于其宫，不见其妻，凶。

《象》曰："据于蒺藜"，乘刚也。"入于其宫，不见其妻"，不祥也。

九四：来徐徐，困于金车，吝，有终。

《象》曰："来徐徐"，志在下也。虽不当位，有与也。

九五：劓刖，困于赤绂，乃徐有说，利用祭祀。

《象》曰："劓刖"，志未得也。"乃徐有说"，以中直也。"利用祭祀"，受福也。

上六：困于葛藟，于臲卼，曰动悔有悔，征吉。

《象》曰："困于葛藟"，未当也。"动悔有悔"，吉行也。

《井》

巽下坎上

井：改邑不改井，无丧无得。往来井井。汔至，亦未繘井，羸其瓶，凶。

《象》曰：巽乎水而上水，井。井养而不穷也。"改邑不改井"，乃以刚中也。"汔至，亦未繘井"，未有功也。"羸其瓶"，是以凶也。

《象》曰：木上有水，井。君子以劳民劝相。

初六：井泥不食，旧井无禽。

《象》曰："井泥不食"，下也。"旧井无禽"，时舍也。

九二：井谷射鲋，瓮敝漏。

《象》曰："井谷射鲋"，无与也。

九三：井渫不食，为我心恻。可用汲，王明，并受其福。

《象》曰："井渫不食"，行恻也。求王明，受福也。

六四：井甃，无咎。

《象》曰："井甃，无咎"，修井也。

九五：井冽，寒泉食。

《象》曰：寒泉之食，中正也。

上六：井收勿幕，有孚，元吉。

《象》曰：元吉在上，大成也。

《革》

☲ 离下兑上

革：巳日乃孚。元亨，利贞，悔亡。

《彖》曰：革，水火相息，二女同居，其志不相得，曰革。"巳日乃孚"，革而信之。文明以说，大亨以正。革而当，其悔乃亡。天地革而四时成，汤、武革命，顺乎天而应乎人。"革"之时大矣哉！

《象》曰：泽中有火，革。君子以治历明时。

初九：巩用黄牛之革。

《象》曰："巩用黄牛"，不可以有为也。

六二：巳日乃革之，征吉，无咎。

《象》曰：巳日革之，行有嘉也。

九三：征凶，贞厉。革言三就，有孚。

《象》曰："革言三就"，又何之矣？

九四：悔亡。有孚改命，吉。

《象》曰：改命之吉，信志也。

九五：大人虎变，未占，有孚。

《象》曰："大人虎变"，其文炳也。

上六：君子豹变，小人革面。征凶，居，贞吉。

《象》曰："君子豹变"，其文蔚也。"小人革面"，顺以从君也。

《鼎》

䷱ 巽下离上

鼎：元吉，亨。

《彖》曰：鼎，象也。以木巽火，亨饪也。圣人亨以享上帝，而大亨以养圣贤。巽而耳目聪明，柔进而上行，得中而应乎刚，是以元亨。

《象》曰：木上有火，鼎。君子以正位凝命。

初六：鼎颠趾，利出否。得妾以其子，无咎。

《象》曰："鼎颠趾"，未悖也。"利出否"，以从贵也。

九二：鼎有实，我仇有疾，不我能即，吉。

《象》曰："鼎有实"，慎所之也。"我仇有疾"，终无尤也。

九三：鼎耳革，其行塞，雉膏不食，方雨亏悔，终吉。

《象》曰："鼎耳革"，失其义也。

九四：鼎折足，覆公𫗧，其形渥，凶。

《象》曰："覆公𫗧"，信如何也？

六五：鼎黄耳金铉，利贞。

《象》曰："鼎黄耳"，中以为实也。

上九：鼎玉铉，大吉，无不利。

《象》曰：玉铉在上，刚柔节也。

《震》

☳ 震下震上

震：亨。震来虩虩，笑言哑哑，震惊百里，不丧匕鬯。

《象》曰：震，亨。"震来虩虩"，恐致福也。"笑言哑哑"，后有则也。"震惊百里"，惊远而惧迩也。出可以守宗庙社稷，以为祭主也。

《象》曰：洊雷，震。君子以恐惧修省。

初九：震来虩虩，后笑言哑哑，吉。

《象》曰："震来虩虩"，恐致福也。"笑言哑哑"，后有则也。

六二：震来厉，亿丧贝，跻于九陵，勿逐，七日得。

《象》曰："震来厉"，乘刚也。

六三：震苏苏，震行无眚。

《象》曰："震苏苏"，位不当也。

九四：震遂泥。

《象》曰："震遂泥"，未光也。

六五：震往来厉，亿无丧有事。

《象》曰："震往来厉"，危行也。其事在中，大无丧也。

上六：震索索，视矍矍，征凶。震不于其躬，于其邻，无咎，婚媾有言。

《象》曰："震索索"，中未得也。虽凶无咎，畏邻戒也。

《艮》

艮下艮上

艮其背，不获其身；行其庭，不见其人，无咎。

《彖》曰：艮，止也。时止则止，时行则行，动静不失其时，其道光明。艮其止，止其所也。上下敌应，不相与也。是以"不获其身，行其庭，不见其人，无咎"也。

《象》曰：兼山，艮。君子以思不出其位。

初六：艮其趾，无咎，利永贞。

《象》曰："艮其趾"，未失正也。

六二：艮其腓，不拯其随，其心不快。

《象》曰："不拯其随"，未退听也。

九三：艮其限，列其夤，厉熏心。

《象》曰："艮其限"，危熏心也。

六四：艮其身，无咎。

《象》曰："艮其身"，止诸躬也。

六五：艮其辅，言有序，悔亡。

《象》曰："艮其辅"，以中正也。

上九：敦艮，吉。

《象》曰：敦艮之吉，以厚终也。

《渐》

☶ 艮下巽上

渐：女归吉，利贞。

《彖》曰：渐之进也，"女归吉"也。进得位，往有功也。进以正，可以正邦也。其位刚得中也。止而巽，动不穷也。

《象》曰：山上有木，渐。君子以居贤德善俗。

初六：鸿渐于干，小子厉，有言，无咎。

《象》曰：小子之厉，义无咎也。

六二：鸿渐于磐，饮食衎衎，吉。

《象》曰："饮食衎衎"，不素饱也。

九三：鸿渐于陆，夫征不复，妇孕不育，凶。利御寇。

《象》曰："夫征不复"，离群丑也。"妇孕不育"，失其道也。利用御寇，顺相保也。

六四：鸿渐于木，或得其桷，无咎。

《象》曰："或得其桷"，顺以巽也。

九五：鸿渐于陵，妇三岁不孕，终莫之胜，吉。

《象》曰："终莫之胜，吉"，得所愿也。

上九：鸿渐于陆，其羽可用为仪，吉。

《象》曰："其羽可用为仪，吉"，不可乱也。

《归妹》

☱☳ 兑下震上

归妹：征凶，无攸利。

《彖》曰：归妹，天地之大义也。天地不交而万物不兴。归妹，人之终始也。说以动，所归妹也。"征凶"，位不当也。"无攸利"，柔乘刚也。

《象》曰：泽上有雷，归妹。君子以永终知敝。

初九：归妹以娣，跛能履，征吉。

《象》曰："归妹以娣"，以恒也。跛能履吉，相承也。

九二：眇能视，利幽人之贞。

《象》曰："利幽人之贞"，未变常也。

六三：归妹以须，反归以娣。

《象》曰："归妹以须"，未当也。

九四：归妹愆期，迟归有时。

《象》曰：愆期之志，有待而行也。

六五：帝乙归妹，其君之袂不如其娣之袂良。月几望，吉。

《象》曰："帝乙归妹""不如其娣之袂良"也，其位在中，以贵行也。

上六：女承筐无实，士刲羊无血，无攸利。

《象》曰：上六无实，承虚筐也。

《丰》

☲☳ 离下震上

丰：亨。王假之，勿忧，宜日中。

《彖》曰：丰，大也。明以动，故丰。"王假之"，尚大也。"勿忧，宜日中"，宜照天下也。日中则昃，月盈则食，天地盈虚，与时消息，而况于人乎？况于鬼神乎？

《象》曰：雷电皆至，丰。君子以折狱致刑。

初九：遇其配主，虽旬无咎，往有尚。

《象》曰："虽旬无咎"，过旬灾也。

六二：丰其蔀，日中见斗。往得疑疾，有孚发若，吉。

《象》曰："有孚发若"，信以发志也。

九三：丰其沛，日中见沬。折其右肱，无咎。

《象》曰："丰其沛"，不可大事也。"折其右肱"，终不可用也。

九四：丰其蔀，日中见斗。遇其夷主，吉。

《象》曰："丰其蔀"，位不当也。"日中见斗"，幽不明也。"遇其夷主"，吉行也。

六五：来章，有庆誉，吉。

《象》曰：六五之吉，有庆也。

上六：丰其屋，蔀其家，窥其户，阒其无人，三岁不觌，凶。

《象》曰："丰其屋"，天际翔也。"窥其户，阒其无人"，自藏也。

《旅》

☶☲ 艮下离上

旅：小亨。旅，贞吉。

《彖》曰：旅小亨，柔得中乎外，而顺乎刚，止而丽乎明，是以"小亨，旅，贞吉"也。"旅"之时义大矣哉！

《象》曰：山上有火，旅。君子以明慎用刑而不留狱。

初六：旅琐琐，斯其所取灾。

《象》曰："旅琐琐"，志穷灾也。

六二：旅即次，怀其资，得童仆，贞。

《象》曰："得童仆，贞"，终无尤也。

九三：旅焚其次，丧其童仆，贞厉。

《象》曰："旅焚其次"，亦以伤矣。以旅与下，其义丧也。

九四：旅于处，得其资斧，我心不快。

《象》曰："旅于处"，未得位也。"得其资斧"，心未快也。

六五：射雉，一矢亡，终以誉命。

《象》曰："终以誉命"，上逮也。

上九：鸟焚其巢，旅人先笑后号咷。丧牛于易，凶。

《象》曰：以旅在上，其义焚也。"丧牛于易"，终莫之闻也。

《巽》

巽下巽上

巽：小亨。利有攸往，利见大人。

《彖》曰：重巽以申命。刚巽乎中正而志行。柔皆顺乎刚，是以"小亨，利有攸往，利见大人"。

《象》曰：随风，巽。君子以申命行事。

初六：进退，利武人之贞。

《象》曰："进退"，志疑也。"利武人之贞"，志治也。

九二：巽在床下，用史巫纷若，吉，无咎。

《象》曰：纷若之吉，得中也。

九三：频巽，吝。

《象》曰：频巽之吝，志穷也。

六四：悔亡，田获三品。

《象》曰："田获三品"，有功也。

九五：贞吉，悔亡，无不利，无初有终。先庚三日，后庚三日，吉。

《象》曰：九五之吉，位正中也。

上九：巽在床下，丧其资斧，贞凶。

《象》曰："巽在床下"，上穷也。"丧其资斧"，正乎凶也。

《兑》

兑下兑上

兑：亨。利贞。

《象》曰：兑，说也。刚中而柔外，说以利贞，是以顺乎天而应乎人。说以先民，民忘其劳；说以犯难，民忘其死。说之大，民劝矣哉！

《象》曰：丽泽，兑。君子以朋友讲习。

初九：和兑，吉。

《象》曰：和兑之吉，行未疑也。

九二：孚兑，吉，悔亡。

《象》曰：孚兑之吉，信志也。

六三：来兑，凶。

《象》曰：来兑之凶，位不当也。

九四：商兑未宁，介疾有喜。

《象》曰：九四之喜，有庆也。

九五：孚于剥，有厉。

《象》曰："孚于剥"，位正当也。

上六：引兑。

《象》曰：上六引兑，未光也。

《涣》

坎下巽上

涣：亨。王假有庙，利涉大川，利贞。

《象》曰：涣亨，刚来而不穷，柔得位乎外而上同。"王假有庙"，王乃在中也。"利涉大川"，乘木有功也。

《象》曰：风行水上，涣。先王以享于帝立庙。

初六：用拯马壮，吉。

《象》曰：初六之吉，顺也。

九二：涣奔其机，悔亡。

《象》曰："涣奔其机"，得愿也。

六三：涣其躬，无悔。

《象》曰："涣其躬"，志在外也。

六四：涣其群，元吉。涣有丘，匪夷所思。

《象》曰："涣其群，元吉"，光大也。

九五：涣汗其大号，涣王居，无咎。

《象》曰："王居，无咎"，正位也。

上九：涣其血，去逖出，无咎。

《象》曰："涣其血"，远害也。

《节》

兑下坎上

节：亨。苦节不可贞。

《象》曰：节亨，刚柔分而刚得中。"苦节不可贞"，其道穷也。说以行险，当位以节，中正以通，天地节而四时成。节以制度，不伤财，不害民。

《象》曰：泽上有水，节。君子以制数度，议德行。

初九：不出户庭，无咎。

《象》曰："不出户庭"，知通塞也。

九二：不出门庭，凶。

《象》曰："不出门庭，凶"，失时极也。

六三：不节若，则嗟若，无咎。

《象》曰：不节之嗟，又谁咎也？

六四：安节，亨。

《象》曰：安节之亨，承上道也。

九五：甘节，吉，往有尚。

《象》曰：甘节之吉，居位中也。

上六：苦节，贞凶，悔亡。

《象》曰："苦节，贞凶"，其道穷也。

《中孚》

☰ 兑下巽上

中孚：豚鱼，吉。利涉大川，利贞。

《彖》曰：中孚，柔在内而刚得中，说而巽，孚乃化邦也。"豚鱼，吉"，信及豚鱼也。"利涉大川"，乘木舟虚也。中孚以利贞，乃应乎天也。

《象》曰：泽上有风，中孚。君子以议狱缓死。

初九：虞吉，有它不燕。

《象》曰：初九虞吉，志未变也。

九二：鸣鹤在阴，其子和之。我有好爵，吾与尔靡之。

《象》曰："其子和之"，中心愿也。

六三：得敌，或鼓或罢，或泣或歌。

《象》曰："或鼓或罢"，位不当也。

六四：月几望，马匹亡，无咎。

《象》曰："马匹亡"，绝类上也。

九五：有孚挛如，无咎。

《象》曰："有孚挛如"，位正当也。

上九：翰音登于天，贞凶。

《象》曰："翰音登于天"，何可长也？

《小过》

䷽ 艮下震上

小过：亨。利贞。可小事，不可大事。飞鸟遗之音，不宜上，宜下，大吉。

《彖》曰：小过，小者过而亨也。过以利贞，与时行也。柔得中，是以小事吉也。刚失位而不中，是以不可大事也。有飞鸟之象焉，"飞鸟遗之音，不宜上，宜下，大吉"，上逆而下顺也。

《象》曰：山上有雷，小过。君子以行过乎恭，丧过乎哀，用过乎俭。

初六：飞鸟以凶。

《象》曰："飞鸟以凶"，不可如何也。

六二：过其祖，遇其妣，不及其君，遇其臣，无咎。

《象》曰："不及其君"，臣不可过也。

九三：弗过防之，从或戕之，凶。

《象》曰："从或戕之"，凶如何也？

九四：无咎。弗过，遇之，往厉，必戒。勿用，永贞。

《象》曰："弗过，遇之"，位不当也。"往厉，必戒"，终不可长也。

六五：密云不雨，自我西郊。公弋，取彼在穴。

《象》曰："密云不雨"，已上也。

上六：弗遇，过之，飞鸟离之，凶，是谓灾眚。

《象》曰："弗遇，过之"，已亢也。

《既济》

☲☵ 离下坎上

既济：亨小，利贞。初吉，终乱。

《彖》曰：既济亨小者，亨也。"利贞"，刚柔正而位当也。"初吉"，柔得中也。终止则乱，其道穷也。

《象》曰：水在火上，既济。君子以思患而豫防之。

初九：曳其轮，濡其尾，无咎。

《象》曰："曳其轮"，义无咎也。

六二：妇丧其茀，勿逐，七日得。

《象》曰："七日得"，以中道也。

九三：高宗伐鬼方，三年克之，小人勿用。

《象》曰："三年克之"，惫也。

六四：繻有衣袽，终日戒。

《象》曰："终日戒"，有所疑也。

九五：东邻杀牛，不如西邻之禴祭，实受其福。

《象》曰："东邻杀牛"，不如西邻之时也。"实受其福"，吉大来也。

上六：濡其首，厉。

《象》曰："濡其首，厉"，何可久也？

《未济》

☲☵ 坎下离上

未济：亨。小狐汔济，濡其尾，无攸利。

《彖》曰：未济亨，柔得中也。"小狐汔济"，未出中也。"濡其尾，无攸利"，不续终也。虽不当位，刚柔应也。

《象》曰：火在水上，未济。君子以慎辨物居方。

初六：濡其尾，吝。

《象》曰："濡其尾"，亦不知极也。

九二：曳其轮，贞吉。

《象》曰：九二贞吉，中以行正也。

六三：未济，征凶。利涉大川。

《象》曰："未济，征凶"，位不当也。

九四：贞吉，悔亡。震用伐鬼方，三年，有赏于大国。

《象》曰："贞吉，悔亡"，志行也。

六五：贞吉，无悔。君子之光，有孚，吉。

《象》曰："君子之光"，其晖吉也。

上九：有孚于饮酒，无咎。濡其首，有孚，失是。

《象》曰：饮酒濡首，亦不知节也。

初版后记

　　浙江古籍出版社友人王翼奇、张学舒两位知我长期钻研《周易》，并通占筮之学，约我写一本《周易占筮学》。其要求是：一、看了这本书，不但能读《易》，并能用《易》占筮，增加读者的兴致；二、既要有学术性，又要充满趣味性，雅俗共赏；三、不能宣扬封建迷信。实际上是要我写一本使读者感兴趣的《周易》读、筮、占技术研究，为普及《周易》学服务。

　　一提起占筮，很容易使人想到这只是一种迷信行为，与不宣扬迷信难以协调；《周易》是一本号称最艰深的古籍，雅俗共赏，趣味与学术何能两全？

　　殊不知此三点要求正合笔者心意，故欣然而应命。遂以历年所积资料，伏案半年，成《周易占筮学》一书。其中《亢卑斋实占例选》选自笔者平日为友好所占筮之实例，加油添醋，敷衍为文，以增读者兴味。

　　至于本书是否符合上述三点要求，则须由读者认定、斧正。

　　　　　1989 年 4 月祖安章秋农于杭州南山路寓所亢卑斋

中华书局

初版责编　陈　虎